丝绸之路

区域合作与发展论坛

乌永志◎主　编

张京鱼　　王明理　◎副主编
郑海平　　张　杰

中国社会科学出版社

图书在版编目(CIP)数据

丝绸之路区域合作与发展论坛 / 乌永志主编 . —北京：中国社会科学出版社，2017. 6

ISBN 978-7-5203-0963-9

Ⅰ.①丝…　Ⅱ.①乌…　Ⅲ.①丝绸之路-经济带-国际合作-经济合作-中国-国际学术会议-文集　Ⅳ.①F125.5-53

中国版本图书馆 CIP 数据核字(2017)第 220187 号

出 版 人	赵剑英
责任编辑	任　明
责任校对	石春梅
责任印制	李寡寡

出　　　版	中国社会科学出版社
社　　　址	北京鼓楼西大街甲 158 号
邮　　　编	100720
网　　　址	http://www.csspw.cn
发 行 部	010-84083685
门 市 部	010-84029450
经　　　销	新华书店及其他书店

印刷装订	北京君升印刷有限公司
版　　　次	2017 年 6 月第 1 版
印　　　次	2017 年 6 月第 1 次印刷

开　　　本	710×1000　1/16
印　　　张	20.5
插　　　页	2
字　　　数	336 千字
定　　　价	95.00 元

目　　录

Table of Contents

语言服务、国家语言能力与丝绸之路国家合作发展

张京鱼

摘要： 在"一带一路"人类命运共同体的建设以及丝路沿线国家的合作发展中，语言服务扮演着桥梁的作用。本文先论全球化背景下语言的商品化、语言服务和国家语言能力，后述西安外国语大学丝绸之路语言服务协同创新中心服务于丝路沿线国家合作发展中的语言服务基础、构想和目标。

关键词： 丝绸之路；命运共同体；语言服务；国家语言能力

一　丝绸之路国家合作发展与语言服务

西安外国语大学丝绸之路语言服务协同创新中心是一个崭新的单位，于 2016 年 6 月 17 日在我校承办的第八届亚太翻译论坛上正式启动成立。协创中心是我校为更好地发挥我们外国语大学的语言优势，从而为社会服务专门设立的。社会服务是大学的一个重要职能，也是学校在创建"一流大学、一流学科"建设中的重要抓手之一。西安外国语大学的特色就是"外语+"和"+外语"。我们的中国语言文学、新闻传播学、教育、经贸、金融管理、旅游、艺术等专业无不是"专业+外语"。

西安，地处中国的大地原点，也是古丝绸之路的起点。2013 年 9 月 7 日，习近平主席在哈萨克斯坦纳扎尔巴耶夫大学发表题为《弘扬人民友谊、共创美好未来》的重要演讲，倡议用创新的合作模式，共同建设"丝绸之路经济带"，将其作为一项造福沿途各国人民的大事业。其目的是和"21 世纪海上丝绸之路"建设一道，建立一个政治互信、经济融合、文化包容的利益共同体、命运共同体和责任共同体。在此命运共同体的建设中，就我们今天的主题——"丝路沿线国家的合作发

展"，语言服务扮演着桥梁的作用。我今天的发言将先谈全球化背景下语言的商品化、语言服务和国家语言能力，后述西安外国语大学丝绸之路语言服务协同创新中心服务于丝路沿线国家合作发展中的语言服务基础、构想和目标。

2014 年，中国政府与联合国教科文组织共同举办了主题为"语言能力与人类文明和社会进步"的世界语言大会。大会形成了《世界语言大会——苏州共识》，即语言是人类文明世代相传的载体，是相互沟通理解的钥匙，是文明交流互鉴的纽带。作为推动历史发展的重要力量，语言对于激发个体潜能，实现 2015 后全球发展新目标至关重要。语言能力是激发文化活力、促进认知发展、推动社会进步和经济繁荣的根本因素。

根据李宇明（2012）所述，我国主要的语言国情是双言双语社会的逐渐形成、虚实两个空间语言生活分野与连通、城乡语言规划问题及"语言地图"的快速改写、国内外两个语言大局的统筹兼顾。李宇明（2011）指出：语言进入国家的"硬实力"范畴。现代语言技术的发展在相当大的程度上依赖于语言文字知识，一些语言文字知识还转化为信息工业的标准。现代语言技术的发展虽然只有几十年的历史，但已经孕育了一批语言新职业，如语言速录师、语言工程师、字库设计师等；产生了一批语言新产业，如语言文字的输入与识别、计算机字库、语言文字的传输与输出、自动翻译、语言文字信息的检索与加工、电子阅读等高新技术所形成的产业。由此而形成了宏富的语言经济。Heller（2010）基于政治经济学理论，提出了"语言的商品化"概念，认为语言在工作和产品中的重要性日益明显，语言本身逐渐变成一种可供销售的"商品"。语言既可以作为语言服务的媒介，也可以视为语言服务者提供的商品。2014 年，Heller 等学者在国际社会语言学期刊上发表了《旅游业中语言的商品化》研究成果。

语言服务，一般狭义地指语言翻译服务，而广义的语言服务是指所有以语言作为工具或项目内容而开展的服务，具体可以分成语言翻译服务、语言教育服务、语言支持服务、特定行业领域中的语言服务四大类型（屈哨兵，2007）。我们持广义的语言服务观。

语言服务具有三个主要特色：为他性（服务于社会、服务于大众、服务于时代）、实践性（需要脚踏实地去实施的行为）、实效性（邵敬敏，2012）。徐大明（2012）提出，服务业缺乏语言服务和语言消费的意识，语言学家应该重视语言服务的研究，语言服务的发展需要语言产业的带动和政府干预；将语言服务纳入市场经济，是扩大内需、转变经济发展方式的一条重要途径，语言服务和语言消费的发展将有力推动我国经济社会的发展。

简言之，语言服务不仅要讲究社会效应，还要讲究经济效应。语言服务要从国家、社会发展需求出发，面向文化产业及经济产业的发展，为社会提供多样化的语言文字服务（陈文凯，2013）。

二　国家语言能力与丝绸之路国家合作发展

国家语言能力是指一个国家掌握利用语言资源、提供语言服务、处理语言问题、发展语言及相关事业等方面能力的总和。它是国家实力的一个组成部分，对于国家建设、发展和安全具有十分重要的作用（赵世举，2015）。李宇明（2013）指出，从我国的情况来看应主要包括五个方面：（1）语种能力，即国家总共能够了解和使用多少种语言；（2）国家主要语言的社会地位，特别是国家通用语言在国内外的地位；（3）公民的语言能力；（4）现代语言技术发展水平；（5）国家语言生活的管理水平。

丝绸之路沿线国家的发展与合作离不开统筹国际国内两个大局的改革创新轨道。其中有三个着力点：一是推进基础设施互联互通；二是畅通物流和经贸投资合作；三是推进人文交流合作（赵可金，2015）。在丝路沿线国家发展和合作中，就语言服务的角度讲，（1）、（2）和（4）是最相关的国家语言能力因素。西安外国语大学国家语言能力体现汇报总结如下。

（一）语种能力，即国家总共能够了解和使用多少种语言

西安外国语大学开设有22种外语专业，它们分别是：
英语、德语（印欧语系日耳曼语族）；
法语、西班牙语、意大利语、葡萄牙语（印欧语系罗马语族）；
俄语、乌克兰语、波兰语（印欧语系斯拉夫语族）；
印地语、乌尔都语（印欧语系印度语族，又称印度—雅利安语族）；
波斯语（印欧语系伊朗语族）；
阿拉伯语、希伯来语（闪含语系闪米特语族）；

土耳其语、哈萨克语（阿尔泰语系突厥语族）；

印度尼西亚语、马兰语（马来—波利尼西亚语系）；

日语（语系未定）；

韩语（阿尔泰语系满—通古斯语族）；

泰语（汉藏语系侗台语族）；

商务英语。

我们还开设有国际汉语教育（作为第二语言的汉语 CSL）。

拟开设的语种：亚美尼亚语（Armenian），系印欧语系中自成一支的语言，分布在亚美尼亚、格鲁吉亚和阿塞拜疆等国；土耳其和西亚一些地区也有大量的使用者。

少数民族及跨国语言：阿尔泰语系突厥语族维吾尔语、哈萨克语、吉尔吉斯语、塔塔尔语；蒙古语（阿尔泰语系蒙古语族）。2017 年已开设哈萨克语。

少数民族语言：藏语（汉藏语系藏缅语族）。

丝路沿线国家的发展和合作要跨越不同宗教、民族、国家、历史和文化障碍，要通过精道地语言服务，深化彼此理解，才能搭建好友好合作的桥梁。少数民族语言的语言服务在此也至关重要。

（二）国家主要语言的社会地位，特别是国家通用语言在国内外的地位

全球化与超民族主义的文化认同，推进汉语成为丝路沿线国家交流的通用语。在全球化的时代，随着民族—国家（nation-state）疆界的模糊，出现了一种近似世界主义（cosmopolitan）意识的超民族（transnationalism）意识，语言以及文化的疆界变得愈益模糊了，从而为一种新的世界语言体系的诞生铺平了道路。今天国际交流中所操持的英语已经不仅仅是英语国家人民的母语，而更是一种超越民族和文化疆界的世界性的通用语（lingua franca）。汉语这一普及程度仅次于英语的世界第二大语言，在全球化带来的影响下，也从原先主要在中国本土使用的一种民族语言逐渐发展为一种同时为东南亚数国人民使用的区域性语言，而最终则有可能发展为一种主要的世界性语言（王宁，2010）。

"丝绸之路经济带"建设靠中国主导推动，其中新疆是核心区。新疆的双语教育中，汉语作为第二语言教育，与中亚地区的汉语国际汉语教育重合，这有助于汉语作为通用语使用。此外，俄语作为通用语，受苏联官

方语言的影响，民族语言与新疆少数民族有同语言文化性，有助于推进汉语作为沿线国家交往中通用语的早日形成。

（三）现代语言技术发展水平

我们的语言服务应与"互联网+"深度融合，创新语言服务的模式，拓宽语言服务的外延，增强语言服务能力（王宇波、李向农，2016）。语言资源开发利用能力是当代信息科技最重要的基础和核心领域。第八届亚太翻译论坛开启了丝绸之路语言服务与大数据平台。大数据的关键不在于数据大，而在于挖掘数据的意义。对大数据的采集、加工，必须深入到数据的语义和语用，才能赋予数据系统新的深度，激活它内在的能源。这要求我们注重语义网的建设，促进语言服务资源的开发和利用，提升国家语言能力。

我校语言服务的语言技术支撑是中易语通和惠普中国等语言信息处理大平台。我们的语言技术支撑将与陕西省政府外办、西咸新区合作建设丝路语言服务呼叫中心。该呼叫中心服务的对象既可以是在华或来华的外籍人士，也可以是出境的我国公民。

1. 语言服务运营机制设想：产业化及"2+2"（"科技"和"人文"2个语言服务中心与"电子商务"和"文化产业"2个创业中心）

语言服务协同创新中心的语言服务运营机制应奔着语言经济运作规律，不仅要团队项目管理，而且要语言服务产业化，这样才能使我们的服务成为有组织有结构的活动，而不再是以往的教师个体活动。目前，按狭义语言服务讲，我们应该有自己的翻译团队、翻译力量、翻译公司。高翻学院正在筹措建立丝路 MTI 联盟，这个联盟将成为我们语言服务的主力军。在此联盟协作之下，我们会形成医学、电信、能源、建筑等科技语言服务中心和教育、传媒、法律、旅游与人文交流服务中心。大学生和教师将主导教研一体的两个创业中心：（1）丝路电子商务创业中心，将直接服务于丝路沿线的贸易及物流；（2）丝路文化产业创业中心，将着力于旅游和人文交流纪念物品的研发。此外，我们还将专注于参与本地化语言服务，少数民族语言服务。

2. 创新研究上两大重心：陕西及西部文化对外传播研究和全球化语言服务及人才培养研究

研究如何有效提升公民语言能力和国家语言能力，从而最大限度地发挥语言产业对社会经济的推动作用，履行好国际语言义务等研究——语言经济学研究；语言经济政治学研究；国家语言能力提升背景下的语言人才机制的研究；跨境语言文化研究；少数民族语言服务、汉语作为二语和通用语的推进研究；语言资源开发利用；或语言技术研究，如语义网络建设研究等。

三　结束语

随着中外各领域交流的全面深入和全球一体化趋势不断增强，包括翻译服务、本地化服务、语言技术创新和培训在内的语言服务已经成为世界各个国家、各种力量、各大跨国公司全球化战略重要组成部分和有力武器（李肇星，2010）。

语言服务作为国家语言能力的一个窗口，是服务于国家"一带一路"倡议，促进丝路沿线国家的发展和合作，构建"命运共同体"的有效途径和基础保障。做好丝路沿线国家的语言服务，我们责无旁贷。

参考文献

陈文凯：《语言经济学视域下的语言生活与语言服务》，《河南社会科学》2013 年第 9 期。

戴红亮：《提升面向少数民族的语言服务水平》，《北华大学学报》（社会科学版）2012 年第 6 期。

戴曼纯：《国家语言能力、语言规划与语言安全》，《语言文字应用》2011 年第 4 期。

郭晓勇：《中国语言服务行业发展状况、问题及对策——在 2010 年中国国际语言服务行业大会上的主旨发言》，《中国翻译》2010 年第 6 期。

黄德宽：《国家安全战略中的语言文字工作》，《中国教育报》2014 年 3 月 28 日第 8 版。

李现乐、刘芳：《开发少数民族语言经济价值的意义与途径——以民族地区旅游业为例》，《江汉学术》2013 年第 10 期。

李宇明：《语言也是"硬实力"》，《华中师范大学学报》（人文科学版）2011 年第 5 期。

李宇明：《认识语言的经济学属性》，《语言文字应用》2012年第3期。

李宇明：《中国语言生活的时代特征》，《中国语文》2012年第4期。

李宇明：《"一带一路"需要语言铺路》，《人民日报》2015年9月22日第7版。

《李肇星对中国国际语言服务行业大会暨研讨会致辞》，http：//www. china. com. cn/news/2010－09/26/content_ 21006017. htm。

屈哨兵：《语言服务研究论纲》，《江汉大学学报》（人文科学版）2007年第6期。

邵敬敏：《"语言服务业"与"语言服务学"》，《北华大学学报》（社会科学版），2012年第2期。

王宁：《重建全球化时代的中华民族和文化认同》，《社会科学》2010年第1期。

王宇波、李向农：《语言服务与"互联网＋"的深度融合》，《华中师范大学学报》（人文社会科学版）2016年第5期。

魏晖：《"一带一路"与语言互通》，《云南师范大学学报》（哲学社会科学版）2015年第4期。

文秋芳、苏静：《国家外语能力的理论构建与应用尝试》，《中国外语》2011年第5期。

徐大明：《语言服务与语言消费可扩大内需》，《中国社会科学报》2012年4月23日。

张清俐：《语言信息化研究构筑国家信息安全屏障》，《中国社会科学报》2014年6月18日第A2版。

张日培：《服务于"一带一路"的语言规划构想》，《云南师范大学学报》2015年第4期。

张卫国、刘国辉：《中国语言经济学研究述略》，《语言教学与研究》2012年第6期。

张文、沈骑：《近十年语言服务研究综述》，《云南师范大学学报》（对外汉语教学与研究版）2016年第3期。

赵世举：《全球竞争中的国家语言能力》，《中国社会科学》2015年第3期。

赵世举：《"一带一路"建设的语言需求及服务对策》，《云南师范大学学报》（哲学社会科学版）2015 年第 4 期。

Heller，M.，"The commodification of Language"，*Annual Review of Anthropology*，2010，29：101-114.

Heller，M.，Pujolar，J.& Duchene，A.，"Linguistic Commodification in Tourism"，*Journal of Sociolinguistics*，2014，18/4：539-566.

De Fina，A. & Perrino，S.，"Transnational Identities"，*Applied Linguistics*，2013，34/5：509-515.

Fairclough，N.，*Language and Globalization*，Routledge，2006.

Kramsch，C.，"Teaching Foreign Languages in an Era of Globalization：Introduction"，*The Modern Language Journal*，2014，98/1：296-311.

（张京鱼，西安外国语大学丝绸之路语言服务协同创新中心）

共生视角下"中国责任"的
目标、实践及保证

蔡　亮

摘要：共生理论研究的是如何使国际社会寻找一条"多元共生、包容共进""同其他国家和谐共生"的实现社会可持续发展之路。现阶段，一方面国际社会要求中国承担更大的国际责任和更多的国际义务，另一方面中国也有增加国际体系朝更加公正、合理方面发展的具有全球意识的大国责任的自觉。十八大以来的事实证明，在和谐共生理念的指导下，"中国责任"将建立命运共同体作为核心目标，并通过"一带一路"建设将之付诸实践，最后则是贯彻落实"四个全面"部署，以为之提供坚实的内部保证。而目标、实践及保证的三者有机结合正积极推动中国向实现"两个一百年"的奋斗目标和中华民族伟大复兴的中国梦迈进，这不仅会造福中国人民，也将造福各国人民。

关键词：共生；"中国责任"；命运共同体；"一带一路"；"四个全面"

国际责任本质上是一种公共产品，包括物质和精神两个层面，涉及经济、制度及文化等领域。而当中国正逐步从全球大国走向全球强国的新时期，在客观层面，其影响力已遍布世界各地，可谓无远弗届、动见观瞻，在主观层面，也愿意以建设性改革者的身份定位，做国际社会的积极参与者和负责任的建设者，因此有能力也有意愿更加积极地为地区乃至世界的和平与稳定、安全与繁荣贡献力量。但与此同时，站在新的历史时期的中国也面临如下新变化和新挑战：一方面经济全球化进入转型期，亚洲经济安全格局进入嬗变期；另一方面中国国内改革进入攻坚期，社会发展进入叠加期。

以此为背景，不管发达国家还是发展中国家都要求中国承担更大的国际责任和更多的国际义务，且不仅局限于物质层面，还要求向思想文化、理论战略和舆论引导等方面扩溢。而作为中国自身，"也需要深化具有世界意义的理论研究，强化全球意识和大国责任感，增加推动国际体系朝更加公正、合理方面发展的自觉性"①，以实现习近平总书记所强调的"多元共生、包容共进""同其他国家和谐共生"②的"中国责任"。

一　命运共同体："中国责任"的目标

"共生"一词本系生物学概念，由德国生物学家德贝里（Anton de Bary）于 1879 年率先提出，意指两个或两个以上共生单元之间在一定的共生环境中如同太极中的阴阳相处之道那样，形成相生相克、对立统一的关系。自 20 世纪 50 年代被引入社会科学领域后，其性质也随之变成为研究社会共生现象而建立的一种社会哲学，基本观点认为全球体系是一个共生体系，本质是发展问题，着力点是如何实现均衡、平衡、和谐的发展，目标是如何建立相互包容、相互克制、互利共赢、共同发展的共生关系。③一言以蔽之，从共生视角来看，人的基本存在方式就是共生。

进一步地，用共生视角来研究国际关系的话，得出的结论就是任何国家皆存在于国际共生关系之中，这是所有国际问题产生之基础，显然也是认识和研究国际问题之前提。因此，共生国际体系的研究对象可以归纳为国际社会中各种行为体的组合状态和彼此间的利害关系。随着现阶段"你中有我，我中有你""一荣俱荣，一损俱损"的地球村的迅速发展，中国的国际关系学者也开始试图从共生视角出发，为战争与和平的关系演

---

① 杨洁勉：《新时期中国外交思想、战略和实践的探索创新》，《国际问题研究》2015 年第 1 期。

② 习近平：《携手中国—东盟命运共同体美好未来》，http://news.xinhuanet.com/2013-10/03/c_117591171.htm；《习近平会见 21 世纪理事会北京会议外方代表》，http://www.chinanews.com/gn/2013/11-02/5456410.shtml。

③ 金应忠：《共生国际体系与中国和平发展》，《国际观察》2012 年第 4 期。

变问题新增一条研究路径。① 诚如中国学者胡守钧所强调的那样:"在共生中感悟自己如何存在,同时在共生中感悟他人如何存在,从而认真设计和精心选择与他人的共生之道。"②

需要说明的是,尽管共生关系无所不在,但从社会各行为体之间的力量对比看既存在均衡共生关系,也存在偏正共生关系,甚至还有寄生共生关系;从收益分配角度看既存在互利共生关系,也存在竞争共生关系和偏利共生关系;从各行为体之间权利义务角度看既存在平等共生关系,也存在不平等共生关系。共生论认为,甚至在奴隶与奴隶主之间也存在共生关系,但他们是不平等共生关系的极端表现。③ 显而易见,中国学者在国际关系领域引入共生理论,是基于对寄生性、对抗性的国际体系现象和根源的批判性反思,并在汲取中国和合文化传统的精髓、参与国际体系经验等发展规律的基础上,希望按照共生原理不断推进共生关系向优化方向转变,寻找一条能够实现社会的可持续发展道路。总体而言,它可分成和平共处、和平共生及和谐共生三个发展阶段。④

众所周知,现阶段国际局势的基本特点是世界多极化、经济全球化、文化多样化和社会信息化。这导致了国际社会在相互依存达到前所未有的广度和深度,"地球村"、共同体意识方兴未艾的同时,此起彼伏的国际地区热点和日益增多的全球性挑战所带来的一系列传统和非传统的安全问题,也早已对国际秩序和人类生存构成了严峻挑战。其结果是这种局势既使得维护和平的成本空前提高,也导致各国维护和平的意愿空前高涨,更促使优化共生关系成为必然。此外,现阶段的国家安全体系集政治安全、国土安全、军事安全、经济安全、文化安全、社会安全、科技安全、信息

---

① 如金应忠《国际社会的共生论——和平发展时代的国际关系理论》,《社会科学》2011年第10期;金应忠《共生国际体系与中国和平发展》,《国际观察》2012年第4期;杨洁勉《中国走向全球强国的外交理论准备——阶段性使命和建构性重点》,《世界经济与政治》2013年第5期;任晓《论东亚"共生体系"原理——对外关系思想和制度研究之一》,《世界经济与政治》2013年第7期;苏长和《共生型国际体系的可能——在一个多极世界中如何构建新型大国关系》,《世界经济与政治》2013年第9期等,皆是相关代表作。

② 胡守钧:《社会共生论》(第二版),复旦大学出版社2012年版,第41页。

③ 同上书,第8页。

④ 杨洁勉:《中国走向全球强国的外交理论准备——阶段性使命和建构性重点》,《世界经济与政治》2013年第5期。

安全、生态安全、资源安全、核安全等于一体①，这一方面导致战争的形式呈现多样化发展，另一方面也使得其破坏性大到足以摧毁整个共生体系，使人类社会整体陷入毁灭的恐惧之中。但也因为这种挑战如同达摩克利斯之剑一样，反而使得优化共生体系成为必要。更为重要的是，当前国际格局导致共生体系很难有维持现状的空间，它犹如逆水行舟一般，如果不能持续优化的话，势必导致不断恶化。

一言以蔽之，现阶段人类社会彼此利益交融、兴衰相伴、安危与共局势的客观存在使共生的优化正从和平共处向和平共生阶段发展。无独有偶，新中国成立以来的对外关系史也昭示中国已完成第一阶段任务，逐步形成并发展了和平共处理论。而中国作为一个历史悠久的文明古国和负责任的大国，在从全球大国走向全球强国的过程中，思考的绝非仅是在大国俱乐部中争得怎样的一席之地，孜孜以求的是打造一张由中国制造，并贡献世界的"中国责任"，即向国际社会递交的一剂旨在解决国际社会无政府状态下纷争难以消弭，构建持久和平及和谐共生的国际新秩序的"良方"。诚所谓"谋而无道，其行不远"，"大道之行，天下为公"也。因此，中国在致力于构建实现和平共生的第二阶段任务的同时，已经着眼于下一阶段的使命，即和其他全球强国及所有国家共同推进和谐共生理论，使全球关系在物质和精神上更上一层楼。② 对此，习近平指出："随着中国的发展，将承担更多的国际责任，更积极参与国际事务及国际体系改革。中国是促进世界和平与发展的建设性力量。我们将继续抱着谦虚的态度，学习借鉴其他国家的先进理念和发展经验，包容并蓄，走同其他国家和谐共生的发展道路。"③

"中国责任"除了需要在理论上推进和谐共生外，还需要建构与之相适应的核心目标。对此，中国学者张春研究指出，其路径就是首先通过继续坚持和平共处建构利益共同体，进而大力倡导和平共生建构责任共同

---

① 习近平：《坚持总体国家安全观　走中国特色国家安全道路》，http://news.xinhuanet.com/politics/2014-04/15/c_ 1110253910.htm。

② 杨洁勉：《中国走向全球强国的外交理论准备——阶段性使命和建构性重点》，《世界经济与政治》2013 年第 5 期。

③ 《习近平会见 21 世纪理事会北京会议外方代表》，http：//www.chinanews.com/gn/2013/11-02/5456410.shtml。

体，最终实现以和谐共生建构命运共同体的长期愿景。① 具体而言，中国在对外交往中需确立终极关怀和崇高理念，以全人类的可持续和谐发展为关注目标，以满足所有人的需求为内在驱动，并以此为基础建立一种整体利益优先的意识和相互关照的利益协调机制，即采取有利于全球利益的举措，也就同时服务了自身利益，最终使得全人类真正形成无论兴衰荣辱，都休戚与共，将各自命运紧密联系在一起的人类命运共同体。

实际上，命运共同体的提法也是中国政府近年来反复强调的关于人类社会的新理念，如 2011 年 9 月发布的《中国的和平发展》白皮书中已经提出，要以命运共同体的新视角，寻求人类共同利益和共同价值的新内涵。② 到中共十八大召开时，中国又正式提出了人类命运共同体这一说法，指出“在追求本国利益时兼顾他国合理关切，在谋求本国发展中促进各国共同发展，建立更加平等均衡的新型全球发展伙伴关系，同舟共济，权责共担，增进人类共同利益”③。十八大以来，习近平又先后倡议构建“中非命运共同体”“两岸命运共同体”及“中国—东盟命运共同体”等，并提出在构建周边命运共同体基础上迈向人类命运共同体，充分显示了中国最高领导层对此意识在战略高度上的重视性和外交实践上的指导性。

命运共同体是一种愿景与期许，其核心是如何实现合作共赢，而合作共赢也是构建新型国际关系的核心。对此，习近平强调说：“要摒弃冷战思维、零和博弈的旧观念，倡导共同、综合、合作、可持续安全的新理念……建设命运共同体，走出一条共建、共享、共赢的安全新路，共同维护地区和世界和平稳定。”④ 从这一意义而言，命运共同体是一种以应对人类共同挑战为目的的全球价值观和新共生观，包含相互依存的国际权力观、共同利益观、可持续发展观、全球治理观、新安全观，意指在全人类命运和利害关系越发紧密的背景下，站在全人类共同利益的时代高度，坚

---

① 张春：《建构中国特色的国际道德价值观体系》，《社会科学》2014 年第 9 期。

② 中华人民共和国国务院新闻办公室：《中国的和平发展》，http://www.gov.cn/jrzg/2011-09/06/content_ 1941204.htm。

③ 胡锦涛：《坚定不移沿着中国特色社会主义道路前进　为全面建成小康社会而奋斗》，人民出版社 2012 年版，第 47 页。

④ 习近平：《弘扬万隆精神　推进合作共赢——在亚非领导人会议上的讲话》，《人民日报》2015 年 4 月 23 日。

持"计利当计天下利"① 的方针，把中国人民利益同各国人民共同利益相结合，在追求本国利益时兼顾他国合理关切，在谋求本国发展中促进各国共同发展。

概言之，命运共同体不但是中国将现阶段世界发展大势和自身在 21 世纪第二个十年的发展思路和目标交织一处的重要标志，更是扩大中国与各方利益汇合的全方位的战略构想。可以说，命运共同体是中国向人类文明提出的一个永久性道德价值和终极关怀，是与和谐共生彼此照应的"中国责任"。

不可否认的是，现阶段国际社会的各种价值观仍主要服务于不同国家的现实利益，且各国的国家战略、社会制度、发展阶段也不尽相同，因此命运共同体的建设势必面临长期性、复杂性和曲折性等困难，但不可忽视的是未来世界向命运共同体迈进的主线是日益清晰的，更要相信各国政治家中的确有人是从全人类长远利益的视角思考问题，而非从短期国内选举需求的角度出发制定政策，因此说命运共同体的建设尽管荆棘丛生，但却丝毫遮掩不住其光明的前景。

最后需要强调的是，命运共同体还承载着落实中国梦的对外解读功能，体现了中国梦与世界梦具有内在统一的和谐性，是一个中国与世界的"共赢梦"，即"同各国人民的美好梦想息息相通，不仅造福中国人民，而且造福各国人民"。② 而命运共同体意识则体现出把发展自己与发展人类文明和谐地统一起来的惠济天下的大国胸怀和担当。它的提出为"中国梦"注入了重要的国际内涵，即随着命运共同体意识在各国的落地生根可以有效地把"中国梦"与各国人民过上美好生活的愿景、同各地区发展前景有效地对接起来。诚如中国学者杨洁勉所指出的那样："'中国梦'的提出不仅蕴藏着绵延已久的家国天下情怀，凝聚着振兴中华的探索与奋斗，更折射着暗含至中国人内心深处的人类命运共同体意识。"③

---

① 《共同建设二十一世纪"海上丝绸之路"》，载《习近平谈治国理政》，外文出版社 2014 年版，第 293 页。

② 习近平：《弘扬万隆精神　推进合作共赢——在亚非领导人会议上的讲话》，《人民日报》2015 年 4 月 23 日。

③ 杨洁勉：《中国梦与中国外交》，《文汇报》2013 年 6 月 25 日。

二　"一带一路"："中国责任"的实践

合作共赢不但是命运共同体的核心，也是建立新型国际关系的核心。其出发和前提是以坚持不干涉别国内政，坚持尊重各国人民自主选择的发展道路和社会制度，坚持通过对话协商以和平方式解决国家间的分歧和争端这一中国和平发展战略思想，它的提出也极大地丰富了这一战略思想。从这一角度而言，近年来中国倡导的一系列新型的外交理念实质上就是进一步将合作共赢理念加以细化的过程。如提出和践行"亲、诚、惠、容"的周边外交理念，坚持以邻为善、以邻为伴，坚持睦邻、安邻、富邻，打造周边命运共同体；倡导共同、综合、合作、可持续的安全观，提出了亚洲的事情归根结底要靠亚洲人民来办，亚洲的问题归根结底要靠亚洲人民来维护的亚洲安全观；推动构建新兴大国关系，切实运筹好大国关系，构建健康稳定的大国关系框架。最后就是提出和贯彻正确义利观，做到义利兼顾，要讲信义、重情义、扬正义、树道义。

古语云："知行合一。"如果说合作共赢是现阶段中国对外交往的总体理念的话，那么上述一系列理念的提出则标志着中国按照这一方针针对不同类型国家指出的各具特色的指导理论，即应该按照怎样的标准做怎样的事。但这仍然是一种理念的宣示，属于"知"的范畴，而要将之落实到"行"，使理念与实践紧密联系，即如何将"中国责任"落到实处，就需要"把合作共赢理念体现到政治、经济、安全、文化等对外合作的方方面面"。① 现阶段，"丝绸之路经济带"（以下简称"一带"）和"21世纪海上丝绸之路"（以下简称"一路"）这两面一体、双翼齐飞战略构想的提出和建设恰是"中国责任"从目标落实到实践的重要标志。

从范围上看，"一带一路"贯穿亚欧非大陆，一头是发达的欧洲经济圈，中间广大腹地国家经济发展潜力巨大。"一带"重点路线包括中国经中亚、俄罗斯至欧洲波罗的海；中国经中亚、西亚至波斯湾、地中海；中国至东南亚、南亚、印度洋。"一路"重点方向是从中国沿海港口经南海到印度洋，延伸至欧洲；从中国沿海港口经南海到南太平洋。从内容上

---

① 《习近平出席中央外事工作会议并发表重要讲话》，http://news.xinhuanet.com/politics/2014-11/29/c_1113457723.htm。

看，"一带一路"是通过建立两个大的全球性贸易路径使沿线国家深化其与中国的生产、贸易、金融等领域的联系。"一带"拟通过公路、铁路、电力、光纤网络，把中国与东亚、南亚以及欧洲的一些国家和地区连接起来；"一路"则基于海上航行开放自由、海上共同安全和海洋资源共同开发的新秩序，旨在推动东亚和印度洋、太平洋的海上贸易，使之成为合作发展的沿海经济带。概言之，"一带一路"就是要进一步统筹中国大周边东—西两个战略方向的平衡，进而统筹海—陆两个战略方向的平衡，力争形成东西联动、海陆互补的有利战略态势。

"一带一路"的倡议是从沿线大部分国家特别聚焦经济社会发展这一自身需求出发，结合中国自身发展的成就和经验，注重与各国的发展战略相互对接，在整合各种经济合作机制的基础上，积极营造和平发展的新环境，以实现经济增长联动，在 10 年左右的时间内使中国同沿线国家的年贸易额突破 2.5 万亿美元，共同打造经济融合的利益共同体。

众所周知，现阶段中国经济正面临产能过剩和产业链升级问题，而"一带一路"沿线广大发展中国家则蕴藏着巨大的市场潜力，有助于消化中国的过剩产能。此外，"一带一路"沿线国家面临制造业落后、难以有效解决劳动力就业问题，它们一方面具有强劲的发展需求，一些国家也出台了经济发展规划；另一方面却面临基础设施不够完善、发展资金捉襟见肘等问题。而中国拥有雄厚的外汇储备，且在改革开放三十多年中基础建设方面积累的丰富的经验，也亟须寻找合适的投资渠道。因此说，"一带一路"就是同时解决双方互动过程中资源配置不均或受阻的失衡问题，通过向发展中国家提供资金、基建、技术等领域援助，促进中国与沿线国家和地区生产资料的有效配置。显而易见，"一带一路"建设的优先领域是基础设施，并进一步勾勒了基础设施互联互通的蓝图。

具体而言，抓住交通基础设施的关键通道、关键节点和重点工程，优先打通缺失路段，畅通瓶颈路段，配套完善道路安全防护设施和交通管理设施设备，提升道路通达水平。与此同时，推动口岸基础设施建设，畅通陆水联运通道，推进港口合作建设，增加海上航线和班次，加强海上物流信息化合作。以此为基础，在尊重沿线国家主权和安全关切的基础上，共同推进国际骨干通道建设，逐步形成连接亚洲各次区域以及亚欧非之间的基础设施网络。根据"一带一路"走向，陆上依托国际大通道，以沿线中心城市为支撑，以重点经贸产业园区为合作平台，共同打造新亚欧大陆桥、中蒙俄、中国—中亚—西亚、中国—中南半岛等国际经济合作走廊；海上以重点港口为节点，共同建设通畅安全高效的运输大通道。此外需要强调的是，"一带"和"一路"并非一个局限陆地，一个局限海上，而是相辅相成，嫁接桥梁就是孟中印缅经济走廊和中巴经济走廊。①

然而，大规模的基础设施势必需要大量资金的投入。亚洲开发银行（以下简称"亚行"）的一项统计显示，从 2010 年至 2020 年，亚洲需要至少 8 万亿美元的基础设施投入，而亚行 2014 年的融资额度只有 137 亿美元，且"手续繁杂，耗时很长"，从调查融资对象到实际签署合同平均历时 21 个月。此外，亚行还无视中国等新兴国家一致要求增加出资比例，改变银行资本构成。因此，为打破基础设施互联互通的财政瓶颈，必须逐步展开金融领域的互联互通，深化金融合作，推进亚洲货币稳定体系、投融资体系和信用体系建设，将资金融通作为"一带一路"建设的重要支撑。从这一意义而言，亚洲基础设施投资银行（AIIB）是应运而生的，目的是支持亚洲国家基础设施建设、促进地区互联互通、推动区域经济发展，以填补世界银行、亚行的不足之处。与此同时，中国又宣布出资 400亿美元成立丝路基金，并注册成立丝路基金有限责任公司，还与有关各方就建立上海合作组织融资机构开展磋商，加快丝路基金组建运营，以股权为主的市场化方式运作，投资基础设施、资源开发、产业合作、金融合作等。在倡导"一带一路"的基础上，中国还与金砖国家合作推动建立授权资本为 1000 亿美元的金砖国家开发银行，以缓解金砖国家和其他发展中国家在基础设施建设领域所遭遇的"融资难"问题。

而为了体现"一带一路"包容共进的理念，中国还强化多边合作机制作用，发挥上海合作组织（SCO）、中国—东盟"10+1"、亚太经合组织（APEC）、亚欧会议（ASEM）、亚洲合作对话（ACD）、亚信会议（CICA）、中阿合作论坛、中国—海合会战略对话、大湄公河次区域（GMS）经济合作、中亚区域经济合作（CAREC）等现有多边合作机制作用，相关国家加强沟通，让更多国家和地区参与"一带一路"建设。

由此可见，尽管基础设施建设是"一带一路"推进的重点，但早已不再局限于传统意义了，而是基础设施、制度规章、人员交流三位一体，

---

① 《推动共建丝绸之路经济带和 21 世纪海上丝绸之路的意愿与行动》，《人民日报》2015年 3 月 29 日。

是政策沟通、设施联通、贸易畅通、资金融通、民心相通五大领域齐头并进，是全方位、立体化、网络状的大联通。① 从这一意义而言，"一带一路"是综合考量经济发展、地缘政治、战略通道、能源资源等因素，以能源管线、铁路、公路、航运、网络通信等基础设施建设为纽带，资金、贸易和产业链连接兵种，加快推进周边命运共同体建设与战略经营，实现表里相互依存，战略纵深与前沿相互呼应的局面，建构与塑造长期有利于中国的大周边战略环境。甚至可以说是一次意义重大的世界地缘经济政治格局的重新定位。推进"一带一路"建设既是中国扩大和深化对外开放的需要，也是加强和亚欧非及世界各国互利合作的需要，而并非中国企图利用本国的经济实力来获取主导权，也不是要利用其在损害别国利益的情况下扩大中国的机遇，目的是让沿线国家及其民众相信中国的做法是互惠互利的，一方面希望消除其他国家对中国发展的顾虑，另一方面也体现了中国和亚太伙伴同舟共济、共享发展成果的责任与担当。

以中国与巴基斯坦的全天候战略合作伙伴关系为例，这寓意着中巴将风雨无阻、永远同行，使经济合作和安全合作两个轮子一起转。具体而言，现阶段中巴双方同意以中巴经济走廊为引领，以瓜达尔港、能源、交通基础设施和产业合作为重点，形成"1+4"合作布局。中巴经济走廊位于"一带一路"的交汇点，是其倡议的先行和重大项目。双方还明确将走廊中西线列入中长期规划，提出未来3年将双边贸易额提升至200亿美元，签署逾50项合作协议，涵盖交通基础设施、能源、农业、贸易、金融等领域。而丝路基金将中巴清洁能源合作项目作为首个支持项目，具有重要示范效应。此外，双方同意继续加强反恐合作、防务合作以及国际地区安全事务配合，携手打击恐怖势力，共同维护中巴安全利益。可以说，这是两国传统友谊和良好政治关系正越来越多转化为务实合作的强大动力和实际成果。因此，习近平主席2015年4月的访巴不但有力地推动了中巴的合作共赢，更是一次"改变巴基斯坦命运"的访问。②

"一带一路"诞生于全球化时代，是开放合作的产物，而不是地缘政

---

① 习近平：《联通引领发展　伙伴聚焦合作——在"加强互联互通伙伴关系"东道主伙伴对话会上的讲话》，《人民日报》2014年11月9日。

② 王毅：《构建周边命运共同体、倡导新型国际关系的成功实践》，《人民日报》2015年4月25日。

治的工具，其理念是共同发展，目标是合作共赢。它不是中方一家的"独奏曲"，而是各方共同参与的"交响乐"。① 正因为如此，"一带一路"才得到沿线 60 多个国家的积极响应和广泛支持，并被视之为本国经济发展的历史契机，且愿同各自的发展战略相互对接，与中方建立制度性安排。这使得"一带一路"已从战略倡议开始步入务实合作的轨道。

综上所述，"一带一路"是促进共同发展、实现共同繁荣的合作共赢之路，也是增进理解信任、加强全方位交流的和平友谊之路，更是全方位推进务实合作，打造经济融合的利益共同体、政治互信的责任共同体和文化包容的命运共同体之路。

三　"四个全面"："中国责任"的保证

"一带一路"是一条迈向"共商、共建、共享"的和平繁荣之路，对中国及沿线的国家和地区而言是促进和平繁荣，实现合作共赢的莫大善举，但这毕竟是一个系统性的大工程，其顺利推进面临来自国内外的一系列挑战，如需要长期稳定的地区安全环境的保障，面临的问题有大国海洋秩序博弈、海洋权益争端、沿线国家治理困境及海上非传统安全威胁等。换言之，"中国责任"在实践过程中绝非一帆风顺，注定荆棘丛生，坎坷崎岖。然而相比之下，只有中国崛起的势头能够一直持续下去，不犯颠覆性错误，"两个一百年"的奋斗目标和中华民族伟大复兴的中国梦能够真正实现才是一个个"中国责任"的实践能够推行下去，并一步步接近实现命运共同体这一"中国责任"目标的根本保证。

一般而言，一个大国真正的崛起是内部制度的崛起，外部的崛起只是内部崛起的外延，反过来说就是内部崛起是外部崛起的根本和保障。而其主要的就是内部制度的建设。改革开放之后，得益于良好的政策，带动了经济发展，释放了改革红利，使中国一跃成为令人瞩目的世界大国。但经过 30 多年的改革开放，中国基本国情的内涵已发生很大改变，身份构建也不再单一，具有了社会主义大国、发展中大国和全球性大国这三位一体的复合性和矛盾性。在新的历史时期，中国的经济发展和改革开放到了一

① 王毅：《"一带一路"不是中方"独奏曲"　而是各方共同参与的"交响乐"》，http://npc.people.com.cn/n/2015/0308/c14576-26656889.html。

个重大转折的关头，不能再继续"守业"下去，而必须在准确把握新时期发展的新变化和新特点的基础上，在一个新起点和新高度重新起跑。

从这一意义而言，习近平总书记于 2014 年 12 月在江苏调研时首次提出落实"全面建成小康社会、全面深化改革、全面依法治国、全面从严治党"（以下简称"四个全面"）的战略布局，一方面标志着党中央治国理政总体框架的清晰展现，开辟了中国共产党治国理政的新境界，丰富和发展了中国特色社会主义理论体系；另一方面也是统筹国内国际两个大局，放眼党的长期执政、国家的长治久安、中华民族的永续发展做出的一系列重大战略决策和实践指导。换言之，"四个全面"既是重大的战略布局，也体现了中国共产党治国理政的重要战略思想，更是与时俱进的新创造，即将马克思主义与中国实践相结合的新飞跃，因而对坚持和发展中国特色社会主义、实现中华民族伟大复兴的中国梦具有重大现实意义和深远历史意义。诚如中央文献研究室主任冷溶所强调的那样："'四个全面'战略布局，是党中央从坚持和发展中国特色社会主义全局出发，着眼于实现中华民族伟大复兴中国梦提出并形成的，是从哲学高度进行的思考、从总体上进行的设计，把中国共产党在新的历史条件下的治国理政方略展示得十分清晰、十分明确。"①

众所周知，从党的十八大至今，"四个全面"战略布局的具体内涵是次第展开的。"全面建成小康社会"是十八大提出的重大战略任务，强调的是"确保到 2020 年实现全面建成小康社会宏伟目标"，以及"经济持续健康发展""人民民主不断扩大""文化软实力显著增强""人民生活水平全面提高""资源节约型、环境友好型社会建设取得重大进展"，为实现现代化和民族复兴奠定坚实基础等内涵。②

到十八届三中全会召开时，全会审议通过了《中共中央关于全面深化改革若干重大问题的决定》，提出"全面深化改革的总目标是完善和发展中国特色社会主义制度，推进国家治理体系和治理能力现代化"，并对经济体制改革、政治体制改革、文化体制改革、社会体制改革、生态文明体制改革和党的建设制度改革进行了全面部署。重点是经济体制改革，核

①　冷溶：《协调推进"四个全面"的哲学思考》，《人民日报》2015 年 4 月 29 日。
②　胡锦涛：《坚定不移沿着中国特设社会主义道路前进　为全面建成小康社会而奋斗》，人民出版社 2012 年版。

心是处理好政府和市场的关系。①

　　紧接着是十八届四中全会通过了《中共中央关于全面推进依法治国若干重大问题的决定》，决定提出"全面推进依法治国，总目标是建设中国特色社会主义法治体系，建设社会主义法治国家"②。这标志着其从最初的单一概念，覆盖到实现科学立法、严格执法、公正司法、全民守法全过程。宗旨是解决中国在发展中面临的一系列重大问题，解放和增强社会活力、促进社会公平正义、维护社会和谐稳定、确保国家长治久安的根本要求。没有它，国家生活和社会生活就不能有序运行，就难以实现社会和谐稳定。因此，只有为改革划上"法治边界"，才能妥善协调各类利益纠纷，顺利解决各种制度障碍，依法保障改革成果为人民共享。

　　而"依法治国，必先坚持依法治党"，不论是反腐败的强力推行、八项规定的严格落实，还是落实主体责任、惩治庸官懒政，都需要"把权力关进制度的笼子里""严明政治纪律和政治规矩"，用法治手段保障党内的清风正气。为此，习近平总书记于2014年10月8日召开的群众路线教育实践活动总结大会上正式提出了"全面从严治党"的要求。需要强调的是，"全面"二字至少包含三个层面：一是内容无死角，涵盖党的思想建设、组织建设、作风建设、反腐倡廉建设和制度建设各个领域；二是主体全覆盖，从严管党治党不仅是党中央的责任，党的各级组织都必须贯彻从严治党要求；三是劲头不松懈，要把从严治党常态化、制度化。

　　此外，"四个全面"新就新在"全面"二字上，这一方面是一种延续性，是对以往方向、路线的一脉相承，表明新一届党中央领导集体没有另起炉灶，否定过去；另一方面"全面"并非轻描淡写，可有可无，而是要覆盖面更广，不可能留有死角、达不到的地方，且加强了力度、深度和广度。

　　"不谋全局者，不足谋一域。""四个全面"是一幅严密的中国复兴伟业的战略路线系统图，是有机联系的统一整体，由一个战略目标和三大战略举措构成，强调四个方面相辅相成、相互促进、相得益彰，且不能忽视

---

　　①　《中共中央关于全面深化改革若干重大问题的决定》，http：//www.gov.cn/jrzg/2013-11/15/content_2528179.htm。

　　②　《中共中央关于全面推进依法治国若干重大问题的决定》，http：//www.gov.cn/zhengce/2014-10/28/content_2771946.htm。

每个"全面"所涵盖的系统性、整体性、协同性。"全面建成小康社会"是十八大提出的总目标，要求不失时机深化重要领域改革，坚决破除一切妨碍科学发展的思想观念和体制机制弊端，构建系统完备、科学规范、运行有效的制度体制，使各方面制度更加成熟、更加定型。而三中全会开启"全面深化改革"的闸门，到四中全会高举"全面推进依法治国"的旗帜，党中央治国理政总体战略在时间轴上的次第展开，是推动实现"全面建成小康社会"蓝图的姊妹篇，宛如大鹏之两翼、战车之两轮，前者是动力，后者是保障，共同推动"全面建成小康社会"奋斗目标顺利实现。办好中国的事情关键在党，因此在上述过程中，"全面从严治党"则是各项工作顺利推进、各项目标顺利实现的根本保证。

换个角度来看，要达到"全面建成小康社会"的新奋斗目标，就必须进入新常态，即"全面深化改革"。这不是摸着石头过河的改革，是在法律和法治框架下的改革，是"全面推进依法治国"的一个重要部分。中国共产党是中国的执政党，没有一个纯洁的党，就没有一个光明的国家，所以治国当以治党为始，因此"全面从严治党"是"四个全面"的开端。这是一种党政建设和法治建设，其本身就是"全面推进依法治国"的强有力手段。因此从多维度视角来评价"四个全面"的模式，在防守上，它最能阻止速度下降；在开拓上，它最能奋力向前；在结合上，它无疑是优化组合。一言以蔽之，"四个全面"是化被动为主动、扭转乾坤、拨正航向的模式。

总而言之，贯彻落实"四个全面"部署关系着中国的未来发展。它以"全面建成小康社会"为开篇，以作风建设和重拳反腐为突破，以"两个一百年"奋斗目标为统领，以"全面深化改革""全面推进依法治国"为两翼，以"全面从严治党"为根本保证，以完善和发展中国特色社会主义制度、推进国家治理体系和治理能力现代化为治国理政的着力点，因此势必成为实现中国梦的不竭动力和实践并推进"中国责任"的最根本保证。

四 结 语

共生理论研究的是如何使国际社会寻找一条"多元共生、包容共进""同其他国家和谐共生"的实现社会可持续发展之路。而在中国正从世界大国向世界强国迈进的历史新时期，一方面国际社会要求中国承担更大的国际责任和更多的国际义务，另一方面中国也有增加国际体系朝更加公正、合理方面发展的具有全球意识的大国责任的自觉。十八大以来的事实证明，在和谐共生理念的指导下，"中国责任"将建立命运共同体作为核心目标，并通过"一带一路"建设将之付诸实践，最后则是贯彻落实"四个全面"部署，以为之提供坚实的内部保证。值得一提的是，"中国责任"的目标、实践与保证这三者的有机结合正积极推动中国向实现"两个一百年"的奋斗目标和中华民族伟大复兴的中国梦迈进，它不仅会造福中国人民，也将造福各国人民。

参考文献

金应忠：《共生国际体系与中国和平发展》，《国际观察》2012 年第 4 期。

金应忠：《国际社会的共生论——和平发展时代的国际关系理论》，《社会科学》2011 年第 10 期。

胡守钧：《社会共生论》（第二版），复旦大学出版社 2012 年版。

杨洁勉：《新时期中国外交思想、战略和实践的探索创新》，《国际问题研究》2015 年第 1 期。

杨洁勉：《中国走向全球强国的外交理论准备——阶段性使命和建构性重点》，《世界经济与政治》2013 年第 5 期。

张春：《建构中国特色的国际道德价值观体系》，《社会科学》2014 年第 9 期。

苏长和：《共生型国际体系的可能——在一个多极世界中如何构建新型大国关系》，《世界经济与政治》2013 年第 9 期。

任晓：《论东亚"共生体系"原理——对外关系思想和制度研究之一》，《世界经济与政治》2013 年第 7 期。

（蔡亮，上海国际问题研究院亚太研究中心）

新丝绸之路：实践者，利益与承诺

卡 哈

中国国家理念的丝绸之路

2013 年中国政府提出的"一带一路"倡议是全球性的倡议，涉及至少三大洲的六大交通走廊。在这一倡议下，中国将成为一个与全球经济紧密相连的经济体，能够快速地进入国际市场。"一带一路"连接了亚洲、欧洲、非洲，是有史以来最伟大的东西走廊沿线区域合作计划。尤其体现在：

陆路上

连接起了中国、中亚、西亚、俄罗斯及欧洲；
从中国经过中亚和西亚到达波斯湾和地中海；
连接了中国和东南亚，南亚及印度洋。

海运上

——通过中国南海及印度洋，从中国沿海到欧洲；
——通过中国南海从中国沿海到南太平洋。

这一伟大倡议计划发展以上提到的这些地区的港口、物流设施、铁路连通、电力供应链及其他基础设施。这些通道可以节省从中国海运货物到欧洲及全球市场的运输时间及成本。但是不仅相应基础设施的缺乏给国家间和地区间的商品运输造成了困难，贸易及海关壁垒、法律差异、不相关的交通费用、政治意愿缺失及其他因素都阻碍了经贸合作。所以，中国希望通过修建这些交通走廊来克服这些壁垒，并且已经准备好与走廊上涉及的国家开展相关国际对话及谈判。此倡议已成为外交政策项目，需要参与制定中国外交政策的各个部门共同努力。这也是为什么在过去的两三年中中国出台了很多与这些国家相关的外交政策。国家最高层领导人已出访60多次，签署了一系列备忘录。可以看出，中国在争取国际社会对于丝绸之路项目的支持。显然，这一努力并不是仅为得到相关国家完善交通基础设施的承诺，更大的目标是为得到这些国家对此倡议的认同及支持。

中国经济在过去25年里一直保持快速增长，现已成为世界第二大生产国。如此快速的经济增长与其内需的增长有关，但出口也是其经济增长的重要因素。通过吸引外商直接投资、引进技术和专有知识，中国政府越来越国际化。随着中国经济的发展，越来越多的中国商品出口到欧洲及全球市场，而中国对于以上地区进口的需求也相应增加。中国经济增长的可持续性越来越依赖对外贸易。商品的销量有赖于其竞争力、进入市场的便利性及连通性。中国商品在国际市场上越来越具有竞争力，因为其价格较低且质量有所提高。在中国加入世界贸易组织后，中国商品进入其他国家市场变得更容易。中国还与该地区很多国家有自由贸易关系，而且还在和新丝路沿线很多国家商讨签订自由贸易协定（包括自2013年开始和欧盟的谈判）。显然，要想发挥中国的出口潜能和实施积极的外贸政策，首先必须要加强中国货物出口的主要目的地国的交通能力。

表 1   **2014 年中国最大的贸易伙伴**

国家/地区	出口额	进口额	贸易总额	贸易差额
欧盟	356.0	211.2	567.2	+144.8
美国	324.5	122.2	446.7	+202.3
中国香港	268.0	15.5	283.5	+252.5
东盟	170.1	192.8	362.9	-22.7
日本	148.3	194.6	342.9	-46.3
韩国	82.9	162.7	245.6	-79.8
巴西	31.8	52.4	84.2	-20.6
印度	50.5	23.4	73.9	+27.1
俄国	38.9	40.3	79.2	-1.4

过去十年中，中国同欧盟的贸易额飞速增长，2015年超过了5000亿欧元。出口额和进口额都比十年前翻了一番。详细信息请见图1。

从这些数字可以看出，中国经济国际化程度日益提高。若不稳定推进对外经济关系，很难保证今后中国经济的进一步增长。欧盟和美国是中国进出口的主要市场。而东盟成员国、印度和中南半岛的国家也越来越重要，因为这些国家都是中国商品的潜在市场。

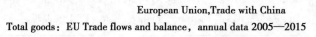

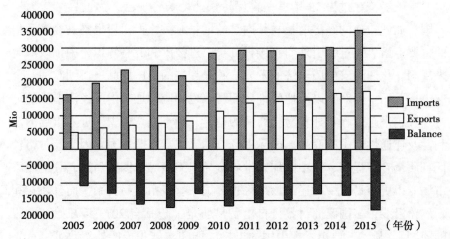

图1　欧盟—中国贸易动态

中国和美国（仅次于欧盟的中国第二大贸易伙伴）、巴西的贸易是横跨太平洋贸易谈判的主要议题。主要的话题包括贸易措施简化，克服关税及非关税壁垒，增加商品及服务的流通。交通并不是主要议题，因为海运及物流基础设施能力等方面都足够应对贸易的增长。

首先，和欧盟以及欧亚大陆其他国家——俄罗斯、波斯湾国家、中亚及非洲国家的贸易需要加大对货物流通的需求。

词源的新丝绸之路

众所周知，丝绸之路在古代就是连接东西方——中国和欧洲的桥梁。确实丝路沿线的安全性并没有得到很好的保障。这些通路由好战的游牧民族所统治。在过去的几个世纪，商人们都不敢通过这些商路运输货物进行贸易。19世纪的殖民战争、20世纪后半叶欧亚大陆的地缘政治对抗也抑制了丝路的复兴。

　　全球政治的变化为丝路的复兴创造了可能，且从 20 世纪 90 年代开始就对欧亚很多国家及地区产生越来越重要的影响。

　　中国并不是第一个提出重建丝路的国家。欧盟从欧洲开始发展交通走廊的概念，从南高加索和里海到中亚。那时，欧盟确实没有想要通过这一走廊通向中国，而是想要通向自然资源和石油资源丰富的中亚地区。极有可能是因为欧盟高度依赖俄罗斯的天然气和石油的供给，所以想要寻找其他能源供给的方法。20 世纪 90 年代提出的两大项目——欧洲—高加索—亚洲运输走廊（TRACEA）和欧洲国际油气运输计划（INOGATE）分别是为了在以上提到的走廊沿线进行运输、能源基础设施的发展。

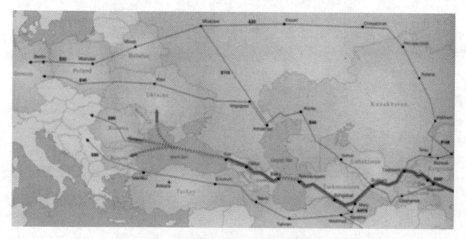

图 2　欧洲—高加索—亚洲运输走廊

　　运输走廊上的统一的海关程序、简化运输及经贸法规的统一是促进私人企业开展贸易活动的必要条件。欧盟一直坚持实施其设想，并采取了很全面的政策措施……欧盟（当时的欧盟委员会）推动并协助了该地区内很多国家进入世贸组织。这对统一贸易规则十分必要，例如，沿线国家货物可自由过境。另一个重要尝试就是创建欧洲能源宪章，竭力使能源产品符合世界贸易组织兼容性规则，包括自由过境和争端解决机制。第三个重要的维度是在交通运输和基础设施上推动投资。欧盟制定了更多远大的计划，已经让潜在的东西走廊与反欧洲地区网络的联通成为可能，尤其是四号、七号、八号和九号走廊（见图 2）。上述的项目直到现在依然继续，已经并入了欧盟委员会对后苏联地区的广泛政策，其中包括稳定利益的紧张局面、内部争端的解决、法律的发展规则、良好的治理、支持国家建设等，这对东西走廊的发展和持续稳定丝路的环境至关重要。

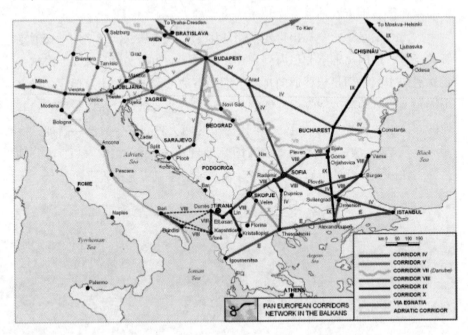

现实中，该理念已经取得部分成果。首先，还有许多国家并不是世贸成员国，稳定与和平并没有得到保障，腐败、海关手续低效、不公平以及超高的过境关税成为该理念的绊脚石。欧盟最大的劣势手段可能就是对路径的限制，只能到中亚，从而限制了私人公司、投资者以及想参与的国家的规模。另一个劣势是缺乏欧盟的投资。欧盟总将这一项目视为其重要尝试之一，却从未在可刺激与保障成员国财政承担的层面推进过该理念。最后，俄罗斯在南高加索地区和中亚的外交手段与时而过激的举动成了不利因素。20世纪90年代以及21世纪头十年，欧盟相信俄罗斯的规范转型仍有可能，还未认识到俄罗斯对石油、天然气供应的垄断中的风险，这对欧洲是很大的威胁。另一方面，规避俄罗斯的中亚发展途径是十分必要的。欧盟还没做好投资数百亿在沿线的港口、铁路和高速公路的准备，伙伴国家也还没有足够的信誉和稳定的环境接受国际金融机构的资金或从金融市场融资的准备。

南高加索地区的两个新兴独立国家，格鲁吉亚和阿塞拜疆，在20世纪90年代仍对强化其国际功能十分感兴趣，从而达到增加区域利益和全球地位，以支持弱小国家的发展和稳定。这也是该两国领导人大力支持这个理念的原因，该理念称作东西走廊，是欧盟的一个项目，叫作欧洲—南高加索—中亚运输走廊（TRACECA），也被称作新丝绸之路。1997年，阿塞拜疆总统Aliyev与格鲁吉亚总统Shevardnadze共同提出在1998年举办高加索总统会议，在TRACECA项目下引领签署以运输为目的的基础多边协议。这一提议使国际会议TRACECA得以实现，是古丝绸之路的复兴，会议于1998年9月8日在巴库举办。参加会议的有阿塞拜疆总统、保加利亚总统、格鲁吉亚总统、吉尔吉斯斯坦总统、摩尔多瓦总统、罗马尼亚总统、土耳其总统、乌克兰总统、乌兹别克斯坦总统，以及来自欧盟委员会的代表们和来自32个国家的政府首脑、运输部长和专家们，还有12家国际组织的代表们。会议取得最重要的成果是签署基础多边协议，包括走廊——欧洲—高加索—亚洲国际运输发展，铁路道路运输的附加技术，国际航海和海关文件程序。协议（MLA）有以下几个目标：

● 欧洲、黑海、高加索、里海和中亚的经济关系、贸易与运输交流发展

● 保障联通国际市场的道路、铁路运输和商业航海

● 保障关税安全、货物安全和环境保护

● 规范运输政策，发展运输领域的法律框架

● 创造运输竞争的公平环境

1998年在巴库签署基础多边协议后，TRACECA项目成为欧洲—高加索—亚洲走廊运输领域发展与合作的项目。

直到今天，格鲁吉亚和阿塞拜疆仍全力支持和拥护发展和改进TRACECA走廊。确实，一些政治问题和未解决的基础设施问题使走廊沿线缺乏竞争力和吸引力。

区域内重要国家的利益

我们可以看到，欧盟已经表现出将欧洲通过南高加索与中亚相连的兴趣。这种兴趣已经成型，鉴于欧盟和中国的贸易规模不尽如人意，现有的海运道路和船舶设备似乎能满足两大集团互联的需求。近来欧盟和中国的贸易增长飞快，这也促使欧盟重新审视其方式方法以及中国的新提议，这似乎是个双赢。

　　尽管不需要通过中国与欧洲进行贸易往来，美国仍十分支持欧亚运输走廊的提议。首先是因为美国的公司在全球能源运输占较大份额。总体上，美国的政策是基于开放贸易路径以在世界范围内竞争。另一个动力就是与地缘政治的安全性相关。

　　分散的利益可能吸引到俄罗斯，俄罗斯对发展另一条陆上欧亚通道持反对态度，以保护其领土内的另一条通道。欧亚关系的垄断，包括贸易、能源供应或货物运输是俄罗斯政策的首要考虑内容。

全球背景

　　事实上，中国提出的新丝绸之路或"一带一路"倡议比欧盟的TRACECA项目涵盖更广。在合作方向的范围以及目标层面都更全面。中国承诺投入更多的财政资源来实施该倡议，并通过外交和政治途径获得沿线国家和非国家组织的支持。这一倡议的优势在于任何国家都能从中受益。市场之间会变得更紧密、更便捷。从这个角度来看，该倡议与世贸组织的创立有异曲同工之妙，世贸组织的宗旨就是消除国家之间的关税和非关税壁垒。虽然有些国家过去从高关税或关税壁垒中受益，但总体上来说，全球发展进程缓慢，世贸组织的规则逐渐被各国接受。同样丝绸之路也面临同样的问题。正如前面提到的，一些国家也许对于修建几条有竞争力的走廊并不感兴趣，因为这会消除低效、垄断的货物运输，但最终全球利益或者大区域利益将成为主流，各国会达成共识，投身于"一带一路"倡议的实施中，实现自由竞争、提高效率。

南高加索中线走廊

　　简要谈谈穿过高加索的中线走廊。大国是否要发展这条走廊，取决于其是否能够维持"连锁国家"（阿塞拜疆、格鲁吉亚、土耳其）的稳定、良好合作和共识。

　　广阔的高加索因其地理位置，既有优势，也有劣势。因其是该区域和区域外大国地缘政治竞争的竞技场，并且其战略重要性也因东西交通和能源计划而不断加强。格鲁吉亚、土耳其、阿塞拜疆区域合作的战略设想早在20世纪90年代就已提出，当时是为了抵御共同的威胁，同时也标志着

Middle Corridor

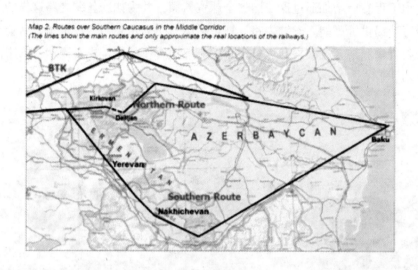

Map 2. Routes over Southern Caucasus in the Middle Corridor
(The lines show the main routes and only approximate the real locations of the railways.)

对欧洲大西洋领域发展的共同决心。这就为与美国、欧盟的合作打下了稳固的基础。今天，格鲁吉亚、土耳其、阿塞拜疆间的关系正是多年自然发展的结果，这不仅仅基于国家间建立更稳固的合作的政治意愿，更基于国家利益和能给三国带来真实利益的项目发展。丝绸之路计划的倡议也被称作世纪合约，给十家西方跨国公司提供了开发利用高加索能源资源的机会，在此协议的基础上，格鲁吉亚和阿塞拜疆成为这些能源资源重要的运输国。自 1999 年以来，来自奇拉格油田的油途经巴库苏普萨管线流向国际市场，从 2006 年以来，巴库第比利斯杰伊汉运输奇拉格油田和阿塞拜疆 guneshli 油田的油到地中海杰伊汉港口，再到欧洲和其他国际市场。同样的合作道路包括巴库第比利斯爱洛祖伦天然气管道，2006 年以来一直运输阿塞拜疆沙赫杰尼兹气田的天然气到土耳其。最后安托输气管线被提出，这是一条天然气管线，运输阿塞拜疆沙赫杰尼兹气田的天然气去西方市场，在 2015 年 3 月在卡尔斯举办了建成开幕仪式。

　　另一个重要的合作领域发挥了三国的一个共同优势，即将欧洲和里海及周边区域连接起来，这对于扩大东西方贸易至关重要。西方资助大的区域合作项目欧洲—高加索—亚洲运输走廊组织各国包括欧盟支持三国的潜力。尽管里海的主要运输线路是依赖格鲁吉亚黑海的港口或高速公路的运输和装载能力，但 2005 年建成了另一项重大工程——巴库第比利斯卡尔斯铁路项目，有机会将格鲁吉亚、土耳其、阿塞拜疆更紧密地联系起来。这项工程有望增加通过这三国的全球贸易额，并为如新丝绸之路这样的全球行动提供了可能。丝绸之路计划包括诸多交通走廊。这些走廊以后会在吸引货物和乘客方面展开竞争。我国对三边合作的坚定决心预示着未来的成功。

巴库—第比利斯—卡尔斯铁路项目

由于这些实质性举措，加上以上提及的如此高的政治关注，三国的三边合作在 2012 年达到了历史最高水平。在 2013 年 3 月的巴统部长级会议之后，又相继召开了 2014 年 2 月的阿塞拜疆 Ganja 会议，同年 12 月的卡尔斯会议，2016 年 2 月的第比利斯会议，巩固了实施这些项目的基础。

三国合作以及对三国共同利益的认识对东西方丝绸之路的潜在成功起决定性作用，合作需要进一步加强。

结论

已经有包括欧盟在内的不同国家和国家集团开始探讨和实施丝绸之路成为从中国到欧洲的主要交通线路这一想法。中国对丝绸之路的理解比其他各方更全面、更具包容性。丝绸之路旨在促进沿线各国全面合作、增强互信。格鲁吉亚、土耳其、阿塞拜疆完全认同他们在打造丝绸之路中部走廊中的重要作用，并为之采取了实质性的措施。欧盟和中国展开紧密合作，共同承担中部走廊项目实施过程中的财政负担、义务和各项任务非常重要。积极参与丝路沿线相关项目的合作符合中部走廊沿线各国的利益。

（卡哈，格鲁吉亚战略及国际研究中心欧盟研究中心主任）

跨文化哲学下的中亚地区民心
相通推进策略研究

郭继荣　车向前

摘要：中亚地区是"一带一路"建设的重要关节点。本文以"一带一路"建设的社会根基和"五通"之关键——民心相通为核心，以跨文化哲学的"外推"理论为基础，从语言、价值观、宗教三个层面详细论述民心相通之提升策略后可见：民心相通，需要加强对沿线国家的语言习取，完善语言需求服务链；需要深入外推和谐共存的价值观与平等互惠的发展理念，建立话语体系，消除心理隔阂；需要秉承包容互鉴之精神，打破宗教壁垒，加强宗教互鉴。

关键词：民心相通；跨文化哲学；中亚；文化对话

2013 年 9 月，国家主席习近平在中亚的哈萨克斯坦纳扎尔巴耶夫大学首次提出共建"丝绸之路经济带"的倡议。从地理空间上看，中亚五国位于亚欧大陆的要冲。各国政治虽较为稳定，但深居内陆、交通闭塞的劣势使其发展难以望欧洲之项背。然而，中亚五国是古丝绸之路的必经之地，其中三国更是与中国是山水相连、肝胆楚越的邻居。中亚 400 万平方公里的土地有着丰富的自然资源，极具经贸合作与投资潜质，属于"丝绸之路经济带"最重要的通道之一，新丝路建设为双方乘时乘势开展互利合作、促进共建共荣带来了新的机遇。王维①就认为，"中亚国家作为丝绸之路经济带自我国向西延展的首站，在同我国开展合作方面要保持'先行一步、一马当先'的势头"。因此，新丝路建设应对中亚这个突破口予以高度重视。而随着我国与中亚各国经济技术往来在规模和质量上均

---

① 王维：《与中国共建丝绸之路经济带：中亚国家一马当先》，《光明日报》2015 年 2 月 26 日。

呈现蒸蒸日上之势，研究如何实现真正意义上的民心相通、文化沟通，对于推进各类政策落地、提高合作的质量和水平意义非凡。

"民心相通，是'一带一路'建设的根基"。① 的确，国之交在于民相亲，政策沟通、设施联通、贸易畅通、资金融通，终究离不开民心相通。因为注重人文领域的精耕细作，加强各民族相互了解与交流交融，夯实交往国家民众的心理认同，能为更有效持久地促进经贸领域合作与区域合作打下坚实的民意与社会基础。正因如此，习近平指出："真正建成'一带一路'，必须要在沿线国家民众中形成一个相互欣赏、相互理解、相互尊重的人文格局。"② 而这种交往主体之间的接受、理解与协调，正是跨文化交际与传播的题中之意。人心相通层次最高、最具意义，但难度也最大，因此该议题逐渐成为学者们研究"一带一路"的焦点之一，突出的如范晓玲关于民心相通的实践调查③，张昆关于传播媒介问题的讨论④，郭宪纲关于相关概念及理论思索⑤等。而从跨文化对话与理解的角度去考察民心相通之于"一带一路"的意义，并基于此详细探讨其提升路径的研究并不多见。本文拟从跨文化外推理论出发，以中亚地区为样本，从语言、价值观、宗教三个维度系统探讨"丝绸之路经济带"民心相通之提升策略。

一　跨文化哲学外推理论内涵及其于新丝路建设的意义

在"丝绸之路经济带"的宏大愿景下，思考中亚与中国如何在经济

---

① 国家发改委等：《推动共建丝绸之路经济带和21世纪海上丝绸之路的愿景与行动》，http://news.xinhuanet.com/finance/2015-03/28/c_ 1114793986. htm。

② 新华社：《借鉴历史经验创新合作理念，让"一带一路"建设推动各国共同发展》，http://news.xinhuanet.com/mrdx/2016-05/01/c_ 135326297. htm。

③ 范晓玲：《中亚国家对构建丝绸之路经济带的认知调查及促进民心相通对策研究》，http://xj.people.com.cn/n/2014/0731/c188514-21842031.html。

④ 张昆：《传播先行》，《实现民心相通——服务丝绸之路经济带建设的国家传播战略》，《学术前沿》2015年第5期。

⑤ 郭宪纲、姜志达：《"民心相通"：认知误区与推进思路》，《和平与发展》2015年第5期。

与文化互动中形成彼此认同、相互丰富、各美其美、美美与共的局面，为大势所至，比其他任何时候都显得事关重大。要达到人心同向，跨文化哲学提供了一个极好的视角。跨文化哲学是台湾学者沈清松近年来力主发展的中西哲学比较论。跨文化哲学的方法，是指在互动中展开文化的"外推"。"外推"（Verfremdung）是由新维也纳学派的华尔纳（F. Wallner）最初提出的一种在科学层面上的科际整合研究的认识论策略。沈清松将其加以修正，引入跨文化交际的领域。沈清松认为，全球化背景下的"多元文化"指的是对文化认同的追求和对文化差异的尊重。同时他坚持，在此基础上"多元文化应该更意味着不同的文化传统借由其文化差异彼此相互丰富，进而不懈地寻求共同可普化、可分享的元素"①。"跨文化外推"就是这样一种文化哲学策略，是一种各方差异或不同派别之间的彼此沟通的可行性策略，是一种走出自我封闭，走向多元他者、从熟悉走向陌生、从一种文化脉络走向另一种文化脉络的行为，它是"跨文化互动中最起码的要求"②。在沈清松看来，跨文化外推应从以下三方面展开。一是语言的外推，就是把自己的文化传统中的论述或者语言翻译成为异文化传统的语言或者论述，来寻求自身文化价值更大的可普化性。简言之，我用你懂得的语言来传达我的核心理念、价值与信仰，而非自说自话。二是实践/价值观上的外推，即把我所主张的核心理念、价值观与信仰从我的实践中提取出来，放入你的实践或脉络中去，来探索本文化价值更多实践上的可能性。三是本体层面、特别是宗教层面的外推，即从我的"微世界、文化世界、宗教世界出发，经由对于实在本身的直接接触，进入到你的世界"③，避免宗教排他主义，放大宗教交谈及宗教间的可分享性。特别需要指出的是，外推是建立在对异文化的尊重、包容基础之上，外推需要双方互动，双向对话，形成良性互动，而绝非简单的单向"灌输式"传播。这种贯穿于跨文化外推从静态的比较哲学到动态的跨文化哲学走向，从文化传输的哲学高度，为我们更好地思考如何建设"丝绸之路经济带"民心相通工程提供了坚实的基础。

---

① 沈清松：《跨文化哲学与中国哲学》，《哲学基础理论研究》2008 年。
② 沈清松：《跨文化哲学》，人民出版社 2014 年版。
③ 韩思艺：《耶儒人文主义的会通与转化》，《暨南学报》（哲学社会科学版）2014 年第 9 期。

民心相通的跨文化在于跨文化外推能促进中国软实力的传播和他国对中国道路认同、进而连接民心。目前，中国在国际政治、文化和价值观等领域事实上的影响力远未体现其世界第二经济体的地位，外界也对中国崛起存在不少疑虑与偏见。中国成了他国眼中关于陌生世界与陌生人的想象。"一带一路"承载了中华民族致力于合作共赢、兼容并蓄、共同发展的历史使命感和责任感，它既植根于中华民族的悠久历史和传统文化，又融合当代文明社会的普世价值和共同理想，是中国国家软实力的核心体现。将"一带一路"的跨文化进行外推，实质就是发掘与传播中华文明与世界文明中存在共性的、有益于全人类文明的核心价值观，推而广之，为促进中华文明的进一步繁荣、促进世界文明的共荣做出重要贡献。民心相通的基础在于文化认同，即在中华民族核心价值观和中国的发展观通过"一带一路"的跨文化交往外推至世界的过程中，各国人民能够对其相逢相知、互信互敬，最终接纳、认可并融入自己的发展之中。通过语言、价值观、宗教等多方面的文化传播与交汇，能尽力消解包括中亚国家在内的世界各国对中国发展目的的误解与疑虑，对中国生成更为客观、准确的认识，打破"国强必霸"的魔咒，以无声胜有声的方式争取其对中国发展道路及"一带一路"战略的认同，最终体现出"中国梦"和"世界梦"的圆融互通。正因如此，习近平指出："民心相通是'一带一路'建设的人文基础。"[1] 另一方面，经济上的合作甚至单向援助必然能够在短时间内为邻居输血，迅速矫正误解，进一步认识我国对外贸易政策。但输血远不及造血，唯有民意所向，方能为双方实现发皇张大、根深叶茂的可持续发展造血。民心这个"最大的政治"是在全方位认同中国特色价值观的基础上开展多层次合作，是推动中国经济、外交、文化走向兴盛的源头活水。如刘洪铎等[2]的实证研究显示的那样，通过加强中国与"一带一路"沿线国家的文化交流与融合，能有效化解贸易壁垒，促进"中国制造"走向世界，也能为推进经贸关系的持续稳定、创新多边贸易体系做出贡献。

---

[1]　谢金英：《让"一带一路"成为文明对话之路》，《人民日报》（海外版）2016 年 5 月 4 日。

[2]　刘洪铎、李文宇、陈和：《文化交融如何影响中国与"一带一路"沿线国家的双边贸易往来》，《国际贸易问题》2016 年第 2 期。

二　跨文化外推下的"民心相通"提升策略

（一）语言外推

民心相通，语言先通。习近平指出，"一个国家的文化魅力、一个民族的凝聚力主要通过语言表达和传递。掌握了一种语言，就是掌握了通往一国的文化钥匙"①。语言即身份，语言认同即身份认同。维特根斯坦认为，语言与行动交织在一起成为语言游戏，"语言述说乃是一种活动，是一种生活方式"②。用语言之钥打开民心门，能帮助双方客观理性地看待世界，包容友善地相处。

具体而言，首先要加强语言人才的培养。在政治、经济往来中用通用语言进行直接的翻译，只能达到简单的形式上的沟通。要进行全面的经贸交往、学术调查、文化对话，甚至达到交心，需要用其母语进行联通，才能说出抵达心田的话。中亚五国虽以俄语为通用语言，但并没有统一的官方语言，哈萨克语、乌兹别克语、土库曼语、塔吉克语与俄语并存。而目前的现状是：无论是国家外语战略的顶层设计者，还是如高校、科研机构这些中层及基层的实践者，对这些小语种的了解和研究都相当欠缺，与美、俄和欧洲更是相形见绌，更遑论对其语言政策、文字改革、政治化特点开展调查与研究。这直接导致熟练上述非通用语种的人才培养与储备极其匮乏。因此，建立中亚国家多语语料库，培养能够挖掘这些语种"富矿"的语言专家，培训复合型的翻译人员，已经刻不容缓。唯有语言能力佳、政策意识强、熟悉风土人情和生活习惯，甚至能够融入中亚沿线国家日常生活的人才，才能使"一带一路"的跨文化沟通取得更令人满意的效果。

其次，应完善跨语言需求与服务链，充分满足多层次需要的语言服务。王立非的《中国企业"走出去"语言服务蓝皮书（2016）》③通过

---

① 王晓玉：《习近平：掌握一种语言就掌握通往一国文化的钥匙》，《中国青年报》2014年3月30日。

② ［英］维特根斯坦：《哲学研究》，李步楼译，商务印书馆2000年版。

③ 王立非：《中国企业"走出去"语言服务蓝皮书（2016）》，对外经济贸易大学出版社2016年版。

对国内 20 余省市、特别是肩负"一带一路"建设重任的国内沿线省市的调查显示，正在逐步"走出去"的企业在国外缺少应有的接受度和有效的融入方式，面对语言服务水平较低、语言服务类型不足、市场单一人才过剩等严重问题一筹莫展。同时我国经济改革成果、先进政治理念、文化价值观在走向外国民众的过程中，缺乏一种润物无声的"催化剂"。这警示我们必须要充分了解我国企业在语言规划、语言咨询、语言教育、语言翻译等方面的需求，加强语言服务业的整体发展规划，并重新调整和制定国家的民族语言政策。外语行业更要主动服务，提前出海，秉承"外语化，信息化，专业化"的精神提高语言服务质量和管理效率。我国的科研机构特别是外语类大学，应充分利用多语言背景优势，将中亚国家的语言研究和小语种人才培养纳入院系建设的重点，对政府和企业在开展经贸往来、文化互动时的语言需求进行广泛调研，全面接触，增设外语语种，积极参与语言服务建设，借助语言服务来提升国家软实力、发展文化影响力和向心力。

（二）实践/价值观外推

亚历山大·托马斯认为，"跨文化理解能逐步建立起对陌异的文化标准及其引控行动过程和影响的理解……是一种思想进入异文化取向体系的语境，能够明白异文化价值取向体系中的各种思维过程、评价过程、归因过程和情感发生过程"[①]。塔吉克斯坦经济发展部部长 HIKMATULLOZODA 在 2016 博鳌亚洲论坛能源资源与可持续发展会议上认为，中亚五国无论是地域条件还是经济发展，都各具特色、各有所长，而一衣带水的文化传统与文化共性恰恰能够架起五国展开对话和合作的桥梁[②]。文化价值观的交融之于民心，如水之于鱼。我们要展开实践/价值观外推，就是将中国文化传统与"一带一路"的"取向体系"——文化价值与先进理念——从我们的实践之中抽取出来，放入中亚具有共性的文化组织脉络中进行对

---

① Thomas，A.，"Von der fremdkulturellenErfahrungzurinterkulyurllenHandlungskompetenz"，转引自姚燕《跨文化态度——一种跨文化交往的伦理》，*Sino-US English Teaching*，2009（12）：18-24。

② 新浪财经：《塔吉克斯坦经济发展部长：中亚应携手抓住一带一路机遇》，http：//finance. sina. com. cn/meeting/2016-05-25/doc-ifxsqxxu4403682. shtml。

接、传播，加强双方跨文化理解，并论证在实践上所拥有的更高的可普性和共性，以此来保障经贸合作上的活力。而事实上，范晓玲①针对中亚国家约 400 人关于新丝路的调查显示，仅有 12% 的被调查者坚信丝绸之路经济带能使双方互利共赢。这更印证了中亚国家民众对"一带一路"远未形成利益交融、合作共赢的认识和价值观上的认可甚至通达。

我们认为，文化价值观的外推，一是要千方百计加强教育品牌的打造和教育领域的合作。教育外推，是国家软实力和硬实力在一个地区更为深入的综合体现。我国在中亚的第一所孔子学院——乌兹别克斯坦塔什干孔子学院在 2005 年落成，其后又在其他几个国家落地开花，多所大学也开设了汉语与中国文化修习课程，推动了"汉语热"在中亚地区持续升温，为促进民心相通起到了良好的纽带作用。"一带一路"的持续推进，呼唤孔子学院在通过语言与文化教育外推中国当代价值理念、价值判断和核心价值观方面承担更大的责任。中亚孔子学院需要根据五国特色，借鉴俄罗斯斯拉夫大学、"中亚美国大学"的办学经验，逐步弱化官方色彩，探索出一条更加有效的路子来让更多的当地民众通过学习中文，了解、走进中国文化，真正从内心期待与中国的交流，进而认同中国文化价值观念。与此同时，我国高等学府可以与当地大学进一步加强合作，扩大留学生互换、互访的规模，共同培养人才，并特别注重来华留学生在国内的融入和对中华文化的吸纳，这不仅能满足外推中华文化的需求，也促进当地教育的发展，可谓两全其美。

二是完善"丝绸之路经济带"在中亚的话语系统。萨义德②在《东方学》一书中提出，长期以来，东方世界在东方主义（Orientalism）的表述下，成了西方世界对于东方世界的支配与想象。这是一种渗透于经济、社会、历史等领域的不平等的话语交流方式，反过来也严重影响了东方人对自己的认识。全球化与后现代新脉络中，唯有秉承一种跨文化的方法，中国才能走出西方及俄罗斯政治话语在场的霸权话语，发出自己的声音，让中亚国家通过中国话语认识中国。要重新审视相关话语表达内容、方式与理解程度，特别注意与各国普通民众愿望与诉求的对接和耦合，春风化雨

---

① 范晓玲：《中亚国家对构建丝绸之路经济带的认知调查及促进民心相通对策研究》，[2014-7-31] 人民网，http：//xj. people. com. cn/n/2014/0731/c188514-21842031. html。

② ［美］萨义德：《东方学》，王宇根译，生活·读书·新知三联书店 2007 年版。

之间以极富感染力和魅力的中国话语来促进价值观的外推，最终争取与五国价值理念的融通。当然，话语体系的打造离不开媒介的支持。在这方面，吉尔吉斯斯坦的阿勒玛斯电台是一个值得借鉴的例子。该电台与中国国际广播电台合作，以多语种的形式每日七小时向当地民众介绍中国新闻及社会发展，逐渐形成了稳定的观众群，随着"丝绸之路经济带"战略的持续推进，其关注度直线上升①。我们应特别重视网络、新媒体的信息传播在实践外推中所起的重要助推作用，让我国主流媒体的图像、声音、文字、信息及时而有效地传播到中亚各国。

另一方面，从地理上看，中亚地区的整体文化与我国新疆地区文化多有相似之处，两个区域之间隔着天山、帕米尔高原等，通过乌孜别里山口、阿拉山口等通道，便可以在新疆—中亚两地之间来往。相近的区域，各种各样的互动，催生出相似的文化形式。从历史上说，古丝绸之路"使者相望于道，商旅不绝于途"，土库曼的汗血宝马、哈萨克斯坦的输华油气管道、吉尔吉斯斯坦的邓小平街，无不诉说着中国与中亚五国色彩斑斓的交往史、文化史。这启示我们：应抓住中国与中亚国家的话语契合点、历史交汇点、利益共通点，用客观事实阐述中亚国家与中国历史上一衣带水的密切联系、论证其独立20多年来双方友好合作产生的巨大孕育力。这是讲"丝路故事"、弘扬"亚洲价值"，打消"中国威胁论""资源掠夺论"的负面疑虑，外推我国所坚持的和谐世界之理念与丝路精神的最好途径。讲好中国故事、传播中国好声音是让"一带一路"外推出更富有吸引力的中国话语的必然选择。

三是要充分重视文化产品的外推。价值观与思想的跨文化转化，教亦多术。政府间的文化交流固然不可或缺，而从市场出发，加强中国文化产业走向中亚也不失为弘扬价值观的有效方法。近些年"韩流"在中国的传播颇值得借鉴。应充分抓住中亚普通民众审美的兴奋点，利用中国传统文化资源尽快形成一批极具中国文化特色、富含中国精神、符合大众价值预期的主打文化作品，如电视剧、电影、动漫、音乐、舞蹈、武术等。要注意在"走出去"的外推过程中适当采用本土化方略，突出中国传统价值观念在新的文化脉络中的可行性。在提高市场收益的同时，逐步消除民

---

① 《吉尔吉斯斯坦"洋电台"的中国情》，中国新闻网，［2016-3-30］. http://www.chinanews.com/sh/2016/03-30/7817477.shtml。

众在文化观念、价值取向、意识形态等方面对中国存在的误解，提高中国文化价值观在实践上的可能性。

（三）宗教外推

在文化与思潮已步入后现代、世局与视界迈入全球化的当今世界，从中国哲学与宗教的高度和谐外推自身关于本体的诸多认识，从而进入异质的生活世界、宗教世界、哲学世界，以形成交谈、理解彼此、化解冲突，是中国与世界进行本体层面的互动的必然。为"夯实亚洲互联互通的社会根基，中国支持不同文明和宗教对话"①；"'一带一路'战略的重要内容之一就是促进沿线各国不同文明和宗教的对话与交流，实现民心相通"②。目前，根据《中亚黄皮书：中亚国家发展报告（2015）》③，国际恐怖主义和宗教极端势力等威胁中亚国家安全的因素因国际和地区形势的转换而愈加复杂。中亚五国属于伊斯兰国家，伊斯兰原教旨主义的传播、尤其是同民族分裂主义和恐怖主义的结合，严重影响了地区安全局势。因此，与中亚国家进行宗教外推的关键在于加强以儒释道为代表的中华文明和以伊斯兰文化为代表的中亚文明的互动，想方设法让民众认同并接受温和与和平的宗教主张。从对世界的认识这一根本问题上打通民心，显得尤为重要。

古丝绸之路曾是波斯、突厥、阿拉伯、普什图等诸多绚烂文明的摇篮。中亚不少国家自古就是多元宗教和谐共存之地。以吉尔吉斯斯坦北部重镇、中世纪中亚最大的城市 Nawekat（意为新城）古城遗址为例。该处出土了大量的佛教造像、基督教十字架，还发现了拜火教安葬场，而摩尼教、拜火教、佛教寺庙历经历史风雨岿然依旧。这种宗教派别百花齐放、和平相处的历史启示我们，中亚国家有着深厚的宗教和谐外推的历史土壤，宗教间能够形成包容、互鉴的良性互动。

---

① 习近平：《联通引领发展，伙伴聚焦合作——在"加强互联互通伙伴关系"东道主伙伴对话会上的讲话》，《中国青年报》2014 年 11 月 9 日。

② 外交部：《常驻联合国代表团，吴海涛大使在第 70 届联大"宗教促进和平"高级别对话会上的发言》，［2015－5－6］，http://www.fmprc.gov.cn/web/dszlsjt_ 673036/ds_ 673038/t1361363.shtml。

③ 中国社会科学院俄罗斯东欧中亚研究所：《中亚国家发展报告（2015）》，社会科学文献出版社 2015 年版。

　　新时代的宗教外推，首先要求我们要严格区分宗教本身与宗教极端主义的界限，不搞扩大化。在此基础上，以跨文化宗教对话的精神，凝聚广泛的社会认同与社会参与力量，通过对接、融入等方式，在中华文明与伊斯兰文明之间找到对世界的终极理解的可交谈性。"在我们这个时代，人性有四个要求：不杀生、不偷盗、不说谎、不淫乱。尽管存在信仰差异，这四点存在于人类所有大的宗教传统之中……同人权一样，人的这些基本义务的中心点和关键点在于承认人的尊严。"① 诚哉斯言。如果忽视甚至无视对人作为人的中心点的交汇和共识，要建立一种"命运共同体"如天方夜谭。对于人与世界的基本共识，能为跨宗教对话和互鉴提供扎实的基础。宗教深处，自有遇缘则应的相似感知、理解与共鸣。借助新丝绸之路推动儒教等中华信仰传统的逐步西渐，在多元宗教文化的前提下，在尊重其基本信仰、核心教义、礼仪制度的同时，深入挖掘对方教义教规中与中国文明有共享价值、普化价值、对接价值的内容，在肯定其价值与表述的基础上，对其做出符合新丝路价值要求、符合外推中国优秀传统文化的对接和阐释，逐步促进地域广泛、人员众多的中亚国家民众信仰生活上的相遇和较深入的融合，能最终促使"丝绸之路经济带"建设获得久远持续的向心力，因为信仰上的共鸣在促进人民之间的友谊和互信、促进民心相通上有着独一无二的作用。在"一带一路"背景下，西北地区少数民族也面临开放的过程，而伊斯兰文化的相似性和认同对经贸合作和文化外推具有纽带作用。中国的宗教组织、特别是伊斯兰教协会组织要主动"走出去"，通过交流访问、学术研讨、文化展演等活动，与中亚国家伊斯兰组织、伊斯兰教界代表、伊斯兰教信众展开互动和合作，消除隔阂与误解，传播温和、理性的宗教主张，共享经学思想体会、人才培养、抵制极端主义等理论和实践上的经验。

三　结语

　　民心相通，其意义也重大、其任务也艰巨。习近平主席指出："互联

---

　　① Kuschel, Karl-Josef, *Das Projekt "Weltethos": Programmatik-PraxiserfahrungenProbleme*, 1999。转引自姚燕《跨文化态度——一种跨文化交往的伦理》, *Sino-US English Teaching*, 2009 (12)：18-24。

互通就是人类社会的追求。丝绸之路就是一个典范，亚洲各国人民堪称互联互通的开拓者。"① 借助历史之传统，在"丝绸之路经济带"战略的重要通道和关口大门的中亚国家展开语言习取、价值观融通、宗教互鉴，对推进中国文化及核心价值的传播、对宗教在包容和对话中的前行、对民心在交流和互动中的共生和共振无疑举足轻重。唯使我国与中亚国家政府及人民有了相通的理念、文明交相辉映，才能真正发挥民心与人文在构建中国与中亚关系的作用，使文化、经济、政治合作相得益彰，促进"丝绸之路经济带"建设与繁荣方不失为一句空话。

（郭继荣、车向前，西安交通大学外国语学院）

---

① 《习近平在"加强互联互通伙伴关系"东道主伙伴对话会上的讲话（全文）》，[2014-11-8]，新华网，http：//news. xinhuanet. com/2014-11/08/c_ 127192119. htm。

丝绸之路沿线中亚五国问题研究和文学研究现状

李 肃

摘要：随着苏联解体，中亚五国走上独立自主的发展道路。我国学术界开始加大对中亚的研究力度。1992—2016 年间，关于当代中亚研究有大量成果问世，其中包括专著、论文、研究报告和资料汇编等。论述当代中亚问题的专著有几十部。这些著作涉及当代中亚问题的方方面面，比如探讨中亚历史，中亚地区的新格局和地区安全，中亚五国的政治、经济和外交，中亚民族，宗教问题等。在丝绸之路与西部开发战略并举的形势下，对中亚各国文学的研究也是不容忽视的重要内容。但总的来说，与国家问题研究相比，专门系统研究探讨中亚各国民族文学的著作可谓凤毛麟角。

关键词：中亚问题研究；中亚文学研究；现状与困难

一 国内中亚问题研究机构及研究领域

苏联解体之后，学术界通常把从苏联独立出来的哈萨克斯坦、乌兹别克斯坦、吉尔吉斯斯坦、土库曼斯坦和塔吉克斯坦五个国家所占据的地域称为中亚。在这里，"中亚"不仅是一个地理概念，而且是一个很重要的文化概念。"关于中亚的定义总括起来看，主要集中于历史地理、地缘政治、地缘经济和地缘文化视阈。"（李琪，2015）由于其特殊的地理位置，中亚各国各民族的文化实际上都是在相互交融、相互渗透中向前发展的。中国、印度、希腊、阿拉伯四大文明在这里碰撞交融，佛教、基督教、伊斯兰教三大宗教在这里交替更迭，阿尔泰、汉藏、印欧语系在这里交错影响。这里既具有自己独创的文明成果，也有欧洲型、欧亚混合型和东方型文化的内容。

随着苏联解体，中亚五国走上独立自主的发展道路。我国学术界开始加大对中亚的研究力度。近 20 多年来，在北京、上海、乌鲁木齐、西安、伊犁、兰州、合肥、郑州等地的研究机构和高等院校相继成立了几十个专门研究中亚问题或涉及中亚专业的研究室或研究所。中国社会科学院俄罗斯东欧中亚研究所和中国现代国际关系研究院中亚研究所等机构注重动态跟踪与基础研究相结合，密切关注中亚各国的政治经济形势和外交政策的变化，分析中国与中亚五国关系的现状及发展前景，研究地区内双边与多边经济、安全等领域的合作情况，研究上海合作组织发展、中亚恐怖主义、极端主义、毒品、能源、水资源等问题。同时，一些研究国际问题的学会和研究中心也涉足中亚学术领域。例如，中国东欧中亚学会下设的中亚研究中心、中国社会科学院第三世界研究中心和"上海合作组织"研究中心以及新疆维吾尔自治区中亚学会和以新疆科技情报研究所为依托的"中亚科技经济信息中心"等单位也都关注、研究中亚问题。

二　中亚问题研究主要成果

1992—2016 年间，关于当代中亚研究有大量成果问世，其中包括专著、论文、研究报告和资料汇编等。论述当代中亚问题的专著有几十部。这些著作涉及当代中亚问题的方方面面，比如探讨中亚历史，中亚地区的新格局和地区安全，中亚五国的政治、经济和外交、中亚民族，宗教问题等。陈联璧等合著的《中亚民族与宗教问题》（社会科学文献出版社 2002年版）主要论述中亚国家的民族、宗教历史以及各个历史时期的民族、宗教政策；丁宏的《中亚五国民族文化综论》（民族出版社 2003 年版）探讨了中亚五国的独立与民族文化的复兴，中亚与新疆民族文化的多元融合性特点、差异及相互影响，中亚伊斯兰教的民族化过程及中亚传统文化对伊斯兰教的影响，中亚五国各主体民族的传统习俗与礼仪。杨恕《转型的中亚与中国》（北京大学出版社 2005 年版）在评述中亚五国政治、经济和安全环境的基础上，对中亚与中国关系的现状和未来作了系统陈述和测量。马大正、冯锡时主编《中亚五国史纲》（新疆人民出版社 2005年版）全书分古代（15 世纪初之前）、近代（15—20 世纪初）、苏维埃时期和中亚五国独立之后四篇，对中亚五国分别加以综论和分论。石河子大学新疆屯垦与文化研究院、石河子大学经济研究院的《中亚研究》（中国农业出版社 2008 年版）内容包括中亚五国经济改革的理论与实践，中亚区域经济整合与新疆的向西开放，中国新疆与上海合作组织国家经济互补性分析，新疆与中亚区域经济合作现状、问题与对策等内容。王治来《中亚史》（人民出版社 2010 年版）着力论述了突厥语族的统治、蒙古的扩张、沙俄的崛起、苏联的霸权和解体、上合组织的建立对中亚产生的巨大影响。许涛《中亚地缘政治沿革》（历史现状与未来）（时事出版社 2016 年版）认为苏联的解体后中亚地缘政治发展进入了一个全新的时期，地区力量的成长与域外强权的渗透使其政治具有多样性和不确定性，作者从中亚地缘政治沿革的路径解读这一地区面临的若干复杂问题并尝试找到一些规律性的认识。李琪《历史记忆与现实侧观：中亚研究》（中国社会科学出版社 2016 年版）以长期实地调研和文献解读为基础，以中亚五国和我国西北边疆为主线，拓展至俄罗斯、阿富汗等周边国家，综合考量地缘政治、地缘经济和地缘人文环境、社会的历史演进，以及大国的博弈和政策等，这部五百多页的著作分中国与中亚、政治与经济、民族与宗教、历史与文化四个部分。以上对中亚问题研究主要著作的概括挂一漏万，并不完全。

三　苏联时期中亚文学及其在中国的接受

中国俄罗斯文学研究会会长刘文飞在纪念吉尔吉斯作家钦吉斯·托列库罗维奇·艾特马托夫（Чингиз Торекулович Айтматов）的文章《别了，艾特马托夫!》中指出："在以俄罗斯文学为主体、以俄语为主要表达方式的苏联文学中，中亚少数民族作家在苏联文坛既有不便也有机遇。他们首先要突破语言的障碍，其次还要面对俄罗斯文学传统之强大的左右力；与此同时，他们也往往会成为苏联政治中的'民族政策'的受益者，为了向世界证明苏联文学的'多民族性'，证明社会主义大家庭的文化繁荣，当时的各种文学奖励、各种文化机会都会向少数民族作家'倾斜'。因此，作为苏联境内的非俄罗斯族作家，对于苏联文学的态度往往是截然不同的。"（刘文飞，2008）有些人认为，俄语和俄国文学是他们走向世界文学的一大障碍，有些人则认为，俄语和俄罗斯文学就是其得以窥见世界文学之全貌的巨人。事实上，苏联时期的中亚作家大都是"双语作家"，俄语也可以算作他们的母语；另一方面，与那些生长在莫斯科等俄国大都市中、完全俄罗斯化了的少数民族文人不同，他们很早就确立了对本民族文化传统的认同，自觉扮演着本民族文化代言人的角色。（刘文飞，2008）其中最著名的作家要数艾特马托夫，他始终坚持同时用俄语和吉尔吉斯语两种语言进行创作。

苏联时期哈萨克斯坦共和国的著名作家有：阿乌埃佐夫·穆赫塔尔·奥马尔汉诺维奇（Ауэзов Мухтар Омарханович）、喀拉塔耶夫·穆罕默德·科扎尔斯帕耶维奇（Каратаев Мухамеджан Кожаспаевич）、江布尔·扎巴耶夫（Джамбул（Жамбыл）Жабаев）、谢弗林·萨肯（Сейфуллин Сакен）、叶先别尔林·伊利亚斯（Есенберлин Ильяс）、阿勃季利达·塔日巴耶夫（Абдильда Тажибаев）等。吉尔吉斯斯坦共和国的作家有：钦吉斯·托列库洛维奇·艾特马托夫（Чингиз Торекулович Айтматов）、托克托古尔·萨特尔甘诺夫（Токтогул Сатылганов）、阿勒·托霍姆巴耶夫（Аалы Токомбаев）等。乌兹别克斯坦共和国的作家有：哈米德·阿里木江（Хамид Алимджан 或 Хами'д Алимджа'нович Ази'мов）、拉赫马图拉·阿塔库兹耶夫（Рахматулла Атакузиев）、穆哈迈德·萨利赫（Мухаммад Салих）、埃尔金·瓦西多夫（Эркин Вахидов）、噶福尔·古里亚姆（Гафур Гулям）等。土库曼斯坦共和国的作家有：别尔德·科尔巴巴耶夫（Берды Кербабаев）、珂马尔·伊尚诺夫（Кемал Ишанов）、阿塔·卡乌舒托夫（Ата Каушутов）等。塔吉克斯坦共和国的作家有：萨德利金·阿伊尼（Садриддин Айни）、阿卜杜萨洛马·德洪基（Абдусалома Дехоти）、基罗别克·普拉季（Тиллобек Пулади）等。最为我国读者熟悉的作家非艾特马托夫莫属，他的著作在中国的传播广泛、影响巨大。早在 1961 年，当时《世界文学》杂志上就刊出了他的中篇小说《查密利娅》，作品一经问世就受到广大中国读者的喜爱，如今，他所有的作品几乎都有了中译本，甚至有不同的版本。然而，对其他作家，我国读者知之甚少，只有极少数作家的作品被翻译为中文，针对中亚各国民族文学的学术研究也很鲜见。

四　苏联解体后的中亚文学及其研究现状

苏联解体后，中亚五国社会、文化、经济等各方面都处在转型的十字路口，人们正在选择何去何从，是靠向最近一个世纪与他们共同生活的俄罗斯还是回归自己的民族根本，问题并不简单。解体后的 20 余年，中亚文学发生了巨大而又深刻的变化，旧的价值体系已经崩溃而新的价值体系尚未完全建立，在中亚国家，文学影响力有所下降，也不再是人们关注的中心，但文学也摆脱了意识形态的桎梏和束缚，反而迎来了前所未有的自由。

　　比如，自 20 世纪 90 年代初至 21 世纪初，哈萨克斯坦文学呈现出以下特点：尝试西方后现代解构与重构的创作手法，并对苏联时期的著名作家和鲜为人知的作家的作品进行重新解读，近年更加关注对本民族文学传统的继承和发扬，一些作家更多地使用本族语言进行创作。哈萨克斯坦文学创作群体的优秀代表有：卡琳娜·萨尔谢诺娃（Карина Сарсенова）、阿央·库达意库洛娃（Аян Кудайкулова）、叶尔梅克·图尔苏诺夫（Ермек Турсунов）、塔拉斯别克·阿谢姆库洛夫（Таласбек Асемкулов）。当代乌兹别克斯坦涌现出一批年轻诗人，他们继承了东西方优秀的诗歌创作传统，更加偏重反映人物复杂、多样、丰富的内心状态和情感情绪。小说创作方面，老中青几代作家都有不俗的作品问世，他们对世界有全新的领悟，通过独特的创作手法展现人灵魂中最隐秘的角落。没有了意识形态的约束，土库曼斯坦出版了苏联时期遭禁的文学作品，开始大量研究、翻译和出版境内外古代、中世纪土库曼文学家、学者和宗教活动家的著作。总之，新时期中亚各国文学创作与以往苏联时期完全不同，呈现更加多元、更加开放、更加自由的创作态势。我们由于种种原因对独立后中亚各国文学创作的关注不够，中亚各国诗人作家群体的创作状况尚属我国外国文学研究中的薄弱之处。

　　在全球化背景的今天，不同文化、不同文明融合与发展的速度越来越快，互相阅读彼此的作品是重要的交流。而交流对话是消除误解最有效的方法。文学是国家与国家、民族与民族、人与人交流的重要工具，文学已经成为沟通不同文明、不同文化之间必不可少的桥梁和纽带。近年出版了中亚民间文学研究的著作和研究中亚东干文学的论著。比如，2009 年宁夏人民出版社出版了阿地里·居玛吐尔地所著的《中亚民间文学》，全书分为"中亚历史文化""中亚各国的民间文学蕴藏""中亚各国的神话""中亚各国的民歌""中亚各国的史诗与叙事诗""民间故事""辞令""谚语、谜语""中亚民间文学的搜集研究综述"等九个部分。2011 年司俊琴的博士论文《中亚东干文学与俄罗斯文学》全方位地考察了俄罗斯文化对东干文学的影响。惠继东的《东干文学与宁夏回族文学之比较》、常立霓的《东干文学与中国现代文学的契合点》和《东干文学与伊斯兰文化》等文章论述了东干文学与中国文学传统的关系。哈萨克斯坦残疾人作家涅玛特·凯勒穆别托夫。但总的来说，与中亚问题的研究相比，截至目前，专门系统研究探讨中亚各国文学的著作可谓凤毛麟角。

五 中亚文学研究的意义及需要克服的困难

习近平主席的中亚之旅，将"丝绸之路"的宏伟蓝图再次呈现在世界面前。在新丝绸之路框架下，中国将与中亚诸国共建"新丝绸之路经济带"，重塑"丝绸之路"辉煌，让亚欧经济共同体走向深度融合，新的地缘格局必将再度深刻影响世界。中亚五国对中国西部大开发发挥着巨大的作用，中亚国家的经济、政治、社会、民族宗教关系的变化对中国西部的稳定起着至关重要的作用。在丝绸之路与西部开发战略并举的形势下，对中亚各国文学的研究具有以下的积极意义。

首先，中国与中亚五国之间有效地交流以及文化间积极的对话显得尤为重要。加强不同国家和人民之间的交流与合作，加强各国人民之间的理解和友谊，文学应担当起促进不同文化之间交流的使命。对中亚五国的民族文学发展历史进行梳理，能帮助我们了解此五国的文化历史渊源及其民族性，更好更有效地建立彼此的互信；使中国了解此五国民族的精神内核，同时更好地促进不同文化、不同文明之间的交流和理解。

其次，从地理、文化、经济和安全空间等维度看，中亚是一个具有多样性和身份认同多变性的地区。因此，它是一个不确定性、不稳定性和不可预知性相结合的混合体。中国是中亚经济空间重构进程的积极参与者，中国利用市场化和非市场化的竞争优势，依靠业已建立的全球或地区合作机制，与中亚国家进行经济合作。中亚地理位置的封闭性决定了中国将在这一地区未来发展中起到决定性作用。深刻了解中亚各国的文化可以使我们更好地发展与中亚各国合作，而文学是一种文化现象，是一个民族的社会缩影和民族心理透镜。文学研究为我们准确判断国情和制定针对性的政策提供了重要参考。

再次，随着苏联解体，中亚五国走上独立自主的发展道路，我国学术界开始加大对中亚的研究力度。近 20 多年来的研究多集中于中亚各国的政治经济形势和外交政策的变化，分析中国与中亚五国关系的现状及发展前景，研究地区内双边与多边经济、安全等领域的合作情况，研究上海合作组织发展、中亚恐怖主义、极端主义、毒品、能源、水资源等问题。但截至目前，专门系统研究探讨中亚民族文学的著作可谓凤毛麟角。我们对中亚五国当代文学的研究是对中亚研究的重要补充。

最后，在过去很长一段时期，中亚五国尽管战略地位非常重要，又是中国的邻邦，但由于种种原因我们对这些国家却知之甚少，因此在西安的一些高校开设了中亚概况等课程，以应对日益频繁和紧密的交流需要，帮助学生了解这些国家的政治、经济、社会生活、思想观念、风土人情，拓宽学生的文化视野和思想疆域，加强想象力与增强理解能力，提高综合人文素质，培养跨文化交际的意识和能力。文学作为民族文化的核心当然是有关中亚文化教材和课程的重要组成部分。

在苏联解体后的各国文学研究中，遇到的最大困难是受语言所限资料来源少，俄语的鲜见，因为翻译人才的匮乏，汉语的更难觅踪迹。苏联解体 20 年后，俄罗斯在中亚地区仍然保持着非常重要的政治和经济影响力，然而中亚国家不同程度地实施以全面发展本国国语并扩大其在政治、经济和社会生活等所有领域的功能为主要目的的新型语言政策，降低俄语地位、缩减俄语使用范围、有意进行文字改革的举措，使俄语被严重"边缘化"（张宏莉，2015）。在研究中亚各国文学时发现，很多图书和网站都使用本民族语言，文学创作中也大量使用本民族语言，这些在客观上给研究造成了很大困难，语言支持的缺乏导致资料匮乏。因此，在有能力的高校增开新的专业（俄语+中亚国家语言），培养以俄语为主的复合型专业人才是很有必要的。

参考文献

Толеубаев А. Т. , Касымбаев Ж. К. , Койгельдиев М. К. и др. История Казахстана, Алматы: Мектеп, 2010.

陈建华：《中国俄苏文学研究史论》，重庆出版社 2007 年版。

李琪：《"中亚"所指及其历史演变》，《新疆师范大学学报》（哲学社会科学版）2015 年第 3 期。

刘文飞：《别了，艾特马托夫!》，《中华读书报》2008 年 7 月 30 日。

张宏莉：《中亚国家语言政策及其发展走向分析》，《新疆社会科学》
2015 年第 2 期。

（李肃，西安外国语大学俄语学院）

对中白人文交流现状的思考[*]

余 源

摘要： 白俄罗斯位于欧洲地理中心，是"丝绸之路经济带"战略向欧洲延伸的重要节点，上海合作组织的西大门。加强两国人文交流，是促进两国人民"民心相通"，保障"一带一路"建设和两国全面战略伙伴关系顺利推进的社会民意基础。白俄罗斯虽与俄罗斯、乌克兰同属东斯拉夫民族，但由于地理、历史和地缘政治等因素，形成了与俄罗斯、乌克兰相似却又不同的民族文化特色，孕育出白俄人特有的民族性格。因此，有必要进一步深化两国教育文化交流，加强对白俄罗斯民族文化的研究与译介，以及中国传统文化在白俄罗斯的推介，陕西作为科教文化大省在其中大有可为。

关键词： 白俄罗斯；区域优势；人文交流；民族特点

2016年9月29日，白俄罗斯总统卢卡申科第九次访华，中白两国元首共同签署了《中华人民共和国和白俄罗斯共和国关于建立相互信任、合作共赢的中白全面战略伙伴关系的联合声明》，并见证了外交、经贸、投资、教育、金融、农业、旅游、"一带一路"建设等领域多份双边合作文件的签署。两国元首一致表示，将继续推进"一带一路"建设与欧亚经济联盟建设的有效对接，发展双方全天候友谊，携手打造利益共同体和命运共同体（中国外交部网站，2016年10月2日）。这不仅标志着中白两国交流合作的紧密程度已超过历史任何时期，也再次凸显了白俄罗斯在"一带一路"建设中的重要地位。

---

* 本文有关中白关系的信息均来自中国驻白俄罗斯大使馆官网（http：//by.china）和白俄罗斯驻华大使馆官网（http：//china.mfa.gov.by）。

一 白俄罗斯与"一带一路"建设

白俄罗斯地处欧洲地理中心，东临俄罗斯，西临波兰，北接拉脱维亚，南与乌克兰接壤，西北与立陶宛接壤，是欧亚大陆桥的重要交通枢纽和俄罗斯通往欧洲油气管道的必经之路，也是俄罗斯抵制北约东扩和欧盟的最后一道屏障。白俄罗斯自古以来在地缘政治上的重要地位，决定着任何对白俄罗斯的研究无法忽视其地理位置的影响，这同时也是白俄罗斯发展对外关系的重要依据。

白俄罗斯面积 20.76 万平方公里，人口约为 950 万（截至 2016 年初），其中白俄罗斯族占 83.7%，俄罗斯族仅占 8.3%，另有波兰人、乌克兰人、犹太人、鞑靼人等其他 130 多个民族在这里生活（维基百科俄文版）。白俄罗斯的官方语言为白俄语和俄语。国民主要信奉东正教，在西北部地区信奉天主教或东正教与天主教的合并教派。白俄罗斯是一个多民族文化融合发展的国家，在一千多年的历史中长期处于被异族统治或占领的状态，曾先后隶属于基辅罗斯、立陶宛大公国、波兰和立陶宛联盟王国、沙皇俄国和苏联。1918 年苏德签署的布列斯特和约中，白俄罗斯西部大部分领土被割让给德国，直到 1945 年 2 月雅尔塔会议之后才收回。1991 年苏联解体，白俄罗斯共和国成立，实现了白俄罗斯历史上首次真正意义上的独立，白俄罗斯民族意识复苏。

白俄罗斯宣布独立后，中国政府立即予以承认，两国于 1992 年 1 月 20 日正式建立外交关系。建交 24 年来，双方始终站在战略高度和长远角度看待两国关系的发展。2005 年两国宣布中白关系进入"全面发展和战略合作阶段"，2013 年两国签署《关于建立全面战略伙伴关系联合声明》，2014 年签署《白中全面战略伙伴关系发展规划（2014—2018）》并设立"中白副总理级合作委员会"，2015 年签署《白中友好合作条约》和《白中两国关于进一步发展和深化全面战略伙伴关系的联合声明》，2016 年 9 月中白关系提升至"全天候伙伴关系"的高度。

2015 年 5 月，习近平主席以国家主席身份首次对白俄罗斯进行国事访问，提出"希望白方利用得天独厚的区位优势，参与到丝绸之路经济带的建设中来"（习近平，2015），并建议双方对接发展战略，共建丝绸之路经济带，加快中白工业园建设。这一提议得到白俄罗斯总统卢卡申科的积极响应，他在多个场合表示，白方愿积极参与"一带一路"建设并成为其重要支柱，共同将中白工业园打造成"一带一路"建设中的旗舰项目。白俄罗斯参与"一带一路"建设的首要优势是白俄罗斯所处的地理位置，它位于欧盟和独联体国家之间以及波罗的海各国到黑海的交通交汇点上，是欧亚大陆交通和物流枢纽，可连接欧亚经济联盟和欧盟两大消费市场，因此，白俄罗斯是"一带一路"战略向欧洲延伸的关键节点和重要参与方。今年9月，两国元首会晤中再次提出要加快共建"一带一路"，并重申了在"一带一路"建设中，深化人文交流和促进民心相通的重要性。

二　中白人文交流现状及其特点

人文交流是中白全面战略伙伴关系的重要组成部分，是"一带一路"建设中保障民心相通的重要途径。当前，中白关系加速发展，两国人文领域交流的宽度与深度不断拓展，呈现出以下几个特点。

（一）两国元首和政府对人文交流高度重视

两国领导人多次强调加强中白人文交流的重要意义，并就培养中白友好事业接班人达成共识。2014年8月，习近平主席邀请200名白俄罗斯切尔诺贝利核事故灾区儿童到中国访问；2015年8月，白俄罗斯总统邀请中国46名青少年赴白进行友好交流；2016年7月，白俄罗斯100名来自不同高校的大学生应习近平主席之邀赴华交流。2015年，中白政府级教育合作分委员会与文化合作分委员会正式设立，为中白人文交流与合作提供了可靠的政治基础和制度保障。同年，双方共同签署"互建文化中心谅解备忘录"。

（二）文化交流活动丰富，亮点纷呈

中白两国自1999年起互办"文化日"活动，现已将"文化日"打造成双方人文交流的一个重要品牌。白俄罗斯国家民族乐团、白俄罗斯国家广播交响乐团、白俄罗斯国家模范剧院、白俄罗斯国家舞蹈团、中国煤炭文工团、中国残疾人艺术团、广东现代舞团、广东军区战士杂技团、南京歌舞团、四川省歌舞剧院、内蒙古歌舞团和河北省杂技团等多

个艺术团体曾先后参与"文化日"的演出。另外两个文化品牌活动为一年一度在白俄罗斯举办的"中国电影周"活动和自 2015 年起举办的"欢乐春节"活动。这些活动为白俄罗斯人民感受中国当代社会发展、了解中国传统文化搭建了重要平台。同时,双方还多次互邀艺术团体参加本国举办的大型"国际文化节"活动,增进了双方的情感交流和友好关系。

在举办文艺演出的同时,双方还经常联合举办不同主题的各类展览,如举办频率较高的各类主题画展、中白美术家个人画展、白俄罗斯国家美术馆馆藏中国瓷器展、白俄罗斯中国图书展、中白纪念"二战"主题图片展、中白建交图片展、中国传统文化展、中国茶文化展、中国少数民族服饰展、中国丝绸艺术展、中国当代纤维艺术展、广州非物质文化遗产展、中国美食文化展等,其中有两个亮点特别值得一提:2015 年 7 月 31 日,应白俄罗斯文化联盟邀请,代表中国现当代美术最高水平的"中国第十二届全国美术作品展览国际巡展"在白俄罗斯国家图书馆隆重展出;2014 年 3 月 26 日,"白俄罗斯儿童中国画展"在明斯克青少年宫开幕,多名 4—16 岁的白俄罗斯儿童用 50 余幅绘画作品,展现了他们对中国传统文化的认识和感知。

(三) 人文交流活动的深度加强

近年来,中白人文合作与交流在文艺演出、新闻出版、影视传媒、文物保护、体育保健与传统医学等领域不断探索新机遇的同时,更加注重对两国文化内涵的挖掘,旨在通过人文思想探究和文化对话,寻求双方的文化认同和相互理解。据此,两国于 2014 年 6 月在白俄罗斯举办了《中国—白俄罗斯:国际文化对话》圆桌会议,2015 年 12 月举办了《世界文化对话背景下的中国文明》国际学术研讨会,这也是白俄罗斯独立以来举行的首届"中国学"国际学术研讨会。同时,白俄罗斯汉学家也多次受邀赴华进行学术交流,参加国际学术研讨会等活动。

2012 年由白俄罗斯副总理、白中友协主席托济克任主编的《白俄罗斯人看中国》文集出版,2013 年由中国国际问题研究基金会主编的《中国人看白俄罗斯》文集出版。两部文集分别邀请了 20 多位在对方国家工作、学习过的各界人士,用生动的语言记录了自己的真实感受,从民间人士的角度为读者呈现了对方国家的立体景象。2014 年,受习主席邀请赴华交流的 200 名白俄罗斯少年儿童在回国后，以征文和摄影比赛的形式，出版了《白俄罗斯儿童看中国》一书。2015 年，中白两国首次合作拍摄了纪录片《欢乐春节·中国行》，为白俄罗斯人民了解中国年俗开启了窗口。2016 年，由白俄罗斯国家科学院历史研究所主编、中国社会科学院专家翻译的《白俄罗斯简史》一书出版，从学术的角度为大家解读了白俄罗斯历史思想和民族思想的形成与特点。

（四）教育合作不断加强，"汉语热"与"中国文化热"持续升温

教育合作与政治互信、经贸合作共同构成两国关系健康发展的基础，是中白全面合作和传统友谊面向未来的人才保障。近年来，两国曾多次举办高等教育展，组织教育代表团和高校代表团进行互访，促成了多所教育机构间在语言推广、留学生互派、联合培养、学术交流等方面的合作。2014 年在白俄罗斯举办的"第二届中国高等教育展"中，全国共有 17 所著名高校参展，其中就包括陕西省的西北农林科技大学。截至目前，两国教育部和高校间正在执行的教育学术合作文件有 120 多份，在华留学白俄罗斯学生每年有 600 多人，在白留学的中国学生每年达 2300 多人。

白俄罗斯独立后，首批赴白中国留学生即为汉语在白俄罗斯的推广起到了积极作用。二十多年来，汉语教学在白俄罗斯经历了从无到有、从有到"热"的发展历程。目前白俄罗斯已设立孔子学院 3 所，其中包括全球唯一一所以科技为方向的孔子学院，孔子课堂 7 家，另有多所不同城市的中小学开设汉语课程，并于 2015 年将汉语正式纳入"白俄罗斯全国中小学生奥林匹克外语竞赛"语种。"大学生汉语桥"、"中小学生汉语桥"、"汉语夏令营"、"汉语演讲比赛"等活动的举办已呈现常态化，参与人数和比赛水平不断提高。以"汉学研究"、"汉语教学研究"、"对中国学生的俄语教学研究"为主题的学术会议定期在白俄罗斯各大高校召开。2015 年两国签署《中华人民共和国政府和白俄罗斯共和国政府教育合作协定》，2016 年两国元首再次见证了中白教育、文化等领域多项合作协议的签署。2016 年举办的"中白青少年（大学生）机器人比赛"为两国教育领域的交流开创了又一个全新的局面。

（五）国内白俄罗斯语言文化研究初见端倪

继 2012 年华东师范大学成立了全国首家"白俄罗斯研究中心"之后，2014 年 10 月北京第二外国语大学正式成立"白俄罗斯研究室"，并于 2016 年初在全国率先开设白俄语课程。此外，该工作室自 2015 年起，每年举办"白俄罗斯形势"研讨会，为国内热衷白俄罗斯研究的学者和师生提供了很好的交流学习平台。

三 对中白人文交流现状的几点思考

（一）丝路精神是中白人民对历史的共识，但两国民众之间缺乏相互了解

"和平合作、开放包容、互学互鉴、互利共赢"的丝路精神是促成民心相通的重要抓手（李自国，2016），也是中白两国人民在各自的历史长河中形成的共识。五千多年的中华文明传承至今，其生命力就在于坚持包容和开放的文化理念，多民族的多种文化在中华大地上互学互鉴，和谐发展，共同构成了璀璨的中华文明。同样，和平、包容也是白俄罗斯文明的关键词。地处欧洲地理中心和东欧平原的白俄罗斯人民，自古以来饱受异族侵占和战争洗礼，对和平生活充满向往，因此他们对共同居住在这片土地上的各种文化和宗教表现出极大的尊重与包容，以求与其和平相处，和谐发展。因此，中白民心相通具有先天优势，丝路精神在白俄罗斯很容易找到共鸣。

但是，由于历史原因，两国人民之间的相互了解并不多。白俄罗斯虽属东斯拉夫民族，但因曾先后隶属于基辅罗斯、立陶宛大公国、波兰—立陶宛联合王国、沙皇俄国和苏联，经历过"波兰化"和"俄罗斯化"的过程，因此，白俄罗斯文化是东斯拉夫文化与立陶宛文化、波兰文化，甚至波罗的海沿岸国家文化融合的产物，白俄罗斯族人的宗教信仰也相对多元化，这里不仅有东斯拉夫民族传统的东正教教徒，还有倾向于波兰的天主教教徒和合并教信徒。特有的地理环境、历史处境和宗教信仰孕育出白俄罗斯人平和、宽容、谨慎、随遇而安的民族性格，这与有着强烈弥赛亚意识、性格爱走极端的俄罗斯人并不相同，简单套用与俄罗斯人打交道的

方式，甚至将白俄罗斯人和俄罗斯人混为一谈，对中白合作和民心相通非常不利。同时，在西方一些媒体的扭曲下，白俄罗斯人对中国传统文化与现代社会发展也存在误解，需要有人在白俄罗斯正确讲述中国故事，并能用白俄罗斯人听得懂的方式讲述中国故事。

（二）民族文化译介是民心相通的重要手段，白俄语教学有其必要性

民族文化特别是传统民俗文化是了解一个民族及其民族性格的窗口。纵观中白人文交流现状，两国对本民族文化的推介目前仍以互办文娱活动和图片展览为主要形式，而且两国人民对对方民族文化的了解程度并不对等。相比较而言，白俄罗斯人了解中国文化的渠道和机会更多一些，如前所述，中国在白俄罗斯举办文化传播活动的频度和广度明显大于白俄罗斯在中国举办活动的频度和广度，同时，通过俄语这一媒介，中俄人文交流成果也可直接为白俄罗斯人了解中国所用，白俄罗斯不断升温的"汉语热"便是一个见证。但是，中国人对白俄罗斯民族的了解非常欠缺，甚至将白俄罗斯文化等同于俄罗斯文化。截至目前，国内系统介绍白俄罗斯文学史、白俄罗斯本土文学作品和白俄罗斯民俗文化的汉语著作较为少见，甚至相关学术论文也不多见。学者对两国交往的研究集中在政治外交、经贸关系等较高层面的探讨中，对普通百姓关心的风土人情、民俗民风涉及很少。缺乏对白俄罗斯民族文化和民族性格的必要了解，已经造成中白务实合作落实过程中的种种困境，中白工业园建设缓慢的原因之一就在于此。因此，有必要利用国内现有的俄语语言人才资源，加强对白俄罗斯本土文学作品和白俄罗斯民族文化、民俗文化的译介工作，让更多的中国人有机会了解白俄罗斯的方方面面，从而为中白经贸合作奠定良好的沟通基础，让广大民众成为两国民心相通的中坚力量。

语言是民心相通的重要工具。不得不承认，国内对白俄罗斯民俗文化译介不足的一个重要原因是，白俄罗斯本土文学作品和民俗文化书籍大多用白俄语书写而成。白俄语是白俄罗斯民族的语言，形成于13世纪上半期，受历史与宗教影响，同立陶宛语和波兰语相近，但在字形和造句上保留了古俄语的特征（王宪举，2015）。白俄语曾是立陶宛大公国时期的国家官方语言，后来长期处于白俄罗斯民族方言的地位。也正因为此，白俄语创作的童谣、民谚、民间故事中更清晰地体现了白俄罗

斯民族的文化特色，是我们了解白俄罗斯人做事风格和行为习惯的重要途径。所以，为更好地落实中白合作方案，有必要在培养俄语人才的同时，适当补充白俄语教学。

（三）教育合作是密切民间交往的重要途径，合作空间和层次仍待提高

青年是民族传统文化的继承者，是中白共建丝绸之路经济带的重要参与者，加强中白教育领域的合作，广泛开展学术往来和人才交流，让青年学子来讲述中国故事和白俄罗斯故事，是两国进一步密切民间交往的重要途径。目前，两国教育合作中仍存在一些不足：两国均缺少既懂语言又懂专业的学生，缺乏了解对方国家历史文化的学生，现有人才培养尚不能很好地满足中白共建"一带一路"战略的需求；由于缺乏对对方国教育机构的全面了解，留学生所在城市和修读专业较为集中，学校与专业分布不均衡；联合培养的层次、领域和规章制度健全等方面仍有较大提升空间；友好学校的搭建忽视了学校的学科特色，尚未能较好地开展务实合作等。随着 2015 年 5 月白俄罗斯加入博洛尼亚进程，白俄罗斯高等教育正式进入欧洲教育体系，这为中白两国教育领域的合作提供了更多机遇。白俄罗斯雄厚的教育实力，严谨的教学风气，以及经验丰富的产学研一体化办学模式，也符合我国构建高水平研究型大学的需要。

2016 年是我国"十三五"规划的开局之年，也是白俄罗斯"2016—2020 经济社会发展纲要"的起步之年，随着两国关系提升到"全天候伙伴关系"的新高度，两国政府对人文交流领域的支持力度也必然随之提升。陕西省作为中华文明的摇篮和科教文化大省，可充分发挥自身优势，在认真考察白俄罗斯各高校优势专业的基础上，积极开展教育合作和学术交流，利用国家搭建平台大力推介民族传统文化，为中白人文交流的飞跃式发展做出更多贡献。

参考文献

李自国：《"一带一路"愿景下民心相通的交融点》，《新疆师范大学学报》2016 年第 3 期。

王宪举：《白俄罗斯："丝绸之路经济带"上的重要平台》，《世界知识》2015 年第 12 期。

习近平:《让中白友好合作的乐章激越昂扬》,《苏维埃白俄罗斯报》2015 年 5 月 8 日。转引自中国驻白俄罗斯使馆网站。

(余源,西安外国语大学俄语学院)

"一带一路"视角下阿拉伯—伊斯兰
文化古今价值研究[*]

马吉德　唐雪梅

摘要： 阿拉伯—伊斯兰文化由公元 610 年之前阿拉伯人固有的文化，伊斯兰文化和中世纪阿拉伯人吸纳希腊、罗马、波斯以及印度的外来文化共同组成。该文化是世界上真正形成四个独立文化体系即中国文化体系、印度文化体系、阿拉伯—伊斯兰文化体系和以希腊、罗马为核心的欧洲文化体系之一，其语言、文学以及中世纪发展鼎盛的医学、数学、天文学等不同学科为西方文艺复兴奠定了坚实的基础。在"一带一路"战略中，该文化的古今价值仍不容忽视，本论文就此方面做进一步的剖析与解读。

关键词： 阿拉伯—伊斯兰文化；古今价值；研究

一　引言

阿拉伯—伊斯兰文化在当代面临着严重的曲解、误解甚至歪曲。因为人们从各种新闻媒体中看到"在阿拉伯世界，伊斯兰教作为阿拉伯人深层的精神现象的一个显著特点是，每当阿拉伯民族产生危机感时，传统的宗教信仰就特别容易外化为人的行为，成为价值取向的源泉，甚至会导致一般人难以理解的狂热行动"[①]。于是乎，以伊斯兰教为核心的阿拉伯—伊斯兰文化就被烙上了不同的标签与身份，其文化曾实现的辉煌与贡献荡然无存，留下的只是争端与动荡，导致文化异化与阿拉伯民

---

　　* 本文得到西安外国语大学 2016 年度科研基金项目（16XWA02）资助；系教育部人文社会科学研究规划基金（17YJA740047）资助成果之一。

　　① 朱威烈：《国际文化战略研究》，上海外语教育出版社 2002 年版，第 186—187 页。

族身份的逐渐缺失。而阿拉伯世界所在的"中东是具有世界影响的重要地区。没有中东的稳定和发展,就没有世界的和平和繁荣。一个和谐的中东符合本地区各国和各国人民的长远利益,也是世界的共同期盼"①。

二 阿拉伯—伊斯兰文化的历史价值

纵观阿拉伯—伊斯兰文化发展史,我们更愿意用美国东方学者希提(1886—1978)在其著作《阿拉伯通史》中所赞扬的那样来总结该文化对欧洲乃至整个世界的贡献:"阿拉伯人所建立的不仅是一个帝国,而是一种文化。他们继承了在幼发拉底河、底格里斯河流域、尼罗河流域、地中海东岸盛极一时的文明,又吸收且同化了希腊—罗马文化的主要特征。后来,他们把其中许多文化影响传到中世纪的欧洲,遂唤醒了西方世界,而使欧洲走上了近代文艺复兴的道路。在中世纪时代,任何民族对于人类进步的贡献都比不上阿拉伯人和说阿拉伯语的各族人民。"② 同样,该文化通过西班牙和西西里岛传入欧洲,对 14 世纪欧洲文艺复兴的兴起奠定了坚实的基础,而其中阿拉伯语、阿拉伯文学和阿拉伯自然科学对欧洲的贡献可见一斑。

(一) 阿拉伯语语言与文学的影响

阿拉伯语属闪含语系闪米特语族,其雏形为早期阿拉伯半岛的贾希利叶方言和古莱氏方言。后古莱氏方言汲取了其他各部落方言中为己所需的语言内容,统一了各部落方言,成为阿拉伯各部落的通用语,也是今天标准阿拉伯语的前身。因此,阿拉伯语不仅是阿拉伯人也是全世界穆斯林日常生活和宗教仪式中使用的语言,同时也是阿拉伯学者用以从事学术研究和著书立传的工具。这一语言以其使用的灵活性、派生的多样性而成为世界上最难的语言之一。

随着伊斯兰教在阿拉伯半岛的出现,阿拉伯各部落形成一个统一的阿拉伯民族,阿拉伯语也随之成为阿拉伯人统一的民族语言和宗教语言;651 年,伊斯兰教经典《古兰经》定本,推动了阿拉伯语学科的发

---

① 胡锦涛:《促进中东和平建设和谐世界》,《光明日报》2006 年 4 月 24 日。

② [美] 希提:《阿拉伯通史》(上),马坚译,新世界出版社 2015 年版,第 4 页。

展，加速了阿拉伯语从口头文学语言向书面语的过渡；9—10世纪阿拔斯王朝的繁荣和兴盛使得阿拉伯语语言研究、语法研究、词法研究以及修辞研究等都达到顶峰。与此同时，阿拉伯语对东西方许多民族的语言产生了不同程度的影响，如印度尼西亚语、土耳其语、西班牙语均曾受其影响，而波斯语和乌尔都语至今还在使用阿拉伯语的字母来拼写自己的语言。

阿拉伯文学自贾希里叶时期（460—610）至近代多以诗歌和散文为主，随着时代的变迁，其文学体裁也随之变化。不同时代的诗人通过诗歌或歌颂部落与家族的辉煌与兴衰，或凭吊情人与故友；从《悬诗》到《古兰经》，从《一千零一夜》到《卡里莱和笛木乃》，从《宰乃布》到《绍基诗集》，均是阿拉伯伊斯兰不同时期文学领域的上乘代表作。1798年，拿破仑入侵埃及成为阿拉伯古代文学与现代文学的分水岭，随即出现了浪漫主义小说、现实主义小说、航海小说、儿童小说等不同主题的小说。上述不同时代的作品对西方文学产生了巨大影响，如法国古典文学代表作家之一的著名寓言诗人让·德·拉·封丹（1621—1695）[1]的寓言诗共12卷，在创作第二集即七至十二卷时，他主要从东方寻求题材，该书中的东方寓言大部分取自印度的《五卷书》和阿拉伯的《卡里莱和笛木乃》，有些甚至照搬过来，只是改变了诗体形式，类似的故事约有20个。可以说，拉·封丹寓言参照了《卡里莱和笛木乃》的译本。[2] 除此之外，许多德国、东南亚等地的寓言故事都曾受其影响。如意大利诗人但丁（1265—1321）的《神曲》受到伊斯兰教先知穆罕默德登霄故事和阿拔斯王朝著名诗人艾布·阿俩厄·麦阿里（973—1057）《饶恕集》的影响；意大利诗人薄伽丘（1313—1375）的《十日谈》吸取了阿拉伯故事；英国文学家乔叟（1340—1400）的《情郎的故事》，就是《天方夜谭》的一则故事；西班牙作家塞万提斯（1547—1616）的《堂吉诃德》故事素材也来源自于阿拉伯。正如中世纪的西班牙"作为东西方文学交汇地，其文明的锦缎中，织缀着闪族文明之线，西班牙早期的叙事诗无不充满着阿

---

① 拉·封丹的寓言诗多塑造贵族、教士、法官、商人、医生和农民等典型形象，涉及各个阶层和行业，是生动反映17世纪法国社会生活的一面镜子。

② 郅溥浩：《解读天方文学》，宁夏少年儿童出版社2007年版，第249页。

拉伯文学的影子"①。

（二）阿拉伯自然科学的影响

1. 阿拉伯医学

对欧洲医学发展起到奠基和推动的作用的要数阿拔斯王朝（750—1258）的阿拉伯医学家伊本·拉齐（865—925）和伊本·西拿（980—1037），其中伊本·拉齐的《天花与麻疹》先被翻译为拉丁文，后被翻译为欧洲若干文字，直到18世纪都是欧洲医学界的重要参考文献；而伊本·西拿是首位描述脑膜炎的学者，也是首位将导致脑瘫的内、外因相区分的学者。他的《医典》是百科全书式的巨著，共5卷，约100万字，介绍了760种药物的性能，该书自12世纪至17世纪一直是西方医学的指南、欧洲各大医科院校的教科书。除此之外，卡西姆·宰赫拉维（936—1013）、阿里·麦久西（？—994）、伊本·纳菲斯（1210—？）等都是当时著名的医学者，《医学宝鉴》、《眼科十论》和《曼苏尔医书》等精湛的医学典籍对欧洲医学的发展产生了巨大影响。费希尔（1890—1962）在其著作《中东史》中谈到了这批以希腊和波斯资料为基础的出色的穆斯林医生，把医学的疆界向前推进了。他们的医学实践、专著等论述表现了他们的独创精神和智慧；他们种类繁多的著作，被译为拉丁文，最后印刷出版，进一步确立了穆斯林医生在医学史上的地位。

2. 阿拉伯数学

穆斯林科学家们在代数学领域还有重大突破。例如"零"的发明，以及二次方程和三次方程的解。代数学是阿拉伯科学家们创立的学科之一，更确切地说是由中世纪阿拉伯哈里发统治时期的数学家花拉子密（？—846）为此学科制定了基本原理和规则，使之成为一门有别于几何和其他数学学科的独立学科。花拉子密是第一位使用"Algebra"一词来代表至今众所周知的代数学名称之人；欧洲人学习了花拉子密的代数学，并把它翻译成了欧洲的语言。至今，所有的欧洲语言中多以阿拉伯语为其命名的名称来表示这一学科，如：英语用"Algebra"、法语用"Algèbre"

----

① 宗笑飞：《从西班牙文学看阿拉伯文学对南欧喜剧复兴的影响》，《外国文学研究》2012年第2期。

来表示代数学。因此，花拉子密被称为代数之父。[1]

直到 16 世纪，花拉子密的著作《代数与方程》一直是欧洲各大学的主要数学教科书，且在他之后，代数学领域的大部分著作也都以此为基础。切斯特的罗伯特把阿拉伯文的《代数与方程》翻译成了拉丁文，使整个欧洲受益匪浅。[2]

北京大学著名的阿拉伯历史学家、教育学家纳忠先生（1909—2008）在其著作《传承与交融：阿拉伯文化》一书中提到："除代数学外，阿拉伯数学家还在算术、三角、几何方面做出了卓越的贡献。在计算方面，他们利用古代数学方法解决了一系列计算问题，特别是天文计算问题。在三角学方面，他们发现了正弦、余弦、正切、余切、正割、余割、正弦与余弦函数表，建立了若干三角公式，制定了很多三角函数表，使三角学开始脱离天文学而成为一门独立的科学。在几何学方面，他们研究了面积、体积，并把多边形与代数方程式联系起来，他们还成功地计算出 π 的具有 17 位准确数字的值，打破了中国数学家祖冲之保持了一千年的纪录。"[3]

3. 阿拉伯天文学

贾希里叶时期的阿拉伯人曾依靠星辰辨认方向，伊斯兰时期的阿拉伯人要履行诸如礼拜、斋戒和朝觐的宗教礼仪。因此，他们非常重视天文学。他们首先翻译了由希腊人、迦南人、古叙利亚人、波斯人以及印度人所撰写的天文学著作。其次，在阿拉伯帝国伍麦叶王朝（661—750）末期，阿拉伯科学家将哲人赫密斯的《星宿之匙》，从希腊文翻译成阿拉伯文，在 827—828 年，伊本·麦台尔将托勒密的《天文大集》翻译成了阿拉伯语。

在阿拔斯王朝（750—1258）时期的天文学家数不胜数，他们建立了许多天文观测台、制定了天文历表、制造了各种各样的星盘。他们中的杰出者有白塔尼（858—929）、纳西尔丁·图西（1201—1274）等人，他们在天文学领域的著作曾作为欧洲和西亚长达七百年的权威参考书。除此以

---

① 艾克尔姆·阿卜杜·瓦哈布：《一百位改变世界的科学家》，先锋出版社 2006 年版，第 20 页。

② 克尔姆·黑里密·法尔哈特·艾哈迈德：《伊历四世纪期间沙姆和伊拉克伊斯兰文明之科学遗产》，艾因出版社 2000 年版，第 642—643 页。

③ 纳忠：《传承与交融：阿拉伯文化》，浙江人民出版社 1996 年版，第 192、213—218 页。

外，纳西尔丁·图西在波斯地区建立的马拉蛲天文台是当时最大、最著名的且以精密的仪器和优秀的工作人员而著称。这座天文台的观测以精确而卓越，当时的欧洲科学家在他们的天文研究中都用它来观测。

三　阿拉伯—伊斯兰文化的现实价值

"一带一路"是"丝绸之路经济带"和"21 世纪海上丝绸之路"的简称，是中国经济发展及外交事业的一大重要构想。2013 年 9 月 7 日，国家主席习近平在哈萨克斯坦纳扎尔巴耶夫大学作重要演讲时提出共同建设"丝绸之路经济带"，使该构想成为国家战略之始。

"陆上丝绸之路"形成于公元前 2 世纪与公元 1 世纪间，直至 16 世纪仍保留使用，是一条东方与西方之间进行经济、政治、文化交流的主要道路。由于它的最初作用是运输中国古代出产的丝绸，德国地理学家李希霍芬（Baron von Richthofen）于 1877 年为这条东起中国古都长安，西达地中海沿岸安都奥克，全长 7100 公里的线路，取了一个极富诗意的名字——"丝绸之路"。而今，在"一带一路"战略指导下，其沿线涵盖人口近 30 亿，有 65 个国家和地区的政治、经济、文化等都与之相关，在这些国家中有包括部分阿拉伯国家在内的信仰伊斯兰教的国家共计 27 个，市场潜力非常巨大，必将成为贯通亚洲、非洲、欧洲三大洲经贸、人文的大动脉。因此，对沿线国家政治、经济以及宗教文化的了解是非常必要的，尤其是涵盖 40%伊斯兰国家的阿拉伯—伊斯兰文化更凸显了其重要的现实意义。

（一）阿拉伯—伊斯兰文化的包容性

在当代外来文化的冲击下，阿拉伯—伊斯兰文化受到外来文化的严重影响，由于缺乏对该文化的真正了解，为数不少的西方人早已习惯将阿拉伯人"妖魔化""侏儒化"，在民众中煽动"反阿拉伯"情绪，否定阿拉伯伊斯兰文化曾经对欧洲乃至对整个人类社会的发展与进步所做出的贡献。所有种种使得阿拉伯—伊斯兰文化在当代处于或停滞不前而被世界遗忘，或因内在原因而处于边缘化地位。但阿拉伯—伊斯兰文化曾在历史岁月中所经历的异文化之间的交流、交融和汇合，从而促进其本身发展的经验使之必然立于不败之地。基于此，今天的阿拉伯—伊斯兰文化仍一如既往地学习其前辈的做法，以其包容的胸襟，与曾鄙视它或反对它的西方势力进行文化与文化、文明与文明、宗教与宗教等不同领域的对话。正如在2007 年 11 月，沙特阿拉伯国王阿卜杜拉与基督教教皇进行了历史性会晤，并就"不同文化和信仰进行对话的重要性"等议题展开讨论；2008年 7 月，阿卜杜拉国王和西班牙国王胡安卡洛斯共同发起召开了"世界对话会议"，11 月，包括阿卜杜拉国王在内的近 20 国元首在联合国总部参加了题为"为了和平促进宗教和文化之间对话、理解与合作高级别会议"；2008 年 6 月，世界伊斯兰联盟在麦加举办"如何应对伊斯兰国家面对的共同挑战"的国际会议，其宗旨在于向世界传达和平与友善。① 以上种种体现了在当下的阿拉伯—伊斯兰文化以其本身所蕴含的包容与宽容，为促进世界和平而付出的努力。而今，阿拉伯—伊斯兰文化之影响也使更多的东西方学者对其持公允态度，他们中的许多人通过撰写作品来介绍阿拉伯—伊斯兰文化的内容，成为西方人了解东方阿拉伯民族与伊斯兰的窗口。正如以治学严谨而著名的德国女东方学者齐格丽德·洪克在其著作《阿拉伯的太阳照亮了西方》一书中就阿拉伯—伊斯兰文化给予了公正的评价。

（二）阿拉伯—伊斯兰文化的中和性

阿拉伯—伊斯兰文化所创造的曾经的辉煌已经远去，但其在历史上为世界发展所做出的贡献是永远无法抹去的。众多研究显示，没有阿拉伯人把印度的学术著作和中国的造纸术以及在欧洲已经失传的古希腊学术著作传入西欧，为欧洲的文艺启蒙和文艺复兴准备条件，欧洲文艺复兴运动的辉煌历史无疑将重新改写。因此，在以和平与发展为核心的时代，虽然一些西方国家试图以霸权、强权之力推广其强权理论，输出自己的文化价值观，反对多元文化并存，继而达到摧毁和瓦解阿拉伯—伊斯兰文化，这是永远无法得逞的。阿拉伯—伊斯兰文化自古以来就蕴含了做人、做事切不可过之也不能不及的中和理论，西方学者所鼓吹的、确已严重威胁到整个世界和平与稳定的所谓的"文明冲突论""种族冲突论""伊斯兰威胁论"等种种不同的言论，在阿拉伯—伊斯兰文化的面前是被唾弃的、不攻自破的。这种中和原则尤为强调和平思想，对指导当代多元共存的国际

---

① 　马丽蓉：《清真寺与伊斯兰文明的构建、传播和发展》，《西亚非洲》2009 年第 4 期。

秩序有着极大的裨益。它强调世界上不仅存在打着宗教旗号的恐怖主义，还存在打着维护人权、捍卫自由民主旗号的恐怖主义、霸权主义和强权政治，即使不是一种恐怖主义形式，也是导致恐怖主义的根本原因。因此，反对恐怖主义必须同时反对霸权主义和强权政治。①

所以说，阿拉伯—伊斯兰文化的兼容并蓄、不偏不倚的中和之道与和平理念是有利于整个世界和平的维护与发展，它并不是西方人眼中恐怖主义的代名词。在"世界文化即将进入一个崭新的阶段，这个阶段的核心任务将是在反思和沟通的基础上，建设一个多极均衡互利，多元文化共生的全球化，只有这样的全球化才能保证人类生活质量的不断提高，保证世界得以安定和谐地持续发展"②。西方文化常常以一种简单的"文化霸权主义"的态度对待阿拉伯—伊斯兰文化和其他的东方文化，其结果自然是会产生各文化之间因差异性或互不认同而引发冲突，这是这个时代所鄙弃的。在"一带一路"战略指导下，更是应该深入分析和研究不同的文化结构和内涵，尊重他文化，才会赢得被尊重，才会获得更多的信任与合作。

四　结语

自古以来，中国和阿拉伯国家就有着非常牢固的多层面和多领域的交往，"中华文明与阿拉伯—伊斯兰文明这两大东方文明之间在基本人文精神和一系列伦理思想方面有着惊人的相似性和广泛的一致性"③。两种文化与文明均有着丰富的和平思想。在"一带一路"战略思想指导下，中阿之间已是稳固的战略伙伴关系，中国传统文化与阿拉伯—伊斯兰文化之间的共性研究日趋增长，通过相互的深层次交流、理解与尊重，在多元文化时代，这两种文化定会在国际事务中发挥不可小觑的作用，将更加有助于构建公平合理的世界政治经济新秩序，使国际社会走向和平的良性发展，从而实现各领域更深入的合作与共赢。

---

① 丁俊：《伊斯兰文化前言研究论集》，中国社会科学出版社 2008 年版，第 144 页。

② 乐黛云：《建构另一个全球化》，《新华文摘》2006 年。

③ ［埃及］艾哈迈德·艾敏：《阿拉伯—伊斯兰文化史：近午时期》，朱凯译，商务印书馆 1990 年版，第 11 页。

参考文献

胡锦涛：《促进中东和平建设和谐世界》，《光明日报》2006 年 4 月 24 日。

宗笑飞：《从西班牙文学看阿拉伯文学对南欧喜剧复兴的影响》，《外国文学研究》2012 年第 2 期。

马丽蓉：《清真寺与伊斯兰文明的构建、传播和发展》，《西亚非洲》2009 年第 4 期。

乐黛云：《建构另一个全球化》，《新华文摘》2006 年。

[埃及] 艾哈迈德·艾敏：《阿拉伯—伊斯兰文化史：近午时期》，朱凯译，商务印书馆 1990 年版。

克尔姆·黑里密·法尔哈特·艾哈迈德：《伊历四世纪期间沙姆和伊拉克伊斯兰文明之科学遗产》，艾因出版社 2000 年版。

艾克尔姆·阿卜杜·瓦哈布：《一百位改变世界的科学家》，先锋出版社 2006 年版。

[美] 希提：《阿拉伯通史》（上），马坚译，新世界出版社 2015 年版。

纳忠：《传承与交融：阿拉伯文化》，浙江人民出版社 1996 年版。

朱威烈：《国际文化战略研究》，上海外语教育出版社 2002 年版。

丁俊：《伊斯兰文化前言研究论集》，中国社会科学出版社 2008 年版。

郅溥浩：《解读天方文学》，宁夏少年儿童出版社 2007 年版。

（马吉德、唐雪梅，西安外国语大学东方语言文化学院）

"一带一路"视角下中国与西班牙交流史话

刘雅虹

摘要：公元前218年伊比利亚半岛罗马化，西班牙的金银被用来购买通过丝绸之路运送到罗马帝国的中国丝绸。奥古斯都时代位于伊比利亚半岛的罗马帝国统治中心塔拉克成为丝绸之路的终点。9—11世纪，在中国唐、宋、元三个王朝与西班牙穆斯林世界之间通过海上丝绸之路在文化和科学技术方面曾有过相当广泛的交流。1492年西班牙国王资助哥伦布到达美洲；1521年，麦哲伦发现菲律宾并宣布为西班牙殖民地，太平洋航线开辟。1898年菲律宾成为美国殖民地，中国与西班牙之间的经济与贸易关系进入消沉时期。2014年，"义（乌）新（疆）欧（洲）"铁路国际货运班列正式开行，其终点是马德里，标志着西班牙与中国之间的贸易活动重新繁荣起来。

关键词：一带一路；中国；西班牙；交流

引言

2014年11月18日，首趟"义（乌）新（疆）欧（洲）"铁路国际货运班列从浙江省义乌市驶出，一路向西——由中国义乌至西班牙马德里的"义新欧"铁路国际货运班列由此正式开行，途径哈萨克斯坦、俄罗斯、白俄罗斯、波兰、德国、法国、西班牙，历时21天、行程万余公里后，到达目的地马德里。

抵达马德里的首次货车装载的主要货物是供应欧洲圣诞节市场的儿童玩具及小器械工具。而在返回义乌时将运载在中国广受欢迎的红酒、橄榄油及西班牙火腿等货物，供应中国春节市场的需求。中国义乌商人说，铁路货运比海运快，比空运便宜。为出口西班牙开通了一条便捷、高效的通道。义乌的西班牙商人认为，家乡的人们看到来自中国的专列一定很高兴（义乌城市网，2014）。

实际上，中国至西班牙的贸易线路在两千年前的罗马帝国时期就已经开通，那就是古老的丝绸之路。只不过，那时候的运输工具是人力和牲畜。

一　罗马帝国时期丝绸之路延伸至伊比利亚半岛

公元前218年罗马人占领了伊比利亚半岛，罗马人充分开发半岛上的矿藏，西班牙的金银成为罗马帝国货币原料的主要来源，用来购买通过丝绸之路运送到罗马帝国的中国丝绸（罗斯托夫采夫，1985：127）。在西班牙罗马化的过程中，西班牙社会出现了对中国丝绸的崇尚和追求之风。位于伊比利亚半岛的地中海港口城市塔拉克在奥古斯都时代是罗马帝国的统治中心，这里居住的帝国政要和贵族成为中国丝绸最主要的消费者，因此可以说"丝绸之路不仅延伸至西班牙，而且丝绸之路最为繁盛的历史时期是以长安和塔拉克为轴心促成的"（张铠，2003：10）。

二　中世纪西班牙与中国的交流

随着西罗马帝国的覆灭，以长安和罗马为轴心发展起来的丝绸之路贸易体制终告解体。从7世纪开始，阿拉伯帝国迅速崛起，摧垮了东罗马帝国在北非的统治，并在西班牙南部建立了科尔多瓦哈里发。在摧垮中亚的波斯帝国后，与唐帝国为邻，双边贸易关系日趋紧密，阿拉伯人就此控制了陆上丝绸贸易。阿拉伯商人十分重视与中国等东方国家的商业往来，为开展国际贸易创造了良好的发展前景。

公元751年，唐朝军队与阿拉伯军队在中亚城市怛罗斯（Taraz）发生激战，唐军战败，从此唐王朝的势力从中亚逐步后撤并导致陆上丝绸之路的衰落。唐王朝在安史之乱（755—763年）之后，西部游牧民族不断侵扰，中国北方战火连绵、民生凋敝，而中国南方的经济仍处于持续发展中。中国南方海岸线绵长、港口众多，造船业较为发达，作为当时国际贸易中的重要商品如丝绸、瓷器等，主要在南方生产，这些因素是发展海外贸易的物质前提。在中世纪，特别是在阿拉伯人入侵西班牙的最初几个世纪，随着海上丝绸之路的兴起，在中国唐、宋、元三个王朝与西班牙穆斯林世界之间在文化和科学技术方面曾有过相当广泛的交流。

（一）西班牙穆斯林世界与中国的交流

9—11 世纪是西班牙穆斯林世界科学、文化和艺术最为辉煌的时代。科尔多瓦的翻译家们将大量希腊古典名著译成阿拉伯文，这是以纸张的批量生产为基础的。已经证实中国的造纸术经过阿拉伯人传入西班牙（布劳代尔，1947：295）。中国人发明的纸牌也是经阿拉伯人传入西班牙（伯纳德·刘易斯，1976：170—172）。火药的发明和火器的使用都是由中国人首创，由阿拉伯人西传的。阿拉伯人称硝（火药）为"中国雪"（胡安·维尔奈特，1978：231）。中国人发明的马镫被阿拉伯人用来更新骑兵装备。732 年阿拉伯人北上越过比利牛斯山与法兰克步兵在图尔（Tour）战斗的过程中，装备马镫的骑兵显示出来的威力激励法兰克人采用马镫这一新技术。在法兰克人的带动下，欧洲骑兵普遍应用马镫技术并迎来了欧洲的"骑士时代"（罗伯特·K.G. 坦普尔，1995：176—178）。原产于中国的水稻，经阿拉伯人向西传播，至 8 世纪西班牙已开始种植。到 1475 年，意大利波河平原受西班牙的影响才开始种植（巴兹尔·克拉克，1980：120）。到 1700 年水稻种植才在欧洲农业中占有一定的比例（《剑桥欧洲经济史》，第 6 卷：633）。中国人培育成功的柠檬和柑橘也是由阿拉伯人传向西方，后在西班牙南方广泛种植。其他欧洲国家都是经西班牙才开始种植柠檬和柑橘的（卜德，1971：28；希提，1973：160）。中国的灌溉技术最先传入西亚，阿拉伯人带到西班牙，使安达卢西亚一带地区的水利灌溉工程得到充分发展并实现了农业的园林化。到 11 世纪，加泰罗尼亚一带也应用了来自中国的灌溉技术，使西班牙农业普遍受益。中世纪欧洲人口迅速增加。欧洲开始大垦荒，普遍建起灌溉系统，与西班牙南方的示范作用分不开（李约瑟，1986：87）。在穆斯林统治西班牙的最初几个世纪里，先进的东方文化流入安达卢西亚，许多西班牙穆斯林学者远游埃及、叙利亚、伊拉克、波斯，甚至来到中国，促进了中国和西班牙的科学交流。如中国的炼丹术经阿拉伯人传入欧洲，对近代化学发展起到重要作用。元代对中国天文贡献卓著的阿拉伯科学家爱薛（1226—1308）即科瓦多瓦哈里发时代的西班牙科学家麦海丁·马格里布（Muhyial-dinal-Maghribi）。1246 年爱薛经叙利亚来到中国，由于他专长数学、天文学和医药学等多种学科，其学识中融汇了阿拉伯科学的精华，因此在忽必烈执政（1260—1294）后，受到朝廷重用，负责西域星历和和医药两个部门的研究工作，而且他多次与中国学者一道参与国际科学合作项目的实施并有突出贡献（沈福伟，1986：90—109；杨怀中、余振贵，1996：165—179）。

（二）西班牙基督教世界与中国的交流

通往东方的商路已被阿拉伯人所切断。从 1097 年至 1291 年间，罗马教皇与一些欧洲封建君主国以"圣战"的名义所发动的历次十字军远征，都包含着与穆斯林世界争夺东方贸易垄断权的目的（张铠，2003：43）。1215 年成吉思汗占领了北京。蒙古人的西征使亚欧大陆的商路畅通无阻，亚欧大陆从此处在"蒙古和平"时期。在十字军东征过程中繁荣起来的威尼斯、热那亚等城市的商业活动沿着陆路和海路迅速扩张。12—14 世纪，地中海区域商业出现空前繁荣的景象，即"地中海商业革命"（波斯坦，1952：307）。西班牙加泰罗尼亚商人在威尼斯和热那亚商人带动下，与英、法及佛兰德斯等大西洋国家进行贸易，使巴塞罗那、塞维利亚和马拉加等城市发展成联结地中海贸易与大西洋贸易的中间港。他们用香料、丝绸、钒、粮食和酒类等物品换取英国人和荷兰人的呢绒，然后再将呢绒运到莱潘多地区和黑海一带用以换取东方商品。自汉唐开始的中国海外贸易至宋元时代（960—1368 年）进入了高峰期。中国与 100 多个亚非国家建立了广泛的经济与文化交往，并在这些国家与地区的共同参与下形成了与地中海区域相平行的泛太平洋—印度洋贸易圈。中国主要出口丝绸与瓷器，这些商品丰富了西班牙人乃至欧洲其他国家人民的生活。在与东方国家的贸易中，西班牙主要输出精致的呢绒、金属、珊瑚、武器、干果和橄榄等。

好几个世纪里，中国的丝绸、瓷器和南洋的香料、印度的棉织品一起，由商人们通过两条路线运往欧洲：或经由红海和埃及，到黑海或地中海东部各港口；或进波斯湾，再由商队将货物运到这些港口。第一条商路由波斯和美索不达米亚的（伊尔汗国）蒙古统治者和热那亚人控制；热那亚人在港口转运站等候香料。第二条商路由阿拉伯人和威尼斯人控制；阿拉伯人用船将香料运到埃及，威尼斯人再从亚历山大港将货物运往欧洲销售（张铠，2003：46—47）。1264 年，忽必烈从蒙古的哈拉和林迁都北京，自动向欧洲商人打开了中国的大门。意大利商人不畏万里商途之险而相继走向东方。威尼斯商人马可·波罗家族的中国之行已传为佳话；热那亚商人1224年组成开展东方贸易的公司。1326年以前在当时的世界第一大港泉州已经有了热那亚人设置的"商栈"。同一时期，罗马教廷既出于宣传基督福音的需要，同时为了和蒙古人结盟而遏制穆斯林世界的扩张，也曾不断派出使节和传教士前往东方。随着马可·波罗等西方商人、旅行家、传教士和外交官相继踏上中华大地，通过他们的回忆录、游记、随笔和书信，欧洲人看到在遥远的东方屹立着一个比欧洲更高文明水平、拥有更繁荣的经济的国家——中国，对中国的向往已成为那一时代欧洲人的普遍心理（张铠，2003：53）。

（三）地中海商业危机和君士坦丁堡之围

在西方，14世纪中叶以后，地中海商业革命出现了深重的危机，从1340年起，黑死病在欧洲蔓延成灾，人口死亡率达35%—65%。工农业生产严重衰退（波斯坦，1952：338—339）。西班牙也深受影响，至14世纪加泰罗尼亚的贸易已降至高峰期的五分之一（诺斯、托马斯，1980：124）。此外，处于东西方之间的信仰基督教的东罗马帝国已陷于危机四伏之中。由于国力衰竭，昔日庞大的东罗马帝国已退缩至君士坦丁堡及其周围狭小的一隅，而君士坦丁堡又处于强大的奥斯曼帝国土耳其人的包围之中（张铠，2003：57）。

1368年朱元璋推翻了元朝的统治，建立了明帝国，而在中亚一带由蒙古人建立的各王朝也纷纷解体，"蒙古和平"时期随之结束，亚欧之间畅通的商路又告中断。此后，大部分商品都汇集到此前受控于穆斯林商人的南部海上丝绸之路，沿海路运往各地。1453年，君士坦丁堡陷落，土耳其人向欧洲扩张。地中海的贸易通道完全被穆斯林控制，欧洲成了三面环水，一面被伊斯兰世界压制的孤岛。在中世纪，人们保存食物的方法主要是依赖香料，所以欧洲人对香料的需求十分急迫，香料在欧洲市场的价格也达到了前所未有的高位。但是，利润丰厚的香料贸易，先是被阿拉伯商人垄断，接着又被突然崛起的奥斯曼土耳其帝国垄断。欧洲急于摆脱困境，希望能找到强有力的措施来扭转这种局面。在陆地上的军事突围失败之后，欧洲人开始到海洋寻求出路（中央电视台，《大国崛起》）。

三　地理大发现与太平洋丝路

1492 年西班牙光复战争完成。西班牙"天主教双王"费尔南多和伊莎贝尔决定把"十字与新月"的斗争进行到底。出生于热那亚的航海家克里斯托弗·哥伦布（Cristoforo Colombo，1451—1506），受当时已经普遍传播的地圆学说影响，产生了一个想法：他认为在大西洋上向西航行，便可到达香料的故乡——亚洲，这样欧洲便可以摆脱穆斯林对东方贸易的垄断。哥伦布屡次向西班牙王室上书，请求王室资助他实现这一大胆设想，而对于十字军东征的领袖西班牙女王伊莎贝尔来说，从背后袭击穆斯林，夺回基督教的圣地耶路撒冷，非常有吸引力。哥伦布成功说服了伊莎贝尔女王与其签订了《圣菲让步条约》，雄心勃勃的女王成为西班牙远洋探险的总赞助人。于是，1492 年 8 月 3 日，带着女王授予的海军大元帅的任命状，哥伦布率领 120 名水手和三艘帆船从西班牙南部的帕洛斯港出发，在大西洋上一路向西，开始探险之旅，于同年 10 月 12 日到达今天位于北美洲的巴哈马群岛，打开了欧洲到美洲的探险之路并开始了对美洲的殖民化统治（中央电视台，《大国崛起》）。以哥伦布第一次横渡大西洋为开端，兴起了世界历史上的地理大发现。1497 年，以达迦马为首的船队开辟了从大西洋绕非洲南端到印度的航线，从而打破了阿拉伯人控制印度洋航路的局面。葡萄牙通过新航路，垄断了欧洲对东亚、南亚的贸易，成为海上强国。意大利探险家亚美利哥·韦斯普奇到达美洲，认识到这是一个新大陆，人们的地理视野扩大了。1513 年，西班牙探险家巴尔鲍亚越过巴拿马地峡，看到了西南面的大海，他把这片海域称为"南海"（今太平洋）。1521 年，葡萄牙航海家麦哲伦在天主教双王的外孙、神圣罗马帝国皇帝卡洛斯五世的支持下，完成了人类首次环球航行（刘雅虹，2014：28）。麦哲伦和他的船队在环球航行时"发现"了一个群岛，后西班牙宣布该岛为其殖民地，并以王子费利佩二世的名字命名该岛为菲律宾（Las Filipinas）。从此西班牙的势力进入亚洲（刘雅虹，2014：34）。为了确保其海上运输的畅通，一条以马尼拉为起点，横穿太平洋，到达墨西哥阿卡普尔科（Acapulco），再经由维拉克鲁斯（Veracruz，墨西哥东部海港）进入大西洋，并以西班牙的穆尔西亚和加的斯为终点的航线便开启了。由于从亚洲驶往美洲和西班牙的马尼拉大帆船主要运载的货物就是中国的丝绸、瓷器等，故这条航线被称为太平洋上的丝绸之路。它不仅是当时世界贸易中线路最长的一条航线，而且由于这一航线两端雄踞着当时世界上最强盛的两大帝国——中华大帝国和西班牙"日不落"帝国，从而使这一多边贸易更具重要意义。其中，中国拥有空前发达的商品经济，能为世界市场提供充裕的商品；而西班牙握有大量的贵金属，可作为世界市场当中的交换手段。因此，这一多边贸易航线又成为推动世界市场迅速发展的"中轴线"（张铠，2003：78）。

四　华夏文明传播到美洲和西班牙本土

1573年，首批中国商品随马尼拉大帆船进入拉丁美洲时受到欢迎。在其后的250年间，中国的丝织品、棉麻织品、精美的瓷器大量输入拉丁美洲。很多华人也曾随马尼拉大帆船来到美洲和西班牙，成为华夏文明的直接传播者（张铠，2003：119）。一些西班牙传教士途径墨西哥往返于菲律宾和中国，使墨西哥的一些修道院变成研究东方文明的中心。西班牙传教士马丁·德·拉达1575年曾出访中国福建省并带回百余种中国典籍，并写出有关中国的著作。1581年胡安·冈萨雷斯·德·门多萨奉西班牙国王费利佩二世之命出使中国，在墨西哥根据有关资料，写出《中华大帝国史》。这些传教士带回的书籍而今保存在西班牙当时的首都巴利亚多利德，那里建有西班牙唯一的"东方博物馆"（张铠，2003：148）。

中国商品经墨西哥被运到西班牙内陆卡斯蒂利亚繁荣的封建商业城市——梅迪那·德·坎波的国际市场上进行再次分销。这里的市场摆满各类欧洲和波斯、印度、日本及经马尼拉运到墨西哥的中国商品，吸引了欧洲各国的商人（张铠，2003：94）。权贵之家摆设中国漆器、屏风、雕花镂空家具，贵妇们手摇中国折扇、使用中国遮阳伞，乘坐中国轿子演化而来的轿式马车。中国瓷器风靡欧洲上层社会，在欧洲掀起了一股"中国热"。菲岛总督和墨西哥殖民当局挑选中国商品赠送给西班牙国王和王室成员。如赠给费利佩二世珠宝、黄金、丝织品、瓷器、金杯、宝剑、金链等。18世纪，在"洛可可"艺术形式风靡欧洲的时代，中国园林艺术对欧洲皇家园林和宫殿产生了广泛的影响。在塞维利亚著名的阿尔卡萨尔皇家公园中，建有一座古典风格的"中国亭"。在距马德里48公里的阿兰胡埃斯皇宫（Real Sitio de Aranjuez）中，修建了两座具有中国风格的凉亭和两座具有中国艺术特点的大厅，即"中国画宫"和"瓷宫"（张铠，2003：146）。

1811 年，墨西哥爆发独立战争。1813 年 10 月 25 日，西班牙国王下令终止菲墨贸易，中国—菲律宾—墨西哥—西班牙多边贸易随之告终（张铠，2003：111）。

五　中国—菲律宾—西班牙贸易

地理大发现后，葡萄牙与西班牙在征服殖民地的过程中不断发生矛盾和冲突。罗马教皇亚历山大六世出面进行调停并于 1493 年 5 月 4 日作出仲裁，划分了一条分界线，史称"教皇子午线"，线以西、以东分别为西班牙和葡萄牙的势力范围（斯塔夫里阿诺斯，2012：417）。18 世纪，"商业战争"已蔓延到全球。西葡两国当年划分势力范围的条约对于新兴的西方殖民国家诸如荷兰、英国、法国等毫无约束力。在这种情况下，西班牙王室决定通过好望角建立起西班牙与菲律宾之间的直接贸易（张铠，2003：112）。1785 年，西班牙国王卡洛斯三世下令成立菲律宾王家公司，鼓励菲律宾开展与亚洲各港口之间的贸易活动。旅菲华人成为联结中菲两国贸易往来的桥梁。18 世纪 30 年代以后西班牙商人在厦门、广州建立了"商馆"，中菲贸易持续至鸦片战争以后。随着西方殖民国家对中国的侵略，中国已沦为半封建半殖民地国家。1898 年发生美西战争，西班牙战败，菲律宾变成了美国的殖民地，中国—菲律宾—西班牙贸易最终解体。中国与西班牙之间的经济与贸易关系进入消沉时期（张铠，2003：118）。

六　新中国成立后的中西关系发展历程

1973 年，中华人民共和国与西班牙王国建交。两国建交 40 年以来，西班牙国王两次访华，中国领导人多次访问西班牙，中国与西班牙的经贸合作与文化交流都取得了长足的进展。进入 21 世纪，西班牙开始扩大在亚洲和太平洋区域的影响。西班牙选取天津作为重点投资区，可望在天津或环渤海港口城市与巴塞罗那、瓦伦西亚和加的斯之间开辟一条新的"亚欧大陆桥"。这条新丝路必将把中国与西班牙紧密联系起来。

历史上，西班牙曾在太平洋区域具有举足轻重的影响，至今西班牙与拉丁美洲太平洋沿岸国家仍保持传统友谊，伊比利亚—美洲一体化正在深化。21 世纪的拉丁美洲国家也开始了民族振兴的伟大征程。当今，中国、西班牙与拉丁美洲国家在反思民族历史的同时，不仅珍惜今天相互之间的友谊，同时更准备携手迎接更加美好的未来。因此，中西携手在互利共赢的基础上开拓拉丁美洲市场的发展战略，既有历史脉络作为拉近三方人民的纽带，又具有现实的需要和可能性（张铠，2003：325）。

综上所述，随着"义新欧"国际货运班列的运行，中国和西班牙的贸易关系进入了新时期，铁路运输和繁荣的海上运输、航空运输一起，开启了丝绸之路新篇章，为实现"中国梦"创造了良好的条件，促进中国和西班牙、拉丁美洲全方位的交流。

参考文献

卜德：《中国物品西入考》（D. Bodde，*China's Gifts to the West*），华盛顿 1971 年版。

布劳代尔：《资本主义和物质生活 1400—1800》（F. Braudel, *Capitalism and Material Life*, 1400—1800），芳达纳 1947 年版。

波斯坦：《剑桥欧洲经济史：中世纪贸易与工业》（Postan, *The Cambrige Economic History of Europe*：*Trade and Industry in the Middle Ages*）第 2 卷、第 6 卷，剑桥 1952 年版。

克拉克，巴兹尔：《中国科学与西方》（Basil Clark，*Chinese and the West*），英国 1980 年版。

[英] 李约瑟：《中国科学技术史》第 4 卷第 2 册，剑桥 1986 年版。

坦普尔、罗伯特·K. G.：《中国：发明与发现的国家》（Robert K. G. Temple，*China*：*Land of Discovery and Innovation*），英国 1986 年版。

刘雅虹：《西班牙社会与文化》，北京大学出版社 2014 年版。

刘易斯、伯纳德：《伊斯兰：从穆罕默德先知到君士坦丁堡陷落》（Bernard Lewis，*Islam from the Prophet Muhammond to the Capture of Constantinople*），英国 1976 年版。

罗斯托夫采夫：《罗马帝国社会经济史》，商务印书馆 1985 年版。

诺斯与托马斯：《西方世界的诞生》（D. C. North y R. P. Thomas，*El Nacimiento del Mundo Occidental*），马德里 1980 年版。

斯塔夫里阿诺斯:《全球通史》,北京大学出版社 2012 年版。

沈福伟:《元代爱薛事迹新论》,载《中外关系史论丛》第 2 期,世界知识出版社 1986 年版。

维尔奈特、胡安:《东西方之间的西班牙阿拉伯文化》(Juan Vernet, *La Cultuta Hispanoarabe en Oriente y Occidente*),西班牙 1978 年版。

希提:《阿拉伯简史》(Philip D. Hitti, *The Arabs—A Short History*),商务印书馆 1973 年版。

杨怀中、余振贵主编:《伊斯兰与中国文化》,宁夏人民出版社 1996 年版,第 165—179 页。

张铠:《中国与西班牙关系史》,大象出版社 2003 年版。

（刘雅虹，西安外国语大学基础教学部）

从哈萨克斯坦语言政策看其
语言环境之发展趋势[*]

李喜长

摘要：哈萨克斯坦共和国独立以来的语言政策几经调整，导致语言环境的发展变化。哈萨克斯坦语言环境的发展趋势受国家语言政策的影响，同时也制约着国家语言政策的制定。近年来，哈萨克斯坦的语言环境显示出政治化、双语化以及哈萨克语和俄语之间彼此消长互动等特点。

关键词：哈萨克斯坦语言政策；语言环境；俄语；哈萨克语

哈萨克斯坦共和国于 1991 年独立，是中亚最大的国家，国名来自其主体民族哈萨克族。目前，全国人口 1600 多万，由 131 个民族构成，其中哈萨克族、俄罗斯族、乌克兰族、乌兹别克族、日耳曼族和鞑靼族占总人口数量的比例最大（Агентство Республики Казахстан по статистике，2013），多民族、多语言、多信仰等因素共存是该国家的一大特征。

为了消除民族隔阂，达成民族间的信任与理解，真正建立和谐统一的哈萨克斯坦共和国，哈萨克斯坦政府做出了巨大的努力，对国家语言政策的高度重视就是其重要举措之一。

一 哈萨克斯坦语言政策的演变

长期以来，哈萨克斯坦隶属俄罗斯帝国，随后又受制于苏维埃社会主义联盟，俄语被作为基本语言和国语使用。20 世纪 80 年代中期以前曾出现过几次间断性的（1939 年、1957 年、1969 年、1983 年）取缔哈萨克

* 本课题属于西安外国语大学 2015 年度科研基金资助项目，项目编号：15XWB16。

语的举动，因此，俄语和哈萨克语的地位问题也就成为哈萨克斯坦共和国的争议热点，语言政策也随之不断变化。

1989年9月22日，哈萨克斯坦颁布了《哈萨克苏维埃社会主义共和国语言法》，文件中对语言做了如下界定："语言是一个民族最伟大的财富和不可分割的特征，民族文化的繁荣和作为历史上形成的稳定的人们共同体的民族本身的前途与语言的发展及其社会功能的扩展具有必然的联系。"同时出现了"国语"之概念，哈萨克语获得了国语地位，俄语被定性为法律承认的"族际间交际语"（Закон Казахской Советской Социалистической Республики от 22 сентября 1989 года.）。随后，1995年通过的哈萨克斯坦共和国宪法修改案中确定俄语与哈萨克语在国家机构和地方自主管理机关正式同等使用。1997年宪法委员会决议做了进一步明确说明，规定不论何种情况，在国家机构和地方自主管理机关，哈萨克语和俄语同等使用，同时规定了必须掌握国语的职业、专业及职位清单。1997年7月11日，通过了《哈萨克斯坦共和国语言法》（Закон Республики Казахстан от 11 июля 1997 года.），其中提出"掌握国语是哈萨克斯坦共和国每一个公民的义务，是哈萨克斯坦各民族团结的最重要因素"。2001年审议确立了《2001—2010年语言作用与发展国家规划》（«Государственная программа функционирования и развития языков на 2001—2010 годы», пункт 5.1.1.），指出，"2010年前国家机关必须逐步将公文来往、会计统计、财务和技术文件处理转为国语，并遵照宪法第二款第七条完成"（«Государственная программа функционирования и развития языков на 2001—2010 годы», пункт 5.1.1.）。2004年，哈萨克斯坦农业部按照自己所发的2004年7月5日命令（№348）完全采用国语哈萨克语办公。2005年9月12日，在第二届国家论坛上，总统努尔苏丹·纳扎尔巴耶夫（Н.А.Назарбаев，2005）声明："我们应该共同维护哈萨克斯坦所有民族的语言、文化和传统。任何人都无权限制使用本族语及文化。"（Выступление Президента Республики Казахстан Н. Назарбаева на втором Гражданском форуме — akorda. kz. , 2005）2007年8月20日，在哈萨克斯坦人民大会第十三次会议上，Назарбаев强调："为了团结所有哈萨克斯坦人，我们必须不遗余力地发展哈萨克语，同时为生活在哈萨克斯坦的所有民族自由地使用本族语、学习本族语、发展本族语创造良好的条件。"（Выступление Президента Республики Казахстан Н. А.

Назарбаева на XIII сессии Ассамблеи народа Казахстана，2007）2007 年，在国家层面上通过了"三语一体"文化方案——哈萨克语、俄语和英语共用（«Культурный проект "Триединство языков"».2007г.）。2007 年，宪法委员会再一次在决议中肯定了国语的统治地位，同时也承认国家机关中使用俄语交流的权利。

语言政策折射出的往往是政治环境的变化。哈萨克斯坦语言学家、科学院院士、哈萨克斯坦俄语与俄罗斯文学协会会长 Э. Д. 苏列依梅诺娃（Э. Д. Сулейменова，2011）在《语言环境与语言规划》一书中指出："语言政策是（一个国家）民族、社会和文化政策的组成部分，是国家调整与社会语言关系相关的活动范畴。语言政策也指发展社会语言关系的战略方针，该方针通常在宪法和国家专门法规中得到强化。与其他政策一样，语言政策的中心内容是权利问题及权利的获得、构建和应用。"（张宏莉、赵荣，2006）哈萨克斯坦不断调整的语言政策，显示的正是这种"权利"之争。对今日哈萨克斯坦而言，将哈萨克语作为唯一的国语是为了体现占总人口 60% 以上的哈萨克族的主体民族特征，目的是通过复兴哈萨克语和扩大哈萨克语的使用范围来增进哈萨克人的民族认同感，具有明显的民族与国家象征意义；法律上承认俄语与国语哈萨克语同等使用，表明了哈萨克斯坦与俄罗斯难以割断的历史与文化联系；法律上承认和保护其他民族语言的地位则是为了顾及其他民族的感情；而将英语作为教学语言的推广普及，更是该国家加快国际化进程的一项举措。

语言政策也是民族政策的反应。Назарбаев 总统指出："我们这里的俄罗斯人、乌克兰人、日耳曼人、犹太人，总之，不论什么人，都没有任何过错。他们的先辈大多是在沙俄时期被命运驱赶到这里，或者是在屯垦运动中响应苏共中央的号召来到这里。世界上没有殖民的人民，只有殖民的政策。无论何时，哈萨克斯坦都是一个多民族的国家，不允许任何人在任何时候进行民族清洗。我们多民族的国家是一个极其文明的、政治的、经济的整体。一个简单的任务摆在我们面前：我们每一个人都必须感悟到公民的共同性。"（2000 年）提高哈萨克语的地位，正是对"殖民的政策"的化解，是对"共同命运造就的人民国家"这一概念的强化。

二 哈萨克斯坦语言环境的发展趋势

在国家政策的调控下，哈萨克语的国语地位得到了大家的认可和接受，但真正实施起来却问题多多。首先，过去多年来哈萨克语的主体地位被俄语所取代，哈萨克语最多只作为交际语使用。实际上，有不少的哈萨克族人也不会讲哈萨克语。其次，在俄罗斯文化的长期影响下，哈萨克语本身不断被俄语化。此外，对俄语、哈萨克语与英语三者之间的关系如何协调也存在较大分歧。比如，将俄语与国语哈萨克语同等使用，有人担心哈萨克族情感上难以接受；完全用哈萨克语代替俄语，又有人害怕割断了长期以来所形成的与俄罗斯的历史、文化联系；哈萨克语、俄语与英语三语共存，人们恐惧的是国语哈萨克语将会逐渐消亡，被俄语和英语取而代之。所以，哈萨克斯坦语言发展的最终走向，至今难以预测。总体来说，目前哈萨克斯坦语言环境十分复杂，总体上呈现出如下一些趋势。

1. 语言环境的政治化色彩

近年来，随着哈萨克语的发展和俄语地位的改变，哈萨克斯坦的语言问题讨论附有浓重的政治色彩，成为争权夺利的一个重要工具。其语言问题政治化主要体现在以下方面。

其一，民族组织的群众性公开活动。哈萨克斯坦很多民族组织代表自己的民族表达对国家语言政策的看法。2009 年 9 月 20 日，在阿拉木图共和国宫所举行的"在哈萨克斯坦社会中积极发展和使用哈萨克语"拥护者论坛表达了哈萨克斯坦知识分子对国家语言政策和民族政策的强烈不满。本次论坛最终形成通过了十条向总统纳扎尔巴耶夫的呼吁书，要求采取新的国家语言法，反对"哈萨克斯坦民族"术语，谴责三语观念（Интернет-газета. Казахстан，2009）。俄罗斯民族组织同样经常性举行各种各样的关于俄语地位问题的国际会议和其他群众性公开活动。其中最为活跃的是"КАУРШ"（俄语学校教师哈萨克斯坦协会）、"Лад"（和谐）国家斯拉夫运动等哈萨克斯坦俄罗斯团体。

其二，媒体和舆论界的反响。语言问题政治化在媒体方面引发的反响可谓铺天盖地。很显然，这是因为其成本低、见效快。最引人注目的是对哈萨克斯坦文化部颁布的《关于对哈萨克斯坦共和国国家语言政策某些条款的更改和补充方案》（Kazakhstan Today информационное агентство，

2010）以及"138 位哈萨克知识分子关于要求取消俄语宪法地位的公开信"的正反两方的激烈博弈。

其三，政府在语言领域所出台的非正式计划和方案。政府不时人为地激化语言问题，或者是采取一些手段来激化矛盾。比如 2009 年 4 月政府试图将自己的会议转为纯哈萨克语形式举办，但是在受到来自媒体以及政府各界代表的强烈反对后不了了之。最具有代表性的是 2011 年所发生的匿名人士在网络上公开了哈萨克斯坦文化部《关于对哈萨克斯坦共和国国家语言政策某些条款的更改和补充方案》（Досье ITS на проект Закона Республики Казахстан，2011）。依照该法律方案，所有地方的公文处理都应该绝对哈萨克语化。

其四，哈萨克斯坦各党派借助语言问题扩大影响。近几年，各个党派在语言问题上都有各自的动作和动机。如 2011 年底到 2012 年初议会选举前和选举时，各党派对语言问题进行了广泛炒作。需要指出的是，在哈萨克斯坦已经形成了政治党派与哈萨克民族组织关于语言问题的紧密合作态势。这一方面最为明显的例子是马日利斯选举后"AK жол"（哈萨克斯坦民主党）与社会运动组织"Ұлт тағдыры"（民族命运）和"Ұлы дала"（辽阔草原）的合作，他们不仅在发展哈萨克语问题上，而且在哈萨克斯坦民族政策方面合作越来越紧密（Kazakhstan Today информационное агентство，2011）。由此可以看出，语言问题成为各党派争取民意、扩充实力的政治手段之一。

2. 哈萨克语使用范围的扩大

哈萨克语使用范围不断扩大的态势在教育领域的表现最为突出。2000 年，哈萨克语学前机构只有 1158 所，2010 年已经达到 2572 所；1999—2000 年，使用哈萨克语学习的中学生数量占全部中学生的 50.6%，2009 年已经占全部中学生的 60.6%；2000 年只有 32% 的大学生用哈萨克语学习，2011 年已达到 54.4%（Источник：Сайт журнала «Эксперт-Казахстан»，2011）。

利用信息传播空间推广哈萨克语的计划也在积极实施。如"哈萨克斯坦"电视台 2011 年已转为全哈萨克语转播。同时，国家还计划再开设两个全哈萨克语转播的社会文化与历史爱国主义方面的频道。按照法律规定，国家计划 2012 年 1 月 1 日起所有电影院播放电影全部转为用哈萨克语配音（Информационный портал ZAKON. KZ，2012）。

需要指出的是，除国家努力推广哈萨克语以外，还有一些自然因素也促进了哈萨克语的传播，比如，个人动机、跨族婚姻，等等。2011 年 11 月，哈萨克斯坦政治决策研究院对哈萨克斯坦青年做了关于语言问题的调查研究。结果发现，调查者中愿意学哈萨克语和关注此问题的年轻人占 92.3%。"动机"一项中，70.5% 的被调查者喜欢哈萨克语，只有 2.8% 的年轻人认为哈萨克语对自己的未来毫无用处。

事实上，迄今为止，完全讲哈萨克语的人在数量上依然比不上说俄语的人。这种现状也许在不久的将来会得到改变。

3. 俄语使用范围的逐渐缩小

虽说俄语在哈萨克斯坦社会依然属于职能性语言，但其使用范围正在逐渐缩小。2000 年全哈萨克斯坦俄语幼儿园有 150 万小孩，2010 年只有 5 万多，同期的中学生人数则从 150 万降至 90 万。2000 年，用俄语学习的大学生人数是 18 万多，占总数的 68%，而 2010 年，虽说用俄语学习的大学生人数增加到 32 万多，但只占总数的 50.7%（Агентство Республики Казахстан по статистике，2011）。这一切不仅体现在缩减俄语学校的数量上，而且体现在减少俄语与俄罗斯文学课授课课时上。正如普希金俄语学院的语言学家所预测的那样，如果俄罗斯不抓紧采取措施，那么再过五到八年将会有 40% 的哈萨克年轻人不懂俄语。

这种现状不能不引起哈萨克斯坦境内俄语社会组织的关注和担忧，这些我们可以从他们的讲话和出版物中看出，这也正是俄罗斯族代表质疑哈萨克斯坦语言法中挤压俄语空间的条款的原因。

4. 哈萨克斯坦社会的双语发展趋势

近年来，哈萨克斯坦社会极力推行双语实践计划。也就是主体语言用哈萨克语，同时使用非主体民族的语言。大量研究结果表明，近几年哈萨克斯坦双语人数在迅速增加。"欧亚观察"国际研究机构在 2004—2010 年期间对苏联解体后国家公民情绪反应做了持续观察。语言方面的观察结果显示，双语人数在哈萨克斯坦逐年急剧上升。例如，2005 年 51% 的人在家同时使用母语和俄语，而 2010 年这一数据已经上升到 63%，年轻人（18—24 岁）中数据更是从 42% 上升到了 61%（Источник：Сайт журнала «Эксперт-Казахстан»，2011）。主要原因有四点。一是跨族婚姻增加。据哈萨克斯坦共和国统计机构资料显示，1999 年跨族婚姻数据为 18402 对，而 2010 年已经达到了 25669 对（Агентство Республики

Казахстан по статистике，Астана，2011），其中哈萨克族与俄罗斯族的结合占大多数。这也导致了哈萨克斯坦双语学前机的构逐渐增多。二是国家在计划制订方面不同程度地促进了双语人数的增加，如《关于2011—2020年强化与发展语言的国家计划》等。国家不仅在政策层面上大力提倡双语思想、努力支持双语发展，而且政府要员也反复宣扬双语的好处。三是一些社会组织的声援也对双语政策的开展起到了推波助澜的作用。比如，"АК жол"（哈萨克斯坦民主党）2011年9月发表的《关于必须在哈萨克斯坦大力建设掌握国语和俄语的双语团体》的声明，其中强调："不能将掌握国语和发展国语'搁置'为第二要务，而应该将其摆在国家建设的首位。"（Источник：Сайт журнала «Эксперт-Казахстан»，2011）另外，哈萨克斯坦国家的跨民族政策的特殊性也对双语的发展起到了极大的促进作用，比如其中的关于民族统一理论和多元文化战略等。

结语

通过以上分析可以看出，哈萨克斯坦语言环境的发展趋势受国家语言政策的影响，同时也制约着国家语言政策的制定，而这一切都取决于国际形势和国内政治格局的变化、哈萨克斯坦人的民族情感以及哈萨克斯坦与俄罗斯联邦之间的关系等。在诸多因素的共同作用下，政府在制定语言政策时左右为难、举棋不定，从而导致语言环境的扑朔迷离。但是，无论如何，大力推广哈萨克语，承认其国语地位，这已经是一个不争的事实，也成为该国家语言政策的宗旨。同时，作为一个努力实现国际化目标的国家，应该对英语、汉语等外来语种的强大冲击有足够的心理准备。如何在保持本国本民族文化特色的基础上合理吸收其他民族和国家的语言和文化，将是哈萨克斯坦各民族未来所要共同面对的难题。

参考文献

Агентство Республики Казахстан по статистике，Астана，2013.

Закон Казахской Советской Социалистической Республики от 22 сентября 1989 года. О языках в Казахской ССР.

О языках в Республике Казахстан—Закон Республики Казахстан от 11 июля 1997 года N 151.

«Государственная программа функционирования и развития языков на2001—2010 годы», пункт 5. 1. 1.

Выступление Президента Республики Казахстан Н. Назарбаева на втором Гражданском форуме — akorda. kz.

Выступление Президента Республики Казахстан Н. А. Назарбаева на XIII сессии Ассамблеи народа Казахстана.

«Культурный проект „ Триединство языков “». 2007г.

Межэтническая ситуация в Казахстане: динамика и тенденции / Общество / Интернет-газета. Казахстан.

Kazakhstan Today информационное агентство.

Досье ITS на проект Закона Республики Казахстан « О внесении изменений и дополнений в некоторые законодательные акты Республики Казахстан по вопросам государственной языковой политики» (август 2011 года).

Kazakhstan Today информационное агентство.

Источник: Сайт журнала «Эксперт-Казахстан».

В 2012 году население Казахстана сможет выбрать не только президента, но и язык в кинотеатре | Информационный портал ZAKON. KZ.

Агентство Республики Казахстан по статистике, Астана, 2011г.

Источник: *Сайт журнала «Эксперт-Казахстан»*.

张宏莉、赵荣:《哈萨克斯坦的语言政策》,《世界民族》2006 年第 3 期。

　　[哈] 努·纳扎尔巴耶夫:《前进中的哈萨克斯坦》, 阿拉木图: 哈萨克斯坦民族出版社 2000 年版。

（李喜长, 西安外国语大学俄语学院）

乌兹别克斯坦共和国汉语教学中的问题

纳扎罗娃·赛耶娃　卡里莫夫·阿克罗姆·艾比列维奇

文章针对在塔什干国立学院汉语教学及科学教学思想发展中的简要历史问题。

众所周知，如今中国是乌兹别克斯坦共和国的重要战略伙伴，双方的外交关系进入了新的发展阶段。中华人民共和国主席习近平提出重建伟大丝绸之路的倡导，旨在在欧亚地区发展并巩固政治经济、基础设施、外交及文化教育方面的联系。为了庆祝乌兹别克斯坦首任总统伊斯兰·阿卜杜加尼耶维奇·卡里莫夫2014年8月对中华人民共和国进行的正式访问，首次在乌兹别克斯坦创建汉学系作为东方学院的组成部分（2014年9月3日乌兹别克斯坦共和国总统咨文第2228号）。此外，当前隶属于塔什干国立东方学院甚至是以撒马尔罕国立外语学院为基础的孔子学院也正在开展自己的工作。现阶段在汉语领域的上述革新，在我们看来，需要在现代专业教育计划的基础上培养具有高专业水平的汉学家。这就迫切地需要制定严谨的质量、效益及教育过程效率标准的体系，该系统也构成了教师职业化客观评价及使用教学方法和手段的基础。学习汉语的目的在于发展口语和书面形式的交流，由此得出结论，词汇在外语教学中的角色和地位，包括从语义准确度方面和同义词丰富程度方面掌握外语词汇（汉语十分有特色），对其使用的等值性和合适性是实现这一目标的必要前提。我们认为，制定创新技术方法的目的是让乌兹别克斯坦的大学生在学习汉语的过程中形成词汇专长，即加强他们的实践方向，提高对语言文化发展的关注度，追求口语和书面形式能力的完善。

乌兹别克斯坦总统伊斯兰·卡里莫夫表明，社会发展中最主要的、需要优先考虑的任务之一是："我们应该设立一个目标——创造同时全面和谐发展的人，创造拥有最先进精神知识的人，充分满足21世纪人们生活和工作的需要。"①

从这一论题来看，很明显，在当今社会信息化不断加速的条件下，在全球化进程中积极积累和使用信息资源的背景下，掌握最普及语言的乌兹别克斯坦公民，对学习其他外语的需求在不断增加。相应地，未来，为了让乌兹别克斯坦的年轻人在外语教学及汉语学习过程中掌握外语词汇，完善教育技术的迫切需求也变得合情合理。

为了实现以上目标，我们认为，必须在塔什干国立东方学院进行汉语教学经验测评。

在乌兹别克斯坦，已经有多年的汉语教学经验。米·哈·马赫穆德霍加耶夫副教授和巴·阿赫麦朵夫院长在《远东问题》② 中分析道，乌兹别克斯坦研究汉语的时间很短。由于该文章写于 20 世纪 80 年代初期，因此现在这个问题值得单独研究补充。在本文中，我们将分析汉语教学的发展阶段，并且对教学法问题著作进行分析。

乌兹别克斯坦普通教育学校和高等学院的汉语教学工作始于 20 世纪 40 年代。遗憾的是，并非所有的研究及教学法规都延续到了现在。所幸，一些工作细节和文摘在见证者帮助下可以恢复。在此，要特别提到 50—80 年代长期在乌兹别克斯坦普通教育学校进行汉语教学事业的中国人——张一凯先生。也应特别指出为我国高等学府汉语教学事业做出一定贡献的教师们：М. И. 马罗扎多夫，奥·阿·瓦季，Г. Ч. 穆尔达库洛娃，尼·叶·霍哈罗夫，莎·希托亚多娃等。

自 20 世纪 70—80 年代起，乌兹别克斯坦的汉语教学得到了国际认可。与此同时，塔什干的中国语言学教研室开始有一批著名的学者和教授前来授课，如来自莫斯科的纳·夫·索尔妮茨耶娃教授和列·耶·切尔卡斯基教授，来自中国的蔡毅教授、施熙瑶教授和王冰副教授。正是他们在中国发表了关于乌兹别克斯坦汉语教学事业成果的文章③。

在这一领域，专业和科学方法的出现在 2002 年塔什干国立东方学院

① 乌兹别克斯坦总统卡里莫夫在 2009 年针对国家社会经济发展总结的内阁会议上及 2010 年优先发展经济计划报告中指出《我们的主要任务——国家的长远发展及提高人民福利》，2009 年。

② 米·哈·马赫穆德霍加耶夫、巴·阿赫麦朵夫：《在乌兹别克斯坦研究中国》，《远东问题》，1987 年。

③ 施熙瑶：《塔什干国立大学的汉语教学》，《汉语教学》1987 年第 1 期。

中国语言学教研室的老师们发表的一系列文章中①。类似于这样的文章，如《乌兹别克斯坦课堂汉语教学中对比法的作用》《学习汉语音调系统中若干教学法建议》等②，事实上是向汉语教学中教学问题专业道路迈进的第一步。

毫无疑问，2004 年由阿·阿·卡里莫夫副教授组织，在乌兹别克斯坦举行的一年一度的实践学术会议"汉学的迫切问题"，是教学法研究中的重要阶段。会议上讨论了一系列汉学问题和汉语教学中教学法的相关问题。2006 年乌兹别克学校汉学权威专家米·哈·马赫穆德霍加耶夫副教授参加了该会议，并发表了题为"对汉语教师的要求"的报告③。实际上，我们希望这些要求也能适用于其他语言的教师们。2007 年，丽·苏尔塔诺娃作了题为"汉语教学中进行书面工作的若干方法"的报告④。报告中指出四种解决听课人发展非均衡的方法，即听、说、读、写。

汉语专家教学过程中积极使用教学方法以及参加一年一度的会议进一步促进了教学水平和教学方法的发展。2008 年，王芳女士作了针对外国人的汉语教学特殊方法的报告⑤。姜西平老师发表了关于汉语语音教学中的特点及难点报告⑥。2010 年博士生李亚美基于学生数量增长的现状，发表了关于针对外国学生的汉语成语教学方法⑦。在她之后，刘霞提出了汉

---

① 阿·阿·卡里莫夫：《汉语教学过程中使用比较法对学生的重要性》，《现代教育技术的方法专家交流报告》会议摘要，2002 年。

② 阿·阿·卡里莫夫：《教学中的一些准则》，"国家培训大纲的要求，外语水平问题"。实用的会议 10 月 25 日至 26 日。T.，2005。阿·阿·卡里莫夫：《启动学校教育和青年的语言文学的教学方法问题》，实用的会议材料。2009 年 12 月 16 日。T.，2009 年。

③ 米·哈·马赫穆德霍加耶夫：《汉语教学中对老师的要求》//科学实践会议材料《汉学的迫切问题》，塔什克国立东方学院，2006 年 12 月 4 日。

④ 丽·苏尔塔诺娃：《汉语教学中进行书面工作的若干方法》，《汉学的迫切问题》，科学实践会议材料，塔什克国立东方学院，2007 年 9 月 5 日。

⑤ 王芳：《谈对外汉语词汇教学中词汇的文化背景内涵》，《汉学的迫切问题》2008 年 12 月 27 日，塔什克国立东方学院，2009 年。

⑥ 姜西平：《汉语语言教学难点，重点及策略》，《汉学的迫切问题》2008 年 12 月 27 日，塔什克国立东方学院，2009 年。

⑦ 李亚美：《针对外国学生的汉语成语教学方法》，《汉学的迫切问题》2010 年，塔什克国立东方学院，2010 年。

学学生常见错误分析的报告①。

技术改进可能不会体现在教育上，因此，2011 年 C. 哈希莫娃作了一篇《汉语语法的信息技术和理论》的报告②。2012 年，C. 娜扎洛娃的报告表明，学习汉字也需要一定的方法③。

互动交流的方法总能产生一些好的结果，因此，阿·卡里莫夫在 2013 年的报告中指出：在汉语研究中使用疑难教学法的建议引起了教师们的极大兴趣④。C. 哈希莫娃关于外语教学组织过程中的报告——《教育内容现代化形势下外语教学组织的新途径》，同样引起了教师们的兴趣⑤。

除了学会提供的新材料之外，更重要的是掌握和巩固。这一方法阿·卡里莫夫⑥和 Ж. 济亚穆哈梅托夫在报告中都曾涉及（2014）⑦。

《汉语教学法》在东方学院汉语教师培养中发挥着极大的作用。Г. Ч. 穆尔达库洛娃、尼·叶·霍哈罗夫、M. 卡文巴耶夫、Ж. 济亚穆哈梅托夫在不同时间都读过该教程。Ж. 济亚穆哈梅托夫在总结同行以前经验的基础上，于 2013 年编写出版了《汉语教学基本方法》⑧。

一篇简单的针对汉语教学方法问题的著作都明确地指出，在乌兹别克斯坦共和国，汉语教学法是如何按逻辑、连续并分阶段、有步骤地发展。不应该忽视深入于世界发达国家中的新思潮和技术，不过，由于在上述著作中没有针对乌兹别克斯坦汉语学者外语词汇能力培养的专业著作，因此提高了该问题研究的现实性。

---

① 刘霞：《汉学学生常见错误分析的报告》，《汉学的迫切问题》，2010 年 9 月 30 日，塔什克国立东方学院，2010 年。

② C. 哈希莫娃：《汉语语法的信息技术和理论》，《汉学的迫切问题》2011 年 10 月 25 日，塔什克国立东方学院，2011 年。

③ C. 娜扎洛娃：《象形文字学习初期的方法》，《汉学的迫切问题》2012 年 10 月 29 日，塔什克国立东方学院，2012 年。

④ 阿·卡里莫夫：《在汉语研究中使用疑难教学法》，《汉学的迫切问题》2013 年 11 月 6 日，塔什克国立东方学院，2013 年。

⑤ 同上。

⑥ 阿·卡里莫夫：《汉语语音和象形文字教学及巩固的特殊教育法》，《汉学的迫切问题》2013 年 11 月 6 日，塔什克国立东方学院，2013 年。

⑦ Ж. 济亚穆哈梅托夫：《汉学的迫切问题》2014 年 11 月 12 日，塔什克国立东方学院，2014 年。

⑧ Ж·济亚穆哈梅托夫：《中国语文教学方法和原则》，塔什克国立东方学院，2013 年。

从中亚地区俄语影响力看汉语教学发展

徐　莉

摘要： 自苏联解体以来，俄语作为世界级语言在中亚有着根深蒂固的影响，俄语是数百个民族间的主要交流语言。因俄语影响力在中亚的不同领域、不同国家呈现出不平衡性，所以它正在逐渐演化为族际交流的多极化语言之一。俄语影响力的特点探究对汉语教学在当地的推广与发展具有一定的借鉴作用。

关键词： 俄语；中亚；汉语；一带一路；语言多极化

一　引言

中亚五国地处欧亚大陆腹地，不仅是丝路古道的必经之地，也是21世纪"丝绸之路经济带"发展的前沿。自1991年以来，中亚五国纷纷宣布脱离苏联而独立，而2016年恰逢中亚五国独立25周年。25年的历程当中，哈萨克斯坦、乌兹别克斯坦、土库曼斯坦、塔吉克斯坦、吉尔吉斯斯坦从脱胎的阵痛到民族精神独立经历了不同的困惑和挑战。其中，摆脱俄语及俄罗斯文化的影响是其中的挑战之一。

（一）俄语影响力的不均衡性体现

苏联解体之前，中亚五国的族际语言是俄语。解体之后，俄语的法律地位发生变化。吉尔吉斯斯坦和哈萨克斯坦提升了俄语的地位，俄语被确立为官方语言。土库曼斯坦、塔吉克斯坦、乌兹别克斯坦的俄语正在逐步走向边缘化。但由于历史原因，俄语还是根深蒂固地存在于族际交往中。虽然俄罗斯语言在中亚的影响力延伸至中亚各个国家，但因受当地地缘政治、经济依赖性以及民族文化等因素制约，不同领域、不同国家的俄语影响力呈现出不均衡性。

1. 领域不平衡性

（1）官方语言排挤俄语。官方语言是指一个国家通用或认定的正式语言。它是为适应管理国家事务的需要，在国家机关、正式文件、法律裁决及国际交往等官方场合中规定一种或几种语言为有效语言的现象。官方语言也是一个国家的公民与其政府机关通讯时使用的语言。哈萨克斯坦与吉尔吉斯斯坦的官方语言均为双语制：主体民族语和俄语。而其他三国则规定官方语言是其主体民族语。

受苏联时期影响，当前中亚政府首脑用俄语与独联体各国领导交流无障碍，而新一代领导人受到民族语言普及的影响，正在逐渐发出自己民族语言的最强音。从两国制定的一系列政策可以看出，中亚国家民族独立意识和国际社会民族语言的地位提升意识空前提高。但因国际小语种人才的匮乏，他们在选择外交语言时，不得不选用俄语或英语交流。

（2）教学领域回暖。俄语是哈萨克斯坦和吉尔吉斯斯坦高校的必修课程。刚解体时，土、塔、乌兹别克斯坦三国的俄语教学受到重创。但近几年，随着俄罗斯普希金语言学校的开设，俄罗斯《俄语世界》的俄语中心在哈、吉两国的建立，俄罗斯高校分支机构的设立以及俄罗斯地位的提升，俄语在中亚高校教学状况逐渐转好。

（3）日常生活领域和科技领域俄语存在感最强。首先，从民众日常接触的大众传媒看，截至2010年的数据显示"该地区5500万人口中的大多数仍青睐于看俄罗斯电视节目，读俄罗斯报纸，上俄罗斯网站"（张宏利等，2010）。俄罗斯节目的影响力远远超过政府的估计，普通民众经常自己安装卫星接收系统收看俄语节目。在家庭生活交友、工作或学习场所都能感受到俄语不同程度的影响力，越是懂俄语的人，其交友圈越大，使用俄语的频率也越高。其次，俄语版是中亚国家的官方网站的语言版本之一；俄语网络资源丰富程度也远远超过哈、乌、土、塔、吉语的相关网络信息。俄语的人文功能和职业功能也随之体现，人们不仅需要阅读俄语的文学作品，在科技和专业领域，俄语也是走在世界的前列。

2. 俄语影响力在中亚各个国家的不平衡性

我们通过以下参数对中亚五国俄语影响力进行评估。评估参数包括：① 官方语言：+1；②族际交流语言：+1；③青年俄语普及率相对较高：+1；④中小学教育的语言之一：+1；大学教育并行语言：+1；⑤ 当前政府采取保护俄语的举措：+2；（或小范围认可：+1）；⑥城市普及：+1；

⑦农村普及：+1；⑧俄联邦俄语中心：+1。最高分为 10 分。

（1）哈萨克斯坦

哈萨克斯坦宪法确定了俄语的地位，哈语与俄语并行为哈国的官方语言。在该国，俄语地位不是因为某种政治压力，而是因为俄语自身的优势和社会需求。这种优势和社会需求符合哈萨克斯坦国家发展的利益和眼光。

全世界说俄语的人有 2 亿，而说哈语的仅数万人。俄语本身在哈萨克斯坦是无法替代的，也是族际交流工具。俄语的优势体现在其文学作品及文化在全人类所占的比重，它有资格成为世界语言之一。目前，哈萨克斯坦北方（首都位于北方）比南方使用俄语更加广泛，受此影响，哈年轻人可以在俄罗斯继续接受教育。

2009 年，独联体国家研究所对中亚四国（含哈萨克斯坦）进行《中亚俄语现象·社会肖像》社会调查发现，中亚说俄语的居民都认为自己是俄罗斯人，其实他们中除了有俄罗斯人，既有俄罗斯其他民族，也有土生土长的中亚人，俄语是他们的母语或者第二语言。调研对象属于哈国中产阶级，接受过良好的教育。他们的下一代也说俄语，自认为比较有优越感。

哈萨克斯坦有 100 多种语言，但在高等学府只使用哈语和俄语教学。2006 年 4 月 5 日哈国总统在俄联邦议会上发言并指出哈萨克斯坦几乎没有人不会说俄语的。正如哈国人常说的，俄语与哈语就如同阿拉套山与大陆性气候一样，缺一不可。

根据该国参数：①官方语言：+1；②族际交流语言：+1；③青年俄语普及率相对较高：+1；④中小学教育的语言之一：+1；大学教育并行语言：+1；⑤当前政府采取保护俄语的举措：+2；⑥城市普及：+1；⑦农村普及：+1；⑧俄联邦俄语中心：+1。

哈萨克斯坦俄语评估数值总记得分为 10 分，俄语在哈国具有普及性与优越性。

（2）乌兹别克斯坦

乌兹别克斯坦 1989 年、1995 年和 2004 年的法律规定显示，俄语受一定程度的排挤，从族际语言、到只字未提、到目前的外语地位。首都塔什干街坊居民视说俄语的人为外国人。如果在大城市还部分保留着俄语的口语形式，那么在农村则无人会说俄语。

这里出现两种俄语怪圈。

怪圈一。你不懂俄语，大学毕不了业，可是乌兹别克斯坦中小学俄语教育非常弱。

乌兹别克斯坦高校教师与从偏远地区来的学生沟通十分困难，俄语无法成为他们的共同语言，不得不专门为他们培训俄语，用乌语也交流困难。只有会说地区方言的教师才能和农村学生交流。因乌兹别克斯坦的俄语、乌语教师水平下降，所以18岁以下的年轻人不会说俄语。但是乌兹别克斯坦63所大学，俄语是必修课程，俄语系也是所有人文大学都开设的。

乌兹别克斯坦的俄语教育与哈萨克斯坦情况不同。俄语在乌兹别克斯坦属于外语。在中学5—9年级俄语每周只学3小时，10年级才开始学俄罗斯文学。大部分中学生俄语水平欠佳，对于词汇及成语结构的意义只知其一不知其二，经常需要借助本民族语言去解释俄语。

怪圈中的怪圈。苏联时期乌兹别克语使用西里尔字母，但解体后转换为拉丁字母，乌国语言专家认为这是体系性的错误。年长的人看不懂现代的乌语书籍，而年轻人看不懂以前的乌语文献，于是造成文化断裂，乌国文盲难以消除。当前的现状是使用俄语西里尔字母的老乌语与使用拉丁字母的新乌语并行使用。这不仅造成教学、学术研究的困境，也对翻译的要求非常苛刻，特别是专业领域的翻译。他们不仅需要熟知专业知识，还需熟练掌握专业领域方面先进的文献语言——俄语，以及老乌语与新乌语。网络资料的搜集也为年轻人造成很大的困难，因为俄语网络资源及电子文献远远大于新乌语的资源。实质是乌语中缺乏先进科技领域的术语，只有通过俄语才能学到。

怪圈二。国家法律在不断淡化俄语影响，但民间的需求确日益强大，更何况在参与"丝路经济带"上乌国的中国公司的翻译中，熟练掌握乌语的中国人非常少。而在俄罗斯打工的将近500万乌兹别克斯坦公民由于不懂俄语而遇到不少麻烦。这不得不说在一定程度上，语言阻碍了人文与科技的交流和发展。"2012年11月，乌兹别克斯坦司法部发布命令，重新允许用俄语书写法律文书"（孙壮志，2016：17），这说明乌政府目前不得不承认俄语无法取代的地位。

根据乌国参数：①官方语言：0；②族际交流语言：+1；③青年俄语普及率相对较高：0；④中小学教育的语言之一：0；大学教育并行语

言：+1；⑤当前政府小范围认可：+1；⑥城市普及：+1；⑦农村普及：0；⑧俄联邦俄语中心：0。

乌兹别克斯坦评估得分：4分。俄语在乌国的地位弱化，城乡、阶层差异性大。

(3) 土库曼斯坦

土库曼语是唯一的官方语言。俄语曾于建国初期一度受到官方的排挤，但是俄语属于人民日常生活交流的语言，例如，集市、公共交通设施、学校、幼儿园和街道上、医院里。如果在首都阿什哈巴德，俄罗斯游客应当同当地百姓用英语交流，那样看上去会非常可笑，因为当地人人都会说俄语。除非来自偏远地区的人不讲俄语之外，与他们用英语更是无法沟通。

甚至土库曼斯坦的护照上也印有三种语言：土语、俄语和英语。马路上的商标一般都用土、俄两种语言，除非是发表声明、招聘启事及解职等事项时，需用国语——土语。

虽然大学教育已经普及土语，但是大学生对俄语还是求知若渴，因为重要的文献都是俄语，大部分还未翻译成土语。土库曼斯坦采用多语种外语学习的原则，认为孩子学习俄语、土耳其语、英语都是十分具有发展前途的，未来就业前景也十分看好。

随着国际局势合作的加强，土库曼斯坦政府也改变了排挤俄语的政策。外交部网站2016年提出，2016年是土库曼斯坦"遗产保护年""祖国变革年"。2016年起，中小学学校学生有条件学习三种语言：土语、俄语、英语。高校及中等专业学校可以学到法语、汉语、德语、日语等其他语言。同时，总统别尔德穆哈梅多夫于2016年初在"里海沿岸国家外长会议"上发表声明，支持本国使用俄语和学习俄语的活动。

根据该国参数：①官方语言：0；②族际交流语言：+1；③青年俄语普及率相对较高：+1；④中小学教育的语言之一：+1；大学教学语言之一（非外语）：0；⑤当前政府采取保护俄语的举措：+2；⑥城市普及：+1；⑦农村普及：0；⑧俄联邦俄语中心：0。

土库曼斯坦的评估得分：6分。俄语走出低谷，受到重视。

(4) 塔吉克斯坦

按照宪法规定，俄语是塔吉克斯坦的族际交流的语言。拉赫蒙总统坚决维护俄语的地位，政府也在尽力改善和扩大俄语的教学条件及规模。虽然宪法指出，塔语是唯一的官方语言，但在政府工作中可见到两种语言并行使用的文件。为了发展国际关系、实现文化及精神财富的交流、加快科技进步的步伐、掌握现代化技术，塔吉克斯坦官方承认完善世界级语言（俄语和英语）的教学和研究是合理的。

塔国较为重视俄语教育，但其普及程度与哈萨克斯坦全日制教育还有一定的差距。全国所有学校每周二为俄语日，全校师生必须用俄语交流。目前，塔吉克斯坦近 4000 多所学校均设置俄语课程，有 3100 名大学在校生学习俄语。在塔国，高校副博士及博士论文撰写及答辩均必须使用俄语。在教学领域在塔吉克斯坦与俄罗斯之间的合作日趋加强。双方互办学校俄语师资、学生培训班及与俄语相关的学术会议。两国高校不仅在俄语、也在英语培训方面有所合作。所以塔吉克斯坦的生活中俄语一直存在，并且在青年一代得到传承。

该国参数显示：① 官方语言：0；②族际交流语言：+1；③青年俄语普及率相对较高：+1；④中小学教育的语言之一：1；大学教育并行语言：+1；⑤ 当前政府采取保护俄语的举措：+1；⑥城市普及：+1；⑦农村普及：0；⑧俄联邦俄语中心：+1。

塔吉克斯坦的俄语评估得分：7 分。根据科学技术发展要求，俄语从族际交流语言上升至学位教育。

（5）吉尔吉斯斯坦

吉尔吉斯斯坦宪法规定，俄语与吉语是国家的官方语言。68%吉尔吉斯人在日常生活中使用俄语。20%的吉国人认为俄语是自己的母语。90%的吉尔吉斯人认为，只有让孩子掌握俄语才会有好的工作。当前吉尔吉斯斯坦出现两种声音：反俄语派和亲俄语派。有学者认为，反俄语派为吉语的担忧不是没有道理的；如果长期发展下去，会说吉语的人将会越来越少，语言的消失意味着语言承载的文化也随即消失，随之而来的是一个民族也会面临灭亡。另外一种声音是俄语作为官方语言的地位应该继续保持25—30 年，等到吉语发展到可以在科技、教育等方面与国际接轨，才可以谈吉语作为唯一国家官方语言的地位。但是 2013 年吉国颁布了宪法修改案，要求国家各级机关必须使用吉语。吉国政府对此的解释是，所有政府文件须使用官方语言（吉尔吉斯语）颁布，然后译为国家语言（俄语）。媒体既可以使用官方语言又可以使用国家语言。

根据该国参数：① 官方语言：+1；②族际交流语言：+1；③青年俄语普及率相对较高：+1；④中小学教育的语言之一：+1；大学教育并行

语言：+1；⑤ 当前政府采取保护俄语的举措：+2；⑥城市普及：+1；⑦农村普及：+1；⑧俄联邦俄语中心：+1。

吉尔吉斯斯坦俄语评估得分：10分。俄语强大，危及本民族语。

按照得分，五个国家俄语影响力由强到弱的顺序依次为：哈/吉→塔→土→乌。本文论述的哈、乌、土、塔、吉的顺序是按照经济由强到弱的排列。两种排列不完全重合，说明俄语并非在经济发展中起着决定性的作用。

中亚400万平方公里的土地上共有5个国家，人口将近7000万人（2016年数据）。哈萨克斯坦有120多个民族（17693500人），乌兹别克斯坦有190多个民族（31576400人），土库曼斯坦有100多个民族（5171943人），塔吉克斯坦有80多个民族（8610000人），吉尔吉斯斯坦有100多个民族（6019500人）。多民族多国家需要统一的地缘区域语言进行便利沟通。俄语作为族际语言、通用语还会长期存在。

2016年10月7日纪念独联体成立25周年第四届独联体教师大会上，最受瞩目的问题是双语环境下及三种语言环境下的俄语教学。参会教师来自俄罗斯、亚美尼亚、白俄罗斯、哈萨克斯坦、吉尔吉斯斯坦、塔吉克斯坦、乌兹别克斯坦、土库曼斯坦、摩尔多瓦。这说明被独联体部分国家曾经摒弃的俄语作为世界语言的地位暂时无法撼动，不过其霸主地位正在被削弱。

从影响力看，俄语作为"一带一路"合作发展的高频语言，还将发挥着重要的作用。但汉语作为经济强势语言，其存在于中亚的客观条件已经具备。

二 汉语教学与中亚地区发展的对接

"一带一路"的中国与丝路国家实现的"五通"（政策沟通、设施联通、贸易畅通、资金融通、民心相通）愿景势必将汉语及文化推向中亚各个国家，这是否会对中亚国家的俄语潜力产生影响？其实，这要取决于中亚语言文化圈与中国语言文化圈的交集程度以及后者可被接纳性等因素。从整体看，汉语教学在中亚客观发展趋潜力表现在以下几个方面。

1. 领域潜力

汉语教学主要为中亚各国的经济交流提供便捷，英语或俄语的转换属于双方的非母语（第三方语言）思考，信息容易损失。但因中亚民族有数百个，各个民族语言差异化造成直接学习中亚语言的中方人员稀少。如果用世界级语言——汉语直接对话，既可以避免第三方语言造成的误解，也帮助缓解中亚小语种培养供需的不平衡。最急需的领域应属于经济圈及日常生活圈。汉语教学也意味着需要优先讲授日常、经济词汇及相关主题情境训练。

2. 国家潜力

俄语影响力数值说明各国对外来文化的包容度差异较大，第一梯队的吉尔吉斯斯坦、哈萨克斯坦愿意学习汉语的人数比例会相对突出。第二梯队的塔吉克斯坦、土库曼斯坦、乌兹别克斯坦接受汉语的热情会逐渐提高。所以，可以在优先需要的国家开展汉语教学。

3. 低龄化潜力

汉语作为部分国家的外语教学，我们看到了低龄化趋势。只有从中小学时开始学习汉语，才能真正成为一名语言与文化交流的使者。中亚各国的俄语中小学教学经验告诉我们，外语必须从娃娃抓起。而中亚各国，特别是土库曼斯坦出台的多语种政策，为汉语教学提供了发展空间。

4. 民族潜力

除了中亚国家第一梯队的主体民族哈、吉之外，与中国血脉相通、作为当地少数民族的中国陕甘回族后裔——东干人对汉语学习十分渴望，只有通过文字的学习才能真正了解祖辈的故乡文化。应该说，这是所有中亚民族中最愿意学习汉语的中坚力量。因文化背景相同，认同率高，汉语教学在这里有着最大需求。

结语

从 19 世纪 60 年代至今，时间已经过去将近 160 年，沙俄从踏上中亚这片土地开始，以战争占领中亚的形式使俄语逐渐成为族际化语言。当前，俄语族际化受到政治、经济、世界多语言化文化圈等各种影响而走向中亚语言多极化中的一级。而汉语教学在为"一带一路"各国文化交流、经济发展和全世界共同繁荣提供的"语言相通"平台之一的同时，也已成为中亚语言多极化中的一员。

应该看到，中亚地区汉语教学不可避免地会遇到困难。首先，具有中亚地区汉语教学特色的经验需要在时间的锤炼下逐渐积累；其次，汉藏语系的汉语与母语为印欧语系斯拉夫语族的俄语、印欧语系伊朗语族的塔吉克语、阿尔泰语系突厥语族的哈、乌、土、吉语差别较大，学习者会感受到一定的学习难度；再次，中亚多语种学习趋势对汉语教学既有一定的促进，也有一定的影响；最后，地缘政治与经济稳定等因素也会直接影响汉语教学的发展。总之，从俄语在中亚的立足与发展中，我们看到其中的得与失，这对汉语教学来说是十分重要的借鉴。

参考文献

［英］彼得·弗兰科潘：《丝绸之路　一部全新的世界史》，邵旭东、孙芳、徐文堪译，浙江大学出版社 2016 年版。

刘启荟：《列国志——塔吉克斯坦》，社会科学文献出版社 2006 年版。

［俄］罗伊·麦德维杰夫：《无可替代的总统纳扎尔巴耶夫》，王敏俭等译，社会科学文献出版社 2009 年版。

孙壮志、苏畅、吴宏伟：《列国志——乌兹别克斯坦》，社会科学文献出版社 2016 年版。

王治来：《中亚史》，人民出版社 2010 年版。

张宏莉、张玉艳：《俄语在中亚的现状及发展前景》，《新疆社会科学》2010 年第 6 期。

（徐莉，西安外国语大学俄语学院）

陕西方言、新疆焉耆话和中亚
东干语对比研究

张京鱼

摘要：中亚地区的 Zhunyanese——"东干人"是由我国清末回民起义军著名领袖陕西人白彦虎率领的义军余部在中亚地区繁衍、发展所形成的。在新疆焉耆回族自治县也居住着另一支当年清政府安置的关中回民。中亚地区东干人的东干语、新疆焉耆清政府安置的关中回民后代的焉耆话和"母体"陕西方言或者关中话的对比研究有着极大的学术价值和文化意义。本研究的理论和学术价值在于夯实陕西方言母体和其两个变体东干语、焉耆话的语言事实。鉴于语言的文化的传承性，本研究的历史文化意义表现在民族语言、民族文化的保护和坚守以及民族认同上。我们采用到焉耆做田野调查和文献对比分析两种方案进行研究，用实例证明东干语是汉语的活化石，如东干人把"政府"称"衙门"，把"开汽车"叫"吆马什那/乃"，延续"吆车"中"吆"的驾驶之意，不对机动车和非机动（如马车）车的驾驶作区分。我们的分析推翻了海峰和苏联学者所谓东干话特殊句式受俄语影响的结论，确立了东干语的汉语语法结构主体地位，时间和地点等俄语词序只是组件。我们在对比方言的特征词时建议吸收社会语言学对语体正式度因素来选择特征词，如"跑后"和"拉稀屎"不是一个层级的特征词，前者特别正式，属于委婉语，而后者为极不正式语体，仅在小孩和很熟悉的人之间使用。东干语和陕西方言的典型句式对比验证了陕西方言的母体身份。语气词"哩"和"曼"及"把"字句的对比进一步加强了东干语和焉耆话为陕西方言变体的地位。很多焉耆关中回民拒绝说当地话，坚守老家陕西"腔口"体现了对民族语言和文化的高度认同。

关键词：东干语；陕西方言；焉耆话；方言特征；"把"字句

一　东干语和焉耆话

（一）东干人、东干学与东干语

中亚地区的 Zhunyanese——"东干人"是由我国清末回民起义军著名领袖、陕西人白彦虎率领的义军余部在中亚地区繁衍、发展所形成的。俄罗斯人及突厥民族称他们为 Dunganese（东干人），其实就是陕西话"东岸子人"，他们则自称"陕西老回回"（王国杰，2005）。他们主要分陕西和甘肃两支，居住在今哈萨克斯坦、吉尔吉斯斯坦和乌兹别克斯坦。中亚回族陕西话属中原官话关中片，它以哈萨克斯坦的"营盘"和"新渠"话为代表。

围绕着中亚的回民群体"东干人"的研究逐渐形成了"东干学"。"东干语"是东干学的主要研究对象之一。杨占武（1987）就指出了东干语及东干语研究的语言学意义。东干方言与俄语和突厥语存在独立性，与陕西和甘肃方言存在封闭性。随着社会生活现代化，生活节奏加快，新事物层出不穷，东干语新的词汇也不断涌现，出现了很多俄语、英语、哈萨克语和吉尔吉斯语的借词。东干人远离故土，百年来与陕甘几乎没有联系，对故乡出现的新词汇不了解，也无法与陕西人和甘肃人交流，仍沿用百年前的表述。如此，东干方言便成了晚清时期陕西和甘肃方言的活化石（王国杰，2005；孙立新，2010）。

日本汉学家桥本万太郎（Hashimoto Mantaro）是最早研究东干语的研究者之一，其文"Current Developments in Zhunyanese（Soviet Dunganese）Studies"（《东干言语学的现况》）登载于 *Journal of Chinese Linguistics*（《中国语言学报》）1978 年第 6 卷第 2 期上。国内东干语研究现有海峰（2003）《中亚东干语言研究》和林涛（2003）《中亚东干语研究》两本专著，它们都从普通语言学的角度，即语音、语法、词汇三个层面入手。海峰的《中亚东干语言研究》介绍了国外东干语研究的现状并讨论了东干语定位的三种观点，即独立语、混合语及汉语的特殊变体等。林涛的《中亚东干语研究》对东干语中保留的古语词与近代语词作了较为充分的讨论。两本著作分别整理了东干语中的词汇，并与现代汉语进行对照。两位研究者还分别发表了东干语研究方面的论文多篇。东干语的研究也得到国家社会科学基金项目的支持："中亚地区语言联盟现象个案研究——以东干语变异现象为例"（10XYY008）主持人为海峰。另两位研究东干语的专家是王森和胡振华，两人均有多篇论文，其中王森（2001）在《中国语文》上发表的《东干语的语序》最有影响力。但这些研究都只是对东干语本身的研究，没有和其"母体"陕西方言或者关中话结合起来研究。对新疆焉耆话的研究同样如此。

（二）焉耆关中回民后代的焉耆话

在新疆焉耆回族自治县也居住着另一支当年清政府安置的关中回民。焉耆是古代西域名城。清朝政府安置关中回民前，焉耆说汉语的人极少，关中回民在焉耆定居，成为当地继维吾尔族和蒙古族之后的第三大民族。关中回民话成为焉耆汉语方言的源头，当地人今天仍然将焉耆话称作回回话。

焉耆话是新疆焉耆回族自治县的方言。焉耆人各民族分布为汉族占全县人口的 40.98%，维吾尔族占 33.71%，回族占 22.21%，蒙古族占 2.36%。焉耆话的现实语言环境可用一句话概括：多语言共处，以汉语、维吾尔语为主；多汉语方言相间，以焉耆话为主。我们主要调查的是焉耆回民的语言，整个焉耆回族自治县的回民通用汉语言文字，语音、语调基本上保持着陕甘宁青等省区回族地方语言的特色（焉耆回民自治县官网）。我们调查的对象是清政府在焉耆安置的关中回民的后代，他们的祖先是陕西关中人，说关中话。

二　东干语、焉耆话和陕西方言对比研究之意义

中亚地区的东干语、新疆天山南麓的焉耆话和"母体"陕西方言或者关中话的对比研究有着极大的学术价值和文化意义。东干语、焉耆话和陕西方言所处语言环境迥异。东干语和焉耆话的多语言环境是二者脱离"母体"关中话，而"自立门户"的必要前提，同时二者虽都处于多语言环境，但语种不同，并且一个无汉语，另一个含汉语，迥异的多语言环境使二者虽本一源却分流为二（刘俐李，2009、2012）。东干语的现实语言环境可用一句话概括：多语言共处，以俄语为主；东干语口语书面语并行，书面语以表音的东干文为载体。焉耆话的现实语言环境可用一句话概

括：多语言共处，以汉语、维吾尔语为主；多汉语方言相间，以焉耆话为主。陕西方言是周秦汉唐之国都区域的官话的延续，其"把"字句、"给"字句和语气词等在汉语语言中有其独特之处。将东干语、焉耆话和关中话进行对比研究的开创性学者是刘俐李教授——南京师范大学博士生导师。刘俐李主持过国家社会科学基金项目"同源异境三方言百年演变比较研究"（04BYY033），她对新疆汉语方言、焉耆方言都有精辟的研究，如同源异境三方言百年演变（2003），核心词和特征词比较（2009），声调和变调（2003、2013）等。而刘俐李对"把"字句、"给"字句和语气词等重要语法范畴没有触及。就陕西方言中这些独特语言现象和它的两个变体东干语、焉耆话的语言事实进行对比研究具有丰富的理论和学术价值。语言的一大特点是文化的传承性，本研究的历史文化意义表现在民族语言、民族文化的保护和坚守以及民族认同上。

三　研究方法

本研究采取田野调查和对比分析两种方法进行。田野调查，由于时间和经费的限制，只进行了焉耆话的实地田野调查。田野调查给我们提供了焉耆话的一手资料。有关东干话的语料，我们采用已有文献中的记录，也搜集到一些有关中亚东干村生活的视频材料，做了部分转写工作，发现和已有文献中基本吻合。我们关中方言的判断是依据主持人的语感和语法为主，主持人为陕西渭南市临渭区（原渭南县）人，自小在官底乡西王村长大。西王村西邻西安市阎良区（原临潼县）关山镇的南良村。西王村有一部分自小从华阴县移来的新社员，叫移民。因此，懂得当地渭南话和华阴话的差异，如渭南话将"水"发为"sui"，而华阴话发音是"fei"等。主持人经后续接触和研究发现东府渭南话和西府宝鸡话也存在差异，对关中话的概貌比较了解。

田野调查：主持人和两位参与人——西安外国语大学博士生时健和身在新疆乌鲁木齐新疆财经大学工作的艾哈麦提江·塔西博士一起去焉耆做了实地田野调查。我们去了焉耆县档案馆，翻阅了焉耆地方志有关焉耆话的记录。因为我们研究的重要目的是焉耆话和关中话的关系，因此我们采访的人员主要是年长者，以男性为主。我们到了陕西人聚居地陕西巷和上五号村。采访以随机形式遇到的老者为主，主要地点以清真寺和其他公共场所为主，共采访到 14 人，10 人为老者，1 人为 30 多岁的年轻人，1 人为快 50 岁的中年人，12 个为回族人士，两个会说汉语的维吾尔族人，年龄在 60 岁上下。采访采取闲聊的方式，主持人采用渭南话和他们交谈，其他两位参与者用普通话和维语交谈。我们用录音笔录音，然后将录音转写成文字分析。我们以汉字书写，遇到不同发音时，标注拼音，不标注音标。对比分析的东干语语料主要是刘俐李（2009）、海峰（2007、2014）等学者的相关研究为主。文中我们把陕西方言有时叫关中方言、关中话或者陕西话，它们之间是同等身份，因此互换使用。

四　东干语汉语的活化石

1877 年，白彦虎及其起义军余部流亡到中亚的哈萨克斯坦、吉尔吉斯斯坦和乌兹别克斯坦，在那里生活。东干人远离故土，百年来与陕甘几乎没有联系，对故乡出现的新词汇不了解，也无法与陕西人进行交流，仍沿用百年前的表述。如此，东干方言便成了晚清时期陕西方言的活化石（王国杰，2005；孙立新，2010）。

图 1　焉耆市陕西巷子的路牌

注：维吾尔语、汉语和汉语拼音。汉语拼音是 "xiangzi"，但实际发 "hangzi" 的音。

在我们的田野调查期间，我们录制了我和一个焉耆当地司机的交谈。

这位司机 30 多岁，父辈是陕西人，母亲是甘肃人。他讲的完全是焉耆话，但叫父亲还是"大"。他说他曾经拉过来自东干的客人。客人一上车就让他把他们拉到衙门去：

（1）把我拉到你们衙门去。

"衙门"是清朝时期对"政府"的称谓。他告诉他们，现在我们叫"县政府"。司机师傅还提到东干人把厕所叫茅房：

（2）茅房在什么地方？（东干客人）

显然，这位焉耆年轻人不知道茅房是厕所。我告诉他现在关中农村还把厕所叫茅房，我们那里还叫"茅子"。"衙门"和"茅房"就是清朝陕西话的具体体现。

东干语汉语的活化石地位可以从一些所谓的受俄语影响产生的中亚东干语中一些特殊的表达方式中可见一斑。海峰（2007：40）认为这些表达方式主要出现在中亚东干语的书面语言中，大多是一些仿照俄语的语法结构用中亚东干语词汇来表达的句式，例如（3）—（4）。

（3）东干文：СычинсыДанепр　хэяншонйухади.
　　　汉　文：事情是　达涅普尔　海沿上　遇下的
　　　汉　译：事情发生在达涅普尔海边上。

海峰论述到这里的"……遇下的"就是按照俄语的句式来表达的，因为汉语应当说成"发生在……"然而，（1）这是地道的陕西话表达方式。"遇下"（yuha）是地道的关中话特征词汇，表示"发生了某不好的事情"或碰到"啥不大让人省心的人"。常用的句式是"×××遇下啥事情了"，还有"摊下啥事情了"。"海沿"是"河沿"的延伸。"（这个）事情是达涅普尔海沿遇下的"，换成普通话就是"（这个）事情是在达涅普尔海沿发生的"。这显然是汉语的"是"字句，是汉语的语法结构，而非俄语的。我们再看海峰的例（4）：

（4）东干文：Вэгитадолигэще，бахуажонгиМанэли.

　　汉　文：我给他　道了个谢，　把　话　让给　马乃了。

　　汉　译：我向他道了谢，就让马乃说了。

　　海峰的解释是"这里的'把话让给谁'也是仿照俄语正式场合的一种表达，汉语应当表达为'让谁讲话'"。"我给他道了个谢，把话让给马乃了"这两句也是地道的陕西话，"给谁道个谢/歉"和"把×让给谁了"是陕西话典型的"给字句"和"把字句"特点。这两句话要一起来理解，陕西人叙事艺术：见了（他的）面，我先说话（给他道了个歉），然后，（我）就把让给马乃（说）了。我们通过百度在东方卫视吧就发现这么一句：

　　（5）陈辰今天很大气，基本都把话让给另两个人讲。（http：//tieba. baidu. com/p/597146174）

　　（5）里只是多了一个可以省略的"讲"，关中话多用"说"。可见（4）不仅是陕西话的"把字句"，而且是汉语典型的"把字句"。陕西话中还有类似的说法：

　　（6）把话都让你说完了 = 你把话都说完了，还让我说啥？

　　（7）话交给你说 = 你给咱说。

　　海峰的这一分析是从苏联科学院东方学研究所研究员 A. Калимов（1957）那里学来的，后者就引用了例（8）：

　　（8）东干文：Даиюль1943нянводолигородЧерниговли.

　　汉　文：打 伊尤勒 1943 年我到哩 果拉德 车尔尼果夫哩

　　汉　译：从一九四三年七月我就到了车尔尼果夫市了。

　　海峰的解释为：这个句子中对年代的表示，采用了月份在前、年份在后的形式，城市名称也采用了通称在前、专名在后的形式，这都和现代汉语的表示方法相反，而和俄语的表示法完全一致，这句话俄文应当为：

Виюле1943годаяприбылвгородЧернигов，东干文的词序和它正是一样的。月份在前、年份在后的形式，城市名称也采用了通称在前、专名在后的形式，这确实是俄语的顺序，但这些都是这个句子的零件部分，句子的框架是"打××时间，我到了××地方哩"。这显然是汉语的结构，汉语的语法框架加了一些俄语的词汇和词序而已，注意这里的词序和俄语词汇有关，俄语词汇串，即词块和俄语词序说明它们只是汉语句子的组块。这里的结论是海峰和 A. Калимов（1957）都将分析搞反了：这些所谓的特殊表达方式在陕西话和汉语的相关词汇和语法狂下在一点也不特殊，只是夹杂了几个俄语词汇而已。

五　东干语、焉耆话和陕西方言特征词对比

　　最近十几年，语言学界越来越重视方言特征词的研究（李如龙，2001，2014；辛世彪，2000；李如龙、吴云霞，2001；刘晓梅、李如龙，2003；孙立新，2004；刘俐李，2009）。有关关中方言的特征词，有辛世彪（2000）和孙立新（2004）的研究。刘俐李（2009）的研究就是参考辛世彪（2000）和孙立新（2004）的关中方言特征词研究。研究方言特征词有什么重大意义？不仅可以丰富现代方言词汇的比较研究，而且可以用来说明不同方言之间的亲疏关系，为方言间的关系定位。纵向的比较研究有助于了解方言形成的历史时代和复杂的过程，也有助于汉语史的研究（李如龙，2001）。因此，三地的特征词对比研究能够展示陕西方言的形成和变化过程。

　　就这个问题，我们就刘俐李（2009）研究中三地相似或者存在差异的特征词做一下研究评述，毕竟刘俐李教授自己对陕西话了解有限，只能靠相关文献。三者相似的 18 例二级特征词其实三地语言都是相同的。我们在这仅举几例：

关中话（普通话）	焉耆话	东干语
（9）精脚（赤脚）	精脚板子	精脚片子
（10）跑后（泻肚）	跑肚	拉肚子/拉稀屎
（11）怄气（生气）	怄气	怄
（12）吆车（赶车）	吆车	吆马什那（马什乃）

（13）发潮（恶心）　　　　发潮　　　　　　潮很

有关（9）普通话的"赤脚"，关中话"精脚片子，精脚板子"都说，片子和板子只是送气不送气的区别。"光脚片子、光脚板子、光脚丫子"也说。"精"读 ding/jing，"脚"一定读"jue"，"jiao"是其普通话读音。

例（10）"泻肚"的关中话"跑后"是委婉语，是"给后跑哩"的缩合形式，关中话还说"给后走哩"。它是"给后院跑哩"的转化形式。拉肚子就得去茅房（厕所），而茅房都在住家的后院。老给厕所/茅房跑就得给后院跑，给后跑。也可以有另一解。陕西话：辣子吃过了，辣了前门，辣后门；辣了上头（前头），辣下头（后头）。"拉肚子""闹肚子""拉稀哩"是通常用语；"拉稀屎"是小孩和很熟悉的人之间的用语。"屙稀屎"应该是三地老派陕西人的地道话。关中方言"跑后"是"拉稀"的委婉语，相对于普通话的"腹泻"，而非"泻肚"。"泻肚"类似于关中话的"跑肚子""拉肚子"和"拉稀屎"。因此，刘俐李的考虑特征词研究没有考虑语言的语体形式，使用正式度的问题。

"大便"是地道的三地话应是"屙屎"，"拉屎"的委婉语。"屙哩""拉哩"都是"在拉屎"之意。比"跑后"更确定的特征词应是"屙屎"。在陕西话里存在着"屙屎（非正式语）→ 拉屎（正式语）→ 大便（委婉语）"一个语体层级，焉耆话也应该如此。东干话最后的委婉语也是"大便"的话，证明"大便"在清朝时候已经出现。但这种可能性较小，"大、小便"可能是从印欧语到中国之后的委婉语。这都值得进一步研究。

例（11）普通话"生气"与关中话的对应词"怄气"不对应，准确的对应词应该是"着气"（chuo/que qi）。陕西话经常说的一句"不要着气"。

例（12）"吆车"的东干语形式"吆马什那/乃"非常有意思。"吆车"就是"赶车"。从前主要的运输工具是马车，"吆车"是吆喝马车的马行走或停止行走，即驾车、驾驶马车行走之意，"吆喝之喊声"，"驾驶"之意。套马与套车和驾车与驾马、骡子、驴子都一样。现在的交通工具是机动车，如汽车。东干语的"吆马什那（马什乃）"中的"吆"还是"驾驶"之意，但已脱离吆喝喊声表"驾驶"，"开/启动"表"驾驶","开车"表"驾驶机动车"之意。关中方言和普通话一样,已对过去的靠人畜劳作的交通工具和现在的"机动"交通工具做了区分,如机动车动词用"开",如开汽车、火车、飞机、火箭等。而东干语还延续了"吆"的"驾驶"之意,出现了吆汽车、火车、拖拉机等。焉耆话和关中方言一样,对机动车和非机动车的驾驶语言形式有了变化。"吆马什那/乃"是孤立方言岛语言发展的结果。

例(13)中关中方言和焉耆话用"发潮",而东干语说"潮很",两种形式看似相似,其实是一意之两种来表达形式而已。陕西话说"胃里发潮",也说"胃里潮(得)很","潮很"是地道陕西话标记。

刘俐李(2009)所列焉耆话和东干语都与西安话相异的核心词有3例,(14)—(16):

普通话	西安话	焉耆话	东干语
(14) 晚上	黑咧	黑里	黑里/后半儿
(15) 全部	齐茬(齐全)	一满	一满
(16) 躺	睡下/睡着	躺	躺

注意刘俐李(2009)这部分关中话使用的是"西安话"。在(14)里,"黑咧(heilie)"和"黑里(heli)"都是变体关系,渭南话说"黑来(heilai)"表"晚上"的语义更清晰。西安话也用"一满"表全部,"齐茬子"也说,但主要表对比性的"全部",现在和以前的状况对比。"一满"只表现在的状况。两者都是关中话的特征词,但"一满"更具代表性。渭南话更是"一满"用得特别多。我们在采访中的两个信息提供者,一个回族、一个维吾尔族都用了"一满",如(17):

(17)我在那一方住着哩。这(zha)一满都是陕西人。(马忠孝,65岁)

例(16)的"躺"关中话也说,和"下(ha)"连用,"躺下",我预测焉耆话和东干话也是"躺下"一起用。关中方言的"睡下了"是比"躺下了"用得多,但两者都用。

从我们的分析可得出结论:刘俐李(2009)有关三地语言之间相同

率大大地提高，同源性的结论更扎实。

六　东干语与陕西方言典型句式对比

东干语的"把"字句、对比类句式、正反疑问句、无双宾语句、形容词善用后加描写等句式都有自己的显著特点，海峰（2014）发现东干话和伊犁回族语言的表现形式也都一样。他经过下列典型句式中东干语和伊犁话具有完全一样的表达句式：

（18）这个话按老回话咋么说呢？

（19）我没做到位份上，把他对不住。

（20）哪一个好些儿？

（21）哥哥连兄弟一样高。

（22）好好地走，再别（be）跑哩。

（23）我买菜蔬去呢。

（24）他给我给了一本书。

（25）将说哩一遍，可说哩一遍。

（26）茶也好，糖也好，我都不爱。

（27）桌子上放的一碗水。

（28）画的好看得很。

从这样一些语句可以看出，两地回族的基本语法结构的相似度是很高的，这也从一个侧面反映了这两种语言的一致性程度之高。

其中（19）、（24）和陕西话有所不同，（22）与其他陕西话一样。（19）关中方言对应的是"我没做到位或份上，对不住他"。"把他对不住"是 OV 语序，应该有老派陕西人说。这句话可能是典型的陕西老话，"做到位份，把谁都要对得住"这是做人的标准。"位份"是同义合并，可以拆开，现代汉语韵律和句法的要求，好像精炼了。有"做到位、做到份、做到精、做到好"，但也有"做到美观、做到漂亮、做到精致"，后者为非同义复合形容词，不能拆分。"做到精美"类似于"做到位份"，可以简化为"做到精、做到美"。"把你对不住"到"对不住你"是现代汉语 OV 到 VO 的变化。

（24）的关中方言对应语句是"他给给我一本书，他给了我一本书"。东干语和关中方言这种"给字句"的关系尚不清楚，需再研究。（22）陕西话的对应句是"好好走，再 bao 跑哩（li-a）"。Bao 不（bu）要（yao）的混合复合词是关中方言典型的特征词之一。东干语用"别"，是否有"bao"的使用这是我们要进一步考察的问题。

整体而言，东干话的特殊句式，与陕西关中话有73%的相同率。

七　东干语、焉耆话和陕西方言的共同点：语气词和把字句

在前文的举例中已有多个语气词"哩"的例句。"曼"是陕西话语气词特征词。有关东干语的语气词，王景荣（2006、2011）注意到完成体貌助词"哩/咧"。关中话的"把"字句很特别（杜永道，1989；孙立新2003）。有关东干语的"把"字句，海峰和王景荣（2003）、海峰（2015）、焦妍（2014）都有专门的论述。（29）是在我们采访中，回族主人请我们吃西瓜时的话：

（29）吃西瓜！客气啥曼！

（29）与陕西渭南话完全对应，还可以在"曼"之前加个"哩"，形成"客气啥哩曼！"语气更强，意思就是"bao 客气"。

我们在焉耆田野调查中就遇到68岁的蔡师傅说这样的语句（30）—（31）：

（30）（我们家）解放以前上（新疆）来的，听老人说是长安曼是啥（sa）地方的，（在这）把我爷爷生下来的。

例（30）中的"曼"和"把我爷爷生下来的"都有关中话和东干语的影子。蔡师傅没到过陕西，没去过内地，但参加过政府组织的麦加朝拜团，去过沙特。（31）是项目主持人采访他时的录音撰写：

（31）采访人：我知道。前几年把人踩踏的……伊朗，那一年把

伊朗……

　　蔡师傅：把人踩踏掉了，那一年我们（从麦加）回来，在我们后面就把人踩踏掉了，八九百人踩掉了。沙特王子来了，带了几十个警察，把路挡 lia，把路挡着了，所以把人存下（quha）了，一下（ha）把人踩踏掉了。

　　"把人踩踏掉了"就是"把人踩死了"，"八九百人踩掉了"＝"八九百人踩死了"；"把路挡 lia，把路挡着了，所以把人存下（quha）了，一下（ha）把人踩踏掉了"，"把"字句的处置、负面、遭受意义表达得淋漓尽致。

八　结论

　　我们通过实地田野调查和对比相关文献对东干语、焉耆话和关中方言进行了对比研究。我们发现陕西方言就是焉耆话和东干语的母体。

　　74 岁的焉耆老人常贵清，曾是一位老师，在采访中说现在的焉耆话由于普通话的影响，再加上陕西话和甘肃话、青海话、维吾尔语等交融形成了自己的特点，包括他自己主要在焉耆长大和生活，所说的话都和父辈们不一样了。他父辈们所说的话和主持人说的话"连你的话一模一样"，项目主持人采访时操陕西渭南话，可见焉耆话的母体是陕西方言。

　　我们的研究发现东干语的确是汉语的活化石，过去有些学者认为是受俄语影响的特殊句式被证明是地道的陕西方言句式，这确定了东干语的汉语语法结构主体，时间和地点的俄语词序只是组件。我们还发现陕西话的特征词研究需要更进一步，吸收社会语言学对语体正式度因素来选择特征词，"跑后"和"拉稀屎"是这个语体使用正式度的两极，前者特正式，是委婉语，而后者极不正式，小孩和特熟悉的人之间的用语。时间和空间指示语是以后特征词研究的重点，如年时（去年）、夜来（昨天）、唔达（wuda）、致达（zhida）、那达（neida）等。

　　"吆马什那/乃"（开汽车）是方言岛长期孤立语言发展的结果，对机动车和非机动车不做区分，而陕西方言和焉耆话和其他语言接触都发生的变化，改用"开动"，做出了区分。

　　东干话除与焉耆话很相似外，和伊犁回族话也很相似，它们的源头都是陕西方言。语气词、"把"字句等研究更能说明这个渊源关系。但是，我们还需要对这些再做研究，因为汉语存在 OV 和 VO 两种语序并存不分伯仲的情况，而东干语相关研究会对汉语的变化趋势给出了方向。

我们采访的焉耆老坊寺米海龙师傅告诉我们他两个姑妈"陕西腔口（口音），不说本地话"。像米海龙姑妈这样的焉耆关中回民很多，他们拒绝说当地话，坚守老家陕西"腔口"，体现了对民族语言和文化的高度认同。

（说明：本研究受到西安市社会科学规划基金项目 16W60 的资助，在此谨表谢忱）

参考文献

А. Калимов：об особенностях некоторыхсуществительных в дунганском языке，ТрудыИститутаязыкаилитературыАН Киргизской ССРВыпск Ⅳ，1957，Ст，165.

常立霓：《中国"东干学"研究述评》，《中央民族大学学报》（哲学社会科学版）2008 年第 4 期。

丁宏试：《论东干人语言使用特点——兼论东干语与东干文化传承》，《民族研究》1998 年第 4 期。

杜永道：《渭南话"把"字句的几种特殊现象》，《中国语文》1989 第 2 期。

海峰：《中亚东干语是汉语西北方言的域外变体》，《语言与翻译》2007 年第 2 期。

海峰：《中亚东干语言研究》，新疆大学出版社 2003 年版。

海峰：《中亚东干书面语言与新疆伊犁回民方言的联系》，《回族研究》2014 年第 4 期。

海峰：《东干语"把 N 不 V"句式分析》，《新疆大学学报》（哲学/人文社会科学版）2015 年第 2 期。

海峰、王景荣：《现代东干语把字句》，《南开语言学专刊》2003 年第 2 期。

胡振华：《关于"东干""东干语""东干人的双语"和"东干学"》，《语言与翻译》2004 年第 1 期。

胡振华：《关于东干语言文字的发展问题》，《语言与翻译》2014 年第 3 期。

焦妍：《汉语与东干语"把"字句特点对比分析——以俄罗斯屠格涅夫俄文小说〈木木〉为语料》，《新疆职业大学学报》2014 年第 5 期。

金立鑫、于秀金：《从与 OV-VO 相关和不相关参项考察普通话的语序类型》，《外国语》2013 年第 2 期。

李蓝、曹茜蕾：《汉语方言中的处置式和"把"字句》（上、下），《方言》2013 年第 1—2 期。

李鑫：《吉尔吉斯斯坦米粮川东干族语言使用问卷分析》，《文化学刊》2014 年第 3 期。

李如龙：《论汉语方言特征词》，《汉语方言的比较研究》，商务印书馆 2001 年版。

李如龙：《略论官话方言的词汇特征——官话方言词汇论著读书札记》，《吉林大学社会科学学报》2014 年第 2 期。

李如龙、吴云霞：《官话方言后起的特征词》，《语文研究》2001 年第 4 期。

林涛：《中亚东干语研究》，香港教育出版社 2003 年版。

林涛：《东干语的语法特点》，《汉语学报》2005 年第 2 期。

林涛：《东干文—汉语拼音文字的成功尝试》，《西北第二民族学院学报》2005 年第 4 期。

林涛：《中亚回族陕西话与甘肃话语音的比较》，《咸阳师范学院学报》2009 年第 3 期。

刘俐李：《同源异境三方言核心词和特征词比较》，《语文研究》2009 年第 2 期。

刘俐李：《东干语、焉耆话、关中话同源异境之百年演化》，《中国社会语言学》2012 年第 1 期。

刘俐李：《东干语（陕西支）声调共时差异实验研究》，《民族语文》2013 年第 5 期。

刘晓梅、李如龙：《官话方言特征词研究：以〈现代汉语词典〉所收方言词为例》，《语文研究》2003 年第 1 期。

辛世彪：《关中方言特征词概说〈首届官话方言国际学术讨论会论文集〉》，青岛出版社 2000 年版。

孙立新：《户县方言的把字句》，《语言科学》2003 年第 2 期。

孙立新：《关中方言的特征词》，《西安联合大学学报》2004 年第 3 期。

孙立新：《清末陕西方言的活化石——林涛教授〈中亚回族陕西话研究〉评介》，《西安文理学院学报》（社会科学版）2010 年第 5 期。

王国杰：《论中亚东干族的方言特点》，《俄罗斯中亚东欧研究》2005 年第 6 期。

王景荣：《东干语、汉语乌鲁木齐方言完成体貌助词"哩/咧"》，《南开语言学专刊》2006 年第 2 期。

王景荣：《东干语、汉语乌鲁木齐方言常用语气词和语气词共现》，《南开语言学专刊》2011 年第 1 期。

王森：《东干话的若干语法现象》，《语言研究》2000 年第 4 期。

王森：《东干话的语序》，《中国语文》2001 年第 3 期。

王森、王蕊、王晓煜：《东干话词语概论》，《宁夏社会科学》2000 年第 4 期。

杨占武：《东干语及东干语研究的语言学意义》，《中央民族学院学报》1987 年第 5 期。

赵星华：《一部少数民族语言学的力作——〈中亚东干语言研究〉评介》，《新挂师范大学学报》（哲学社会科学版）2004 年第 2 期。

元语言意识训练对中亚留学生三语习得中元语言意识的影响

杨丽娟　陈荣娟　薛　苑

摘要：本课题以建设"丝绸之路经济带"和促进中国和中亚国家的深度交流与合作为背景，从跨语言角度，采用实验法、测试法、访谈法及观察法等研究母语为俄语，第二语言为英语的中亚留学生三语（汉语）习得过程中元语言意识的特点。结果表明，由于汉语与俄语和英语之间在语音、词汇和句法方面存在的差异，中亚留学生在汉语习得过程中会建立起错误的或者有偏误的汉语语言意识；同时，语言间的相似性又会使学生直接利用已培养起来的语言意识进行汉语学习，因此中亚留学生的元语言意识具有比单语和双语学习者的元语言意识更复杂的特点。三种语言的相似性会促进学生直接把母语和第二语言的知识和学习方法迁移到汉语的学习，而差异性需要学生重新调整已有的认知结构，建立起汉语学习的独特的元语言意识。

关键词：中亚留学生；三语习得；元语言意识；特点

一　引言

2013 年 9 月 7 日，习近平主席在哈萨克斯坦纳扎尔巴耶夫大学发表讲话时首次提出建设"丝绸之路经济带"，这一举措促进了中国和中亚国家日益频繁的合作。而汉语教学和汉语推广是我国"一带一路"发展战略顺利实施的基本保证，研究了解如何有效地对中亚地区留学生进行汉语教学，尤其是如何在教学过程中发挥留学生作为三语学习者所具有的元语言意识优势，提高中亚地区留学生的汉语学习效率和汉语水平，尽快进入专业课学习，是加速"一带一路"策略实施的重要保证，同时也对推进我国对外汉语教学具有重要的实践意义。

二　文献综述

元语言意识是指个体思考和反思语言特征和功能的能力，包括语音意识、词汇意识和句法意识等。语音意识概念是针对表音文字提出来的，而汉语是表意文字，我国对语音意识的研究较晚且不够深入，国外对于语音意识的研究，不同研究者有不同的看法（Tunmer，1991；Treiman，1991）。词汇意识的研究除了探讨词汇意识的发展过程，更重要的是解决元语言意识研究中的一些理论假设上的争执（Tunmer，1984；徐芬，2002）。关于句法意识发展的研究，开始大部分是使用句法可接受性判断任务，但后期转到句法意识与阅读能力的发展关系上（Bowey，1986），比较了编码能力不同的读者的句法意识的发展。

三语习得指的是除了学习者的母语和已经掌握的第二语言之外目前正在学习的一种或多种语言（Fouser，1995；Jessner，2006），并不确指学习者学习语言的数目。维尔德麦克（Vildomec，1963）的研究表明，即使二语和三语无语音相似，某些功能词在三语产出早期阶段易迁移于二语而非母语；钱德拉塞卡尔（Chandrasekhar，1965）发现二语在三语学习中的作用十分显著，已掌握双语的学者者习得第三语言时较只掌握单语的学习者有优势（Cenoz-& Genesee，1998；Bild & Swain，1989；Bild & Swain，1989；Joraa，2005）。

国内三语习得的研究相对较晚，且多集中在德、法、俄或英语等语言教学实践中。三语习得的研究对象主要是在学习第一门、第二门欧洲主要语言基础上再习得第三门语言的学习者，西班牙的少数民族自治地区以少数民族语言作为第一语言和以西班牙语作为第二语言的三语学习者和少数民族学生英语学习者（曾丽、李力，2010；曾丽，2011；刘懋琼，2014）。研究所涉及的语种包括英语、法语、丹麦语和西班牙语等印欧语系以及非印欧语系（李伟超，2015）。

研究发现，单语与双语学习者有元语言意识差异，而在双语基础上习得另外一门语言能够进一步促进学习者元语言意识的发展（Cenoz & Genesee，1998；Bild & Swain，1989，Lenoz，2000）。本研究旨在从认知语言学的角度探讨第一语言为俄语的中亚学院留学生的元语言意识特点，以便帮助他们利用已习得语言的元语言意识优势促进汉语的学习。

三　研究设计

（一）研究问题

1. 中亚学院留学生的元语言意识特点是什么？

2. 元语言意识训练对中亚留学生的语音、词汇、句法意识有什么影响？

（二）研究方法

1. 访谈法：访谈内容主要是学生对已习得语言（俄语、英语和汉语）的难易评价及其对三语习得之间迁移关系的自我认识。

2. 观察法：在教学过程中观察留学生运用何种语音、词汇、句法策略解决汉语学习中的困难。

3. 测试法：使用元语言意识量表对中亚留学生的语音、词汇和句法三个方面的元语言意识进行测量，测试时长为各部分30分钟，30分为满分。进行随堂测试，发出20份量表，全部收回且均为有效试卷，使用SPSS20.0对所得数据进行统计分析。

（三）研究实施过程

1. 被试选择

在西安外国语大学和西北大学中亚学院征集志愿者，并且根据以下条件进行筛选：母语为俄语；具有高中毕业的英语能力；具有中级汉语水平。最后选取了20名符合条件的留学生作为研究对象。

2. 教师选择

本研究选择的是有英语学科和教育学学科背景的教师，经过一段时间的对外汉语教学和俄语语言学习之后，对被试进行系统的专题教学。在课堂中采用讲授、对话和游戏的形式进行元语言意识训练。根据专题授课内容、测试量表内容及学生掌握的水平制定相关课堂练习题。

3. 测量工具

根据 Pinto（1999）等人编制的元语言意识量表，参考国内曾丽博士引进并翻译成汉语的量表，编制了适合中亚学院留学生使用的元语言意识量表。

4. 研究过程

第一阶段：在元语言意识训练之前，对学生进行第一次元语言意识测试。为了尽量排除语义信息的干扰，测试题题干部分均标注俄语进行引导，每项任务前都有一到两道练习题或者例句，并给出相应答案，以保证每一位参加实验的学生在正式测验前都能理解任务的含义。测试期间要保证各项练习由被试者单独完成，并且不允许翻阅资料，以免影响测量的效度。

第二阶段：教学阶段。选取与测试量表内容相对应的知识点作为教学内容和课堂练习，根据学生的测试得分和学习风格选择合适的教学方法和教学手段，如讲授、对话练习、游戏等对学生进行专题教学。

第三阶段：第二次元语言意识测试。第二次测试任务与第一次测试任务和教学内容均保持一致，但在试题难度上会有所增加。因为第二次测试时，学生已经熟悉任务，题目难度一致会造成"天花板效应"，因此第二次测试任务完全没有俄语标注和例句引导。

需要指出的是，为了避免由于学生的记忆遗忘导致测试的偏差，本研究采用即学即测的方法，即元语言意识的三个部分（语音意识、词汇意识和句法意识）的教学和测试是按先后顺序进行的，也就是说在每一项意识训练结束后立即对此意识进行第二次测试。

四　中亚学院留学生元语言意识特点

根据元语言意识测量、课堂训练、课堂观察和访谈，我们发现中亚学院留学生的元语言意识具有以下特点。

（一）语音意识特点

1. 汉语声母 b、d 和 g 的浊化

英语和俄语字母都有辅音和元音，辅音又有清浊之分。俄语和英语中存在一些音同字母不同，字母相同音不同的一些字母，如 a-a、б-b、в-v、г-g、д-d 等。这也就是俄语对中亚学生的英语语音习得正迁移和负迁移的根源。汉语中无清浊的对立，学生常将汉语中的 b [p]、d [t]、 g［k］读成俄语中的浊音 Б、Д、Г。

2. 送气与不送气问题

汉语声母的一大特点就是送气音与不送气音的成对出现，学生表现最多的偏误是将送气音 p 与 b 混淆，学生常常表达"我最喜欢中国的青岛啤酒"时说成"wǒ zuì xǐhuan zhōnguó de qīngdǎo bíjiǔ"。

3. z［ts］、zh［tʂ］和 j［tɕ］

外语初学者都有一个习惯就是用母语标记目的语的发音以帮助记忆，中亚留学生常用 дз［dʒ］来标注 z［ts］，但是俄语的 з 摩擦更强烈。j［tɕ］和 zh［tʂ］都是俄语中没有的音，俄罗斯学生常常将母语的发音规律应用于汉语造成发音偏误。

4. 俄语对汉语声调的影响

汉藏语系与印欧语系的一大区别即前者是一种声调语言，而俄语和英语不存在声调概念，因此中亚留学生在学习汉语声调的时候，几乎不可能在已习得的语言与目的语汉语之间找到一个相似点或者说是参照点，从而造成声调习得困难。

（二）词汇意识特点

1. 构词意识特点

本研究中涉及的构词意识主要是指"前后缀意识"，由于俄语、英语和汉语前后缀构词方法不同，学生对前后缀构词缺乏语言意识。结果显示，中亚留学生在做有关前后缀的测试题，比如：在给出瓶子的图片和对应的词语填空时，大多数被试者没有正确的前后缀意识，一些学生根本不理解试题任务，一些学生会把前后缀使用错误，比如，在被要求填写"儿"来补充词汇"鸟儿"时，一些学生会补充成"鸟子"。学生习得困难点之一是对汉语中带感情色彩的前缀所构成的名词（如阿婆、老妹等）的习得。因为汉语中这类前缀所构成的名词，译成俄语时是借助表示主观评价的后缀来实现，或者在名词前面加上相应的形容词，例如：уважаемый（尊敬的）、милый（亲爱的）。

俄语中缺乏与汉语里的"第""初"相对应的前缀，而是借助顺序数词构成次序，也就是说，它与形容词一样具有性、数、格的形态变化（亚历山大，2013），如，第一：первый главиый во-первых。

2. 词性意识特点

在做词性意识测试时，大多数被试者即使在认识并能读出很多词汇的情况下，也不能准确判断该词的词性。在大多数情况下，即使教师帮助他们翻译成英语词汇或者求助汉语水平较高的留学生翻译成俄语，他们的判断也会出现错误，尤其是在判断副词和介词时出现的问题较多。

（三）句法意识特点

1. 理解力意识特点

大部分留学生对"什么时候该用'被'字句"并没有一个明确的认识。比如在被要求根据"小刚吃了鱼"这个句子回答"什么被吃了?"时，有学生会回答"小刚"或者根本不明白这个句子在表达什么，只有在教师用英语中的被动表达"be +done"加上手势动作给予讲解时，学生才恍然大悟。

中亚留学生在使用"比"字句中并不清楚如何使用程度副词。有的学生会写出"他比我很高"这样的句子。还有的学生能够写出句子"他比我高"，但是被要求写出它的同义句"我比他矮"时，很多学生是犹豫的。其原因可能是因为不清楚"高"的反义词是"矮"或者不知道如何转换句式。

2. 同义现象意识特点

被试在存现句习得过程中会出现回避存现动词使用、"有"和"是"的过度使用等错误。留学生在存现句测试题中出现的错误，其原因是留学生对俄语和汉语的语序规则没有很好地掌握。比如："桌子上有一个苹果"和"有一个苹果在桌子上"，"我学习汉语三年了"和"我学了三年汉语"，他们会写出"桌子上是有一个苹果"和"我学三年了汉语"之类的符合俄语句法规则而不符合汉语语法规则的句子。

五　元语言意识训练对中亚学院留学生元语言意识的影响

下面将对元语言意识训练前后元语言意识测试的语音意识得分、词汇意识得分和句法意识得分进行配对样本 t 检验，对比训练前后语音意识、词汇意识和句法意识是否得到提高。

（一）语音意识

表 1　　　　**元语言意识训练前后语音意识得分配对样本 T 检验**

成对样本统计量

		均值	N	标准差	均值的标准误
对 1	元语言意识训练前语音意识得分	20.6500	20	3.23265	0.72284
	元语言意识训练后语音意识得分	22.8000	20	2.54641	0.56939

成对样本检验

		成对差分					t	df	Sig.（双侧）
		均值	标准差	均值的标准误	差分的95%置信区间				
					下限	上限			
对 1	元语言意识训练前语音意识得分－元语言意识训练后语音意识得分	-2.15000	1.08942	0.24360	-2.65987	-1.64013	-8.826	19	0.000

对元语言意识训练前后被试的语音意识得分的配对样本 t 检验结果显示：在总样本量 20 不变的情况下，训练后学生的语音意识（$M_{后}$ = 22.8000）明显高于训练前学生的语音意识（$M_{前}$ = 20.6500）；训练前学生的语音意识得分比训练后学生的语音意识得分分布范围大（3.23265 > 2.54641），训练前后学生的语音意识有明显差异（sig. = 0.000 < 0.05），说明元语言意识训练后被试的语音意识得到极大的提高。

课堂观察和教师访谈也证实了这一结论。教师反馈在元语言意识训练之前，处在这个汉语水平阶段的学生且有汉语声母和韵母构成音节需遵循一定规则的意识，但是对于具体的规则缺乏系统的认识。在教学中对"普通话声韵母配合表（音节表）"的呈现和讲解使学生能对大部分音节做出准确判断。对一些易出错、有争议的音节比如 bo 与 be，shui 与 shei，和近年来流行的音节 tei 认识也更加深刻。测试成绩越高的学生对音节合法性的掌握越好，这是因为对汉语掌握越好，说明认识或见过的音节越多，对正确的音节就越熟悉，越容易选对。其次，在送气音和不送气音的发音方面，教师回答在元语言意识训练之前，当学生发送气音和不送气音时，必须靠近学生才能听清他们发音的区别，并且学生对这两种音的发音是混乱的，也就是说学生意识中对于这两种音的发音方式是模糊的。元语言意识训练之后，对被试中汉语水平相对较差的一个学生进行个案调查显示，虽然这个学生对"d"和"t"这两个送气音和不送气音的发音较汉语水平相对较高的学生还有一定差距，但是元语言意识训练对于促进他们辨别这两个音的效果也是很明显的。

（二）词汇意识

表 2　　　　元语言意识训练前后词汇意识得分配对样本 T 检验

成对样本统计量

		均值	N	标准差	均值的标准误
对 1	元语言意识训练前词汇意识得分	21.3000	20	2.31926	0.51860
	元语言意识训练后词汇意识得分	24.0000	20	1.86378	0.41675

成对样本检验

		成对差分					t	df	Sig.（双侧）
		均值	标准差	均值的标准误	差分的95%置信区间				
					下限	上限			
对 1	元语言意识训练前词汇意识得分-元语言意识训练后词汇意识得分	-2.70000	1.21828	0.27242	-3.27017	-2.12983	-9.911	19	0.000

对元语言意识训练前后被试的词汇意识得分的配对样本 t 检验结果显示：在总样本量 20 不变的情况下，训练后学生的词汇意识（$M_后$ = 24.0000）明显高于训练前学生的词汇意识（$M_前$ = 21.3000）；训练前后学生的词汇意识有极其显著的差异（sig. = 0.000 < 0.01），说明元语言意识训练后被试的词汇意识得到了提高。

课堂观察和教师访谈证实学生词汇意识的提高主要是体现在词性意识上，除了个别同音词汇，如："拖鞋"和"脱鞋"需要用英语做出解释（the shoes you wear in your department, take off your shoes）之外，学生基本可以判断。在讲解汉语前后缀时，引入英语中的 "change→changeable" 和 "like→dislike" 两个示例使学生把俄语和英语的前后缀意识迁移到学习汉语上来。元语言意识训练使学生认识了汉语中常见的前后缀。在被要求将词缀补充词汇和图片相匹配时，不会补充成"大姨"或"小姨"，而能迅速回忆之前学的前缀"老"，准确补充成"老姨"。汉语前后缀意识习得的部分原因是俄语和英语前后缀意识正迁移的结果，更多的是英语，但英语和俄语的负迁移结果也是很明显的，这一点可以通过日常交谈体现。学生会纠结于"他有两本书"中"书"的形态。因为"两本书"在俄语和英语中表达时，"书"是发生变化的（分别为 книги, two books）。在这一点上说，学生习得汉语形态变化（主要指词缀引起的变化）的能力是一个需要长期训练的过程，只有学生逐渐摆脱了俄语和英语规律对汉语的束缚，才能真正培养起正确的汉语前后缀意识。

（三）句法意识

表 3　　　元语言意识训练前后句法意识得分配对样本 t 检验

成对样本统计量		均值	N	标准差	均值的标准误
对 1	元语言意识训练前句法意识得分	21.3500	20	2.25424	0.50406
	元语言意识训练后句法意识得分	22.8000	20	2.09259	0.46792

		成对样本检验							
		成对差分					t	df	Sig.（双侧）
		均值	标准差	均值的标准误	差分的95%置信区间				
					下限	上限			
对1	元语言意识训练前句法意识得分－元语言意识训练后句法意识得分	-1.45000	1.57196	0.35150	-2.18570	-0.71430	-4.125	19	0.001

对元语言意识训练前后被试的句法意识得分的配对样本 t 检验结果显示：在总样本量 20 不变的情况下，训练后学生的句法意识（M$_后$ = 22.8000）明显高于训练前学生的句法意识（M$_前$ = 21.3500）；训练前后学生的句法意识有极其显著的差异（sig. = 0.001<0.01），说明元语言意识训练后被试者的句法意识也有了大幅度的提高。教师访谈部分涉及句法意识的问题是"元语言意识训练后，学生是否能进行句子的同义转换?"教师回答说句子语序知识的掌握是使学生能进行同义转换的直接因素，当学生能熟练运用不同句型表达同一个观点时，说明我们的元语言意识训练是成功的。

汉语句法意识的培养必须建立在对俄语、英语和汉语的句法知识进行系统的比较之上，这也就是本研究中元语言意识训练的内容。俄语的句法是比较自由的，而汉语的句法规则相对严格。就句子的顺序来说，汉语通常是严格的主+谓+宾结构，只有在表达某种特殊语气时，才将主谓倒置，比如"真壮观啊，泰山"。但是俄语的句子顺序相对比较灵活，如 Я читаю книгу（我在读书），可以有好几种顺序。英语语言讲究主干结构突出，靠语言本身的语法手段使句子有机结合起来；汉语语言结构较为松散，句子之间靠的是内部逻辑连接起来，主谓句是汉语和英语的主要句子类型（郑小芳，2014）。汉语语法缺乏形态，英语语法形态丰富。这是因为汉语是"构成性的"，英语是"实现性的"（沈家煊，2009）。例如，在汉语里，常有动词名用、形容词动用的现象，且无须改变词形。但在俄语和英语中，动词名用需要用词缀改变词形。英语讲究主谓一致，汉语却不强调，比如，汉语"你吃、他吃、我吃"，英语中必须"You eat, he eats，I eat"。专题教学使学生清楚了解俄语中由于人称、时态和数的变化，谓语动词会发生变化，但是汉语中是不一样的。比如：在"我昨天去公园玩"；"我今天去公园玩"；"我们明天去公园玩"三个汉语句子中，谓语动词都是用的"去"，时间是通过具体的词汇表现的，而不是通过时态的变化实现的。

总之，在书面和口语表达方面，中亚留学生会出现以俄语为基础的话语特征；在语音语调方面，几乎所有的被试者都会多多少少地在语音语调上保留俄语口音，而英语的迁移相对少见；在词汇方面，汉语词汇的迁移主要取决于俄语和英语哪种语言在类型上与汉语更接近。

元语言意识训练对中亚学院留学生的元语言意识能够产生积极的影响，在语音、词汇和句法方面都能够促进学生的元语言意识的提高对三语习得具有积极意义。

六 结语

本研究通过对元语言意识训练前后中亚留学生在三语（汉语）习得过程中元语言意识的发展状况的测量，发现中亚学院留学生在语音、词汇和句法等方面具有其独特的元语言意识特点，元语言意识训练确实能够帮助学生第三语言意识的建立，对汉语学习产生积极影响。

说明：本文得到西安社会科学规划项目（项目编号：16Y118）资助。

参考文献

Bild，E. R. & Swain，M.，"Minority Language Students in a French Immersion Programme：Their French Proficiency"，*Journal of Multilingual and Multicultural Development*，1989，10：255-274.

Bowey，J. A.，"Syntactic Awareness in relation to reading skill and ongoing reading comprehension monitoring"，*Journal of Experimental Child Psychology*，1986，41：282-299.

Cenoz，J.，"Research on multilingual acquisition"，In J. Cenoz & U. Jessner（Eds.），*English in Europe：The Acquisition of a Third Language*（pp. 39-53）. Clevedon：Multilingual Matters，2000.

Fouser, R., "Problems and prospects in third language acquisition research", *Language Research*, 1995, 31: 387–414.

Jorda, M. P. S., "*Third Language Learners: Pragmatic Production and Awareness*", Clevedon: Multilingual Matters Ltd., 2005.

Pinto, M. A., "Titonc, R. & Trusso, F.", *Mctalinguistic Awareness: Theory, Development and Measurement Instruments*. Pisa and Roma: lstituti Editorali E Poligrafici lnternationali, 1999, pp. 54–76.

Treiman, R., "Phonological Awareness and its Role in Learning to Read and Spell, In D. J. Sawyer & B. J. Fox (Eds..)", *Phonological Awareness in Reading*. New York: Springer–Verlag, 1991, pp. 59–190.

Tunmer, W., "Pratt, C. & Herriman, M. (Eds.)", *Metalinguistic Awareness in Children: Theory, Research and implication*. Berlin: Springer-Verlag, 1984, pp. 169–187.

Jessner, U. Linguistic Awareness' in Multilinguals: English as a Third Language. Edinburgh: *Edinburgh University Press*, 2006.

Tunmer W E. *Metalinguistic ability and second language acquisition*. 1991, 36 (1).

Vildomec V. *Multilingualism*. A. W. Sythoff, 1963.

Cenoz, Jasone, Ed, Genesee, Fred, Ed. Beyond Bilingualism: Multilingualism and Multilingual Education. Multilingual Matters Series. *Language*, 1998, 76 (4): 950.

李伟超:《学习者语料库与二语、三语习得研究:回顾与展望》,《西安航空学院学报》2015 年第 2 期。

刘懋琼:《新疆高校少数民族学生外语分级教学与评价模式探析——跨文化交际视角》,《山西财经大学学报》2014 年第 S1 期。

沈家煊:《我看汉语的词类》,《语言科学》2009 年第 1 期。

曾丽:《苗族学生在三语习得中元语言意识的发展》,博士学位论文,西南大学,2010 年。

曾丽:《双语学习与词汇意识的发展》,《黔南民族师范学院学报》2011 年第 2 期。

郑小芳:《俄语、英语与汉语语法规则之比较》,《长春教育学院学报》2014 年。

徐芬：《儿童汉语和英语语音意识的发展及其相互关系》，博士学位论文，浙江大学，2002 年。

亚历山大：《汉俄词语前缀的研究及应用》，硕士学位论文，辽宁师范大学，2013 年。

（杨丽娟、陈荣娟、薛苑，西安外国语大学英语教育学院）

"一带一路"战略下语言服务供需对接研究:以陕西为例[*]

罗懿丹　郑海平

摘要: 实现"一带一路"战略下的"五通",首要和基础性的目标是"语言通",但现实中的国内语言服务仍存在着较严重的供需脱节问题。本文借用航天航空领域的物理对接概念,定义语言服务供需对接的概念和特征。以陕西为例,在语言供给、语言需求和信息认知三个方面,分析了语言服务供需对接的障碍,从语言人才培养、语言服务规划与政策扶持、语言服务行业标准与市场准入和语言服务信息平台搭建等四个方面提出相关对策建议。

关键词: 语言服务;供给;需求;对接

一　引言

"一带一路"建设的核心内容是实现政策沟通、设施联通、贸易畅通、资金融通、民心相通,而语言相通是实现上述"五通"的前提和基础。只有语言相通才能促进沿线(带)不同民族和国家之间的互相信任和理解,进而开展相关经济合作和发展,因此语言通是"一带一路"战略的先导工程和基础工程(赵世举,2015)。然而,目前国内语言服务业与"一带一路"国家战略要求相比仍存在着一些比较突出的问题。李德鹏(2016)从区域语言服务的供给角度,指出目前国内语言服务存在的问题与不足;更多的学者,如邢厚媛(2014)、邢欣等(2016)、李艳等(2016)则是从国家、社会和企业等语言消费主体的需求角度,指出目前国内语言服务业存在的问题与不足;文秋芳(2016)则是从语言人才培

* 本文得到西安外国语大学研究生科研基金项目(项目编号:syjs201610)的资助。

养角度，指出目前存在的突出问题。这些研究大都是从单一的供给或需求角度来分析语言服务业，缺少同时从供需双方出发，全面考虑语言服务供需有效对接的研究。本文借鉴航天领域的物理对接概念，从语言服务供需双方存在的问题入手，分析影响供需有效对接的障碍，提出相关对策建议，以促进国内语言服务业的发展水平。

二　语言服务供需对接的复杂性和动态性

"对接"一词来源于航天领域，其在《汉语大辞典》中的解释是两个或两个以上航行中的航天器靠拢后接合成为一体。不同于航天领域内的物理对接，本文所讨论的语言服务供需对接，是语言服务供给系统与需求系统相匹配和适应的一种状态，更多体现的是一种社会和经济层面的对接，表现出明显的复杂性和动态性。

（一）复杂性

首先，语言服务供需对接是一个复杂的多系统对接。至少包括以下三个系统的对接：一是语言服务人才的供需对接，包括语言人才培养单位（如高校、培训机构）与语言人才需求单位（如语言服务提供商、政府机构和社会团体）之间的对接；二是语言服务或产品的供需对接，包括语言服务提供商与语言服务直接需求主体（如语言需求企业和政府机构）之间的对接；三是来自语言服务供给与需求的信息对接和政策对接。显然，随着对接主体、对接要素和对接内容的增加，语言服务供需有效对接的复杂程度会成倍提高。

其次，存在影响语言服务供需对接复杂众多的外部因素。这些因素表现在政治、法律、政策、经济、社会文化和科技发展等多个层面，每一层面的因素变化都会引起语言服务供给和需求的变化。例如，随着"一带一路"战略的实施，沿线（带）一些国家的语言需求会直接增加，一些"冷门"语言会变为"热门"语言；再例如，随着人工智能和机器翻译技术的发展，正在对语言服务供给方式、内容和效率带来深远的革命性的影响。

（二）动态性

语言服务的供需对接不是简单线性的一次性对接，受外部因素和内部惯性的影响，对接会呈现出显著的动态性波动特征，按时间顺序可分为"人为对接""自然脱接""人为再对接"等几个阶段（如图1所示）。"人为对接"状态主要是指在政府语言政策的引导下，语言服务供需主体，尤其是语言服务供给主体，通过人为努力和调整，不断满足需求主体提出的数量和质量要求，供需对接度提高。然而，语言服务供需状况时刻都在发生变化，尤其是语言服务需求的频繁变化，要求供给方给予及时响应和满足，但由于语言供给原有系统的惯性和响应的迟滞性，会使语言服务供给的数量和质量不能立刻适应并满足语言服务需求；从供给角度看，直接导致语音服务供需系统由原来的对接状态变为"自然脱接"状态。"自然脱接"之后，随着供需双方的沟通和协调，加上政策的干预和影响，供给方会调整自己内部生产力要素开发和资源配置，使得供给服务方向调整、质量提高、成本降低，满足需求的质量和数量不断提升，使得本来的脱接状态逐步过渡到再次对接状态。由于脱接是相对自然的发展过程，而对接往往是人为的有目的的通过对供需的研究、策划和改进而达到的非自然过程，所以对接的过程相对较短，而自然脱接的过程则相对较长。

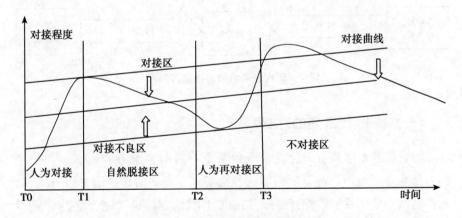

图1　语言服务供需对接动态性示意

三 "一带一路"语言服务供需对接障碍分析

语言服务供需系统是脱接与对接状态周而复始所达到的一个动态平衡的系统，正是由于这种动态特征，系统中任何的变化都会造成整个系统对接状态的改变。例如政策改变导致需求发生巨大的变化时，整个供需系统就会趋向脱接状态，而为了实现再次的对接，就需要供给能够及时感知到需求的变化并做出相应的调整。而现实情况下供需之间的信息传递障碍以及供给变化所需要的时间长短都会给供需对接造成一定的障碍。另外，由于语言服务供需系统复杂性的特征，我们在对对接障碍进行分析时，应充分考虑到多个主体和对接内容的多样性，因此我们可从语言服务需求系统、语言服务供给系统和供需双方的信息传递等三方面来分析"一带一路"战略下语言服务供需对接障碍（见图2）。

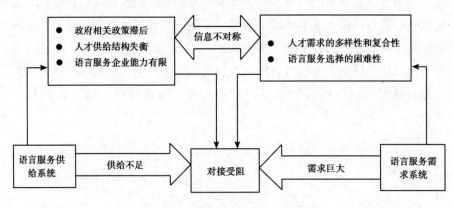

图 2   语言服务供需对接障碍示意

（一）基于需求系统的对接障碍

语言服务需求具有广泛性，既包括企业对语言服务的需求，如"走出去"企业开展跨国经营所需要的包括翻译、文案写作、语言服务培训、软件网站本地化及字幕配音等服务；也包括社会对语言服务的需求，随着国家之间的人员流动，进行如工程建设、商贸往来、旅游探亲、留学、跨国婚姻等活动时，能够帮助流动人员克服工作生活中语言障碍的相关服务；还包括政府对语言服务的需求，如政府在进行国家之间的文化、经济、政治等外交活动时所需要的翻译服务以及熟悉相关国家文化、政治、宗教背景的人才的需求。从目前"一带一路"语言服务需求的角度看，至少存在以下障碍。

一是语言人才需求的多样性和复合性无法得到满足。"一带一路"涉及 65 个国家和 53 种官方语言，语言资源丰富，语言状况复杂（王辉、王亚蓝，2016）。但从部分陕西企业在"一带一路"国家投资经营的实际需求调查看，这些企业不仅需要语言类专业型人才，更需要既精通对方语言，又熟悉东道国政治、历史、法律和社会文化的综合型人才，以及既精通对方语言，又熟悉经贸合作相关专业知识的复合型人才。

二是语言服务需求主体对语言服务选择的困难。由于语言服务市场缺乏统一的行业标准和完善的管理机制，语言服务市场上目前的鱼龙混杂，语言服务的价格和质量信息存在较为严重的不对称性，很容易形成语言服务需求主体的逆向选择，用很低的价格买来更低的服务。加上多数需求主体对语言服务的质量感知和价格因素存在相对的模糊性，很难对语言服务做出客观的价值判断，导致对语言服务做出不合理的预算。

（二）基于供给系统的对接障碍

一是政府政策供给相对滞后。"一带一路"在不同层面、不同领域、不同区域和人群中对语言服务需求各有差异，这就需要有关部门主导，尽快制定服务于"一带一路"建设的语言建设规划，比如教育部门在制定高校语言人才培养政策时，应充分考虑到"一带一路"政策对语言服务人才需求的影响，制定出更加符合市场需求的人才培养政策，克服"当前我国语言规划与管理，职责分散多处，各揽一块，政出多门，步调不一"等存在的问题（李宇明，2007）。

二是人才供给结构上存在失衡。高等院校是语言人才培养的主力军，但在专业设置、培养方式和培养层次等方面目前存在结构性失衡，不能满足"一带一路"战略对语言服务所提出的数量和质量上的要求。首先，高校语言类专业语种结构不合理，大多都是以英语为主，小语种种类有限，招生人数有限，以陕西为例，全省 81 所本科院校中有 28 所开设了英语专业，每年毕业 3000 余名本科生中有近三分之二的为英语专业，研究生中有近一半的为英语专业，市场消化能力有限。一些"一带一路"国家的小语种，如阿拉伯语、印尼语、乌尔都语等只有西安外国语大学一所高校开设，就业市场供不应求。另外，高校人才培养模式上，多数院校侧重于对单一语言能力和语言素养的培养，而不同程度上忽视了与其他学科专业结合，而语言加专业的复合型人才才是当今社会最为紧缺的人才。

表 1　　　　陕西高校语言类本科生和研究生招生情况（2016 年）

语种/专业	本科院校（所）	本科招生（人）	研究生院校（所）	研究生招生（人）
英语	28	1984	12	509（翻译专硕 303）
商务英语	4	165	1	30
日语	13	422	4	64（翻译专硕 22）
俄语	4	121	2	41（翻译专硕 25）
朝鲜语	2	56	1	4
德语	1	54	1	15（翻译专硕 13）
法语	2	54	1	10（翻译专硕 13）
葡萄牙语	1	30	0	0
西班牙语	1	27	1	7
乌尔都语	1	16	0	0
阿拉伯语	1	16	1	4
意大利语	1	15	1	4
波斯语	2	13	0	0
印尼语	1	13	0	0
泰语	0	0	1	4
翻译	3	85	1	30

资料来源：全国高校本科招生信息网、研究生招生信息网。

三是语言服务企业能力有限。《中国翻译服务业 2014 年分析报告》显示，截止到 2013 年年底，国内语言服务企业为 55975 家，专职从事语言服务业人员为 119 万人。但这些企业和人员主要分布在东部地区，在北京、上海、江苏、浙江省的语言服务类企业数量占到全国 76%。陕西作为西部地区，其语言服务企业无论是在数量还是服务能力上，与全国平均水平相比，都存在很大差距。

（三）基于信息认知的对接障碍

供需系统是两个相对独立又互相影响的系统，加之它们都处于不断变化中，因此要实现有效的对接，就需要在两个系统间构建出一座联通彼此的桥梁，通过这座桥梁实现信息的流通和对称。也就是供给系统可以迅速地了解到需求要素和需求变化，通过改变供给来适应需求，从而实现有效对接。同时，需求方也能更容易地获取供给的信息，比如供给市场的价格和供应商的种类及名称，从而以更合理的价格选择适合自己需求的供应商。由于我国的语言服务市场缺乏信息交换沟通的平台，使供需双方的信息不对称不透明，造成了需求巨大供给无法满足，同时，供给系统中鱼龙混杂，语言服务价格低廉，降低了供给系统的内在动力，供需系统之间很容易出现脱节。

四 实现语言服务供需对接的对策建议

（一）加强语言服务整体规划与政策扶持

由于语言服务供需对接涉及多个系统，因此需要政府相关部门加大语言服务整体规划和政策扶持力度，明确语言服务行业的市场定位，制定具体的发展规划，协调语言服务相关主体关系，调查语言服务行业的现状，及时发布相关的数据，使需求供给更有效地对接，从而使语言服务行业更稳定的发展。

（二）制定相应的行业标准及市场准入机制

任何行业的发展都离不开行业的管理机制和准入机制，语言服务行业由于缺乏类似于行业协会的监管机构，对企业的准入和从业人员的资格认证没有合理统一的标准，导致了行业发展中所呈现的鱼龙混杂、参差不齐的现状。因此，建议政府应当赋予一些部门和组织相应的权力来制定和监管语言服务行业，尽快促进语言服务行业管理体系的形成，使得语言服务市场运行得更加规范合理。

（三）政产学研相结合，培养专业化、应用型复合型外语类人才

语言人才的培养不能只停留在校园里，停留在对书面知识的了解，而与实践脱节。以高校为主的外语人才培养单位要破除原有培养模式的弊端，紧盯"一带一路"战略下对语言服务提出新要求，创新培养手段和方法，突出应用型人才培养，实现高校和企业协同培养。产学结合的主要形式包括建立实习基地，企业和高校共同开发培训课程，合作编辑教材等。

（四）搭建语言服务行业信息交流的平台

由于我国语言服务供需系统在发展的过程中形成了相对独立的系统，因此要实现有效的对接，需要一个切实可行的信息交换平台作为对接的基础。从人才培养计划、语言服务商对人才的录用，以及政府对语言服务市场的政策导向及对企业和供应商的管理办法等信息，都能通过这个平台公开地面向语言服务的供给与需求系统，如此这样，供给系统可以及时了解市场需求的变化，从而从语言服务供应商到高校人才培养计划以及政府政策三方面都能做出及时的响应和调整。

参考文献

赵世举：《从服务内容看语言服务的界定和类型》，《北华大学学报》（社会科学版）2012 年第 3 期。

孙强、黄唯：《地区性人才供给与人才需求的差异性分析与对接研究——以苏北地区为例》，《理论月刊》2010 年第 8 期。

孙存良、李宁：《"一带一路"人文交流：重大意义、实践路径和建构机制》，《国际援助》2015 年第 2 期。

王传英：《语言服务业发展与启示》，《中国翻译》2014 年第 2 期。

刑厚媛：《中国企业"走出去"的现状和对语言服务的需求》，《中国翻译》2014 年第 1 期。

李德鹏：《一带一路背景下的区域性语言服务——以云南省为例》，《渤海大学学报》2016 年第 1 期。

赵世举：《一带一路建设的语言需求及服务对策》，《云南师范大学学报》2015 年第 4 期。

王立非、崔启亮：《中国企业"走出去"语言服务蓝皮书》，对外经贸大学出版社 2016 年版。

张卫国：《语言的经济学分析：一个初步框架》，博士学位论文，山东大学，2008 年。

康蕊：《一带一路战略下陕西经济面临的机遇与挑战》，《合作经济与科技》2016 年第 9 期。

吴月刚：《跨界民族——一带一路建设中的人才需求与供给》，《中国民族报》2016年第7期。

顾颖：《一带一路战略背景下陕西人才政策研究》，《经济金融》2016年第4期。

王明明：《翻译在陕西文化产业发展中的角色应用型翻译人才培养对策研究》，《教改教法》2014年第8期。

赵启正：《语言服务是跨越文化障碍之桥》，《中国翻译》2014年第1期。

郭晓勇：《加强语言服务行业建设　服务中国国际传播战略》，《对外传播》2011年第7期。

陈章太：《语言规划研究》，商务印书馆2007年第2期。

薄守生、赖惠玲：《当代中国语言规划研究——侧重于区域学的视角》，中国社会科学出版社2009年版。

李宇明：《提升国家语言能力的若干思考》，《南开语言学刊》2011年第1期。

姚亚芝、司显柱：《中国语言服务产业研究综述及评价》，《北京交通大学学报》（社会科学版）2016年第1期。

孙兆刚：《科技供给系统与需求系统的对接机制研究》，《科技管理研究》2011年第16期。

徐维祥、张静尧、卢丽华：《小企业与大市场对接的内涵、特征及对接度研究》，《国民经济运行》2001年第7期。

文秋芳：《"一带一路"语言人才培养问题》，《语言战略研究》2016年第2期。

邢欣、梁云：《"一带一路"背景下的中亚国家语言需求》，《语言战略研究》2016年第2期。

李德鹏：《当前我国语言服务面临的困境及对策》，《云南师范大学学报》（哲学社会科学版）2015年第2期。

李艳、高传智：《"一带一路"建设中的语言消费问题及其对策研究》，《语言文字应用》2016年第3期。

王辉、王亚蓝：《"一带一路"沿线国家语言状况》，《语言战略研究》2016年第2期。

（罗懿丹、郑海平，西安外国语大学商学院）

"一带一路"战略下的口译人才培养模式：以西安外国语大学高级翻译学院为例*

李向东

摘要：随着"一带一路"战略的实施，国内开设口译课程的高校越来越多，口译教学界关于口译人才培养模式的探讨也随之增多。与此同时，国际翻译教学界也提出了新的以学生为中心、基于翻译过程、情境式、合作型教学模式。在国内外翻译教学研究与改革的背景下，西安外国语大学高级翻译学院坚持把口译教学作为一个系统进行探索、实践、研究，将学生需求、目标定位、教学设计、效果评价、社会需求等诸多因素纳入口译教学系统，制定了一套与本土社会需求相适应的培养方案。作者将具体描述这一教学模式的主要内容、相关教学研究、教学效果。希望本模式能够对陕西本土以及国内其他兄弟院校翻译人才培养模式的探索与实践提供借鉴。

关键词："一带一路"战略；口译人才培养模式；教学研究；教学效果

一 引言

"一带一路"战略的实施离不开语言保障。随着"一带一路"战略的实施，国内开设口译课程的高校越来越多，我国教学界关于口译人才培养模式的探讨也随之增多。国内翻译教学研究已经形成多样化的格局，翻译教学界推出了各种教学模式，如厦大模式、广外模式、3P口译教学模式、交互式口译教学模式、任务型口译教学模式等（陈卫红，2014；古琦慧，2009；刘建珠，2012；王建华，2010；王静，2010），并积极探讨翻译系

———————————
* 本文得到西安市2016年度社会科学规划基金项目（项目编号：16Y120）资助。

列核心课程的有效教学方法。与此同时，国际翻译教学界也发生着前所未有的变革。2000年以来，传统的以教师为中心、基于翻译产品、非情境式、非交际型的教学模式逐渐被以学生为中心、基于翻译过程、情境式、合作型教学模式所取代（González Davies，2005）。

在国内外翻译教学研究与改革的背景下，西安外国语大学高翻学院坚持把口译教学作为一个系统进行探索、实践、研究，将学生需求、目标定位、教学设计、效果评价、社会需求等诸多因素纳入口译教学系统，制定了一套与本土社会需求相适应的培养方案，既可以满足学生的需求，又可以还原口译职业真实性、缩小教室与市场环境的差距。

在本文中，作者将论述这一教学模式的主要内容、相关教学研究、教学效果，希望本模式能够对陕西本土以及国内兄弟院校翻译人才培养模式的探索与实践提供借鉴。

二　西安外国语大学高翻学院的培养模式简介

口译人才培养模式大体分为初级（传统口译课堂）、中级（模拟会议）、高级（口译实习）三个阶段。

口译人才培养的初级阶段侧重发挥传统课程优势，加强技巧训练，夯实口译基础能力。口译初学者（本科生和低年级研究生）在语言、交际、心理素质等方面不足以胜任真实口译任务；而根据口译能力的发展规律，传统口译课堂可以培养学生双语、心理素质、转换、知识等方面的能力。课程设计以格雷夫斯（Graves，2000）提出的课程模式为指导，共分为四个循环阶段：设计课程，实施课程设计，改进课程设计，实施改进后的课程设计。

口译人才培养的中级阶段实施案例教学，开展情境模拟，提高职业素养，以"模拟会议"或者"三角课堂"为主。此阶段的训练开始引入情境因素，逐步把市场因素引入课堂，先采用"三角课堂"形式，把英语母语、汉语母语人士请进课堂，围绕某一主题进行交流，学生提供口译服务，然后教师可以组织更为正式的"模拟会议"。根据社会建构主义、情境学习理论、口译职业的高情境化特征，口译教学可以采取模拟会议等情境化的教学方式，而根据口译能力发展规律，模拟会议有利于培养学生的策略能力、交际能力、职业素养，帮助学生在传统口译课堂教学的基础上进一步提高口译技能，深化对口译职业的认知。另外，模拟会议能够产生积极的反拨效应，激发学生的学习主动性和热情，帮助学生在教师指导下体验真实口译过程，为学生的职业生涯奠定基础。

口译人才培养模式的高级阶段需要依托合作项目，鼓励课外实习，缩小教室与市场距离，以学生课外实习为主。根据社会建构主义、情境学习理论、口译职业的高情境化特征，口译教学可以采取口译实习等情境化的教学方式，而根据口译能力发展规律，口译实习能够培养学生的职业素养、外事商务礼仪、人际交往等方面的能力，帮助学生在模拟会议的基础上进一步提升口译综合能力和职业素养。高翻学院与陕西省涉及外事活动的单位建立合作关系，先后发展了多家口译、语言服务实践基地，同时鼓励学生赴省外单位实习。有多名学生先后在联合国日内瓦办事处、陕西省外事办公室、陕西省总工会等多家省内外单位实习。另外，经学院安排、教师介绍或其他渠道，两年来，学生在教师的指导下先后为多次外事活动提供口译、语言服务。

三　西安外国语大学高翻学院的培养模式之个案研究

（一）案例一：翻译课程设计的模式——以视译课程为例

1. 内容构想

构想课程内容是决定授课具体内容和制定教学目标前的关键步骤。构想的过程包括对课程内容的分类、优选和组织。

教学内容，可以分为四大版块：视译能力、知识储备、社会情境和学习环境。视译能力和知识储备共同组成了翻译能力（translation competence），而只有四者全部相加时才能完整地构成译者能力（translator competence）（Kiraly，2000）。传统的教学方法更侧重于翻译技能的培养。本文涉及的教学环境中最终的目标是使学生具备译者能力。因此，社会情境和学习环境都应是视译教学中的重要考量。

依照笔译和口译对译员技能的要求（Kalina，2000；Kelly，2005；Neubert，2000；PACTE，2003），视译能力应当包括双语能力、职业素养、知识储备、跨文化交际能力、转化能力、策略能力、心理素养。笔者把知识储备归为单独的能力，一方面是由于其不同于其他技能，知识储备无法量化成若干不同的技巧，也不能结合到某一教学任务中；另一方面是由于知识的积累是其他平行课程的优先教学目标之一，而并非视译类课程的关注重点。

架构课程的原则是以循序渐进、先易后难的方式展开，从难度可控的任务再到模拟真实情形中的视译训练。该原则充分体现了翻译教学中职业现实和技巧训练相结合的教学方法。每个任务都包含了一系列的子技巧。这和库尔兹（Kurz，1992：245）的提议相吻合：口译"由若干相互依赖的子技巧构成"，"教学应按照先易后难的方式展开，将问题单列开来，每次集中解决一个问题，之后再逐渐将其搭建成更为复杂的任务"。应当强调的是，这些子技巧并非是视译训练的最终目的。只有将其融入六个任务模块中，进行逐个练习，最终目标才能实现。

2. 目标制定

目标（goal）和目的（objective）的所指范围不同，前者范围相对要广。这里的目标是指视译课程的"最终目的地"，而目的（或子目标）则是学生在到达目的地之前经过的不同"站点"（Graves，2000）。

基于加里·克莱因（Gary Klein）和罗伯特·霍夫曼（Robert Hoffman）的专业技巧发展的不同阶段（expert continuum）（新手、内行、生手、老手、专家、大师）（1993）、格雷夫斯（Graves）的 KASA 框架［知识（K）+意识（A）+技巧（S）+态度（A）］和教学目标制定的 SMART 原则［具体（S）+明确（M）+可操作（A）+现实性（R）+时限性（T）］，视译课程的目标如图 1 所示。教学目标可以分为若干易于学生掌握、方便教师教授的子目标。

3. 课程架构

课程围绕六个任务展开，每个任务包含不同的视译技巧。课程从最基本的任务（分析性阅读、公共演讲、阐释/复述）开始，以更复杂的任务（限速视译、计时视译和视听口译）结束。六个任务构成了课程的六个模块，历时 16 周。

在课程设计中，笔者将视译能力分成了六个相互依赖的子技巧，将这些技巧进一步融入到课程的六个任务模块中。如前面所提到的，伊莉莎·恩斯纳斯（Elisa Calvo Encinas，2001）发现学生无法在不同的课程模块之间自动建立衔接。因此，包含若干技巧的模块学习不应是训练的最终目

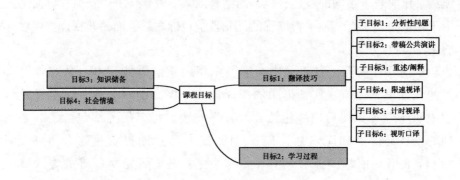

图 1　课程目标

标。应建立必要的关联，故学生可在掌握各项技能的基础上，形成整体的译者能力（Kelly，2005）。因此，在模块排序时，笔者遵循了两项原则。一是格雷夫斯于 2000 年提出的循环法或螺旋式原则（recycling or spira-ling），即将前几周练习的任务再次引入到后续模块中，进行深度的强化练习。这条原则也得到了多萝西·凯莉（Dorothy Kelly，2005）的认同，她认为只有具备一定的背景知识，学生才能做出调整和补充，学习的过程就是一个调整和补充的过程。第二条原则是格雷夫斯（2000）提出的构建原则（building），根据这条原则，排序时应遵循由易到难、从教学任务到真实情境下的任务、由语内翻译到语际翻译的顺序，后续任务"构建"于前一任务基础之上。

在每个课程模块中，不同课时的排序亦遵循了构建原则，即后续任务较前一任务更为复杂，或者说，后续任务的完成需要前一任务的知识铺垫。课时的排序还遵循了由教学任务（难度可控）到真实情境（不设限）的原则（Graves，2000）。在练习（exercises）中，学习者可专注于学习某一项技巧，而在课堂活动（activities）中，学习者有针对性地使用某些技巧，完成特定交际任务。有关视译课程设计的细节内容，可参考李向东（Li，2015a）。

（二）案例二：翻译教学法——以模拟会议为例

在本节中，笔者将介绍模拟会议设计的具体原则和步骤。笔者基于情境学习的原则，总结并运用了如下七条准则。

第一，建立以学生为中心的学习环境。技能不是直接由教师传递给学生的。教师是管理者、引导者，给予学生鼓励。人本主义的教学模式尤为必要，不仅可以提升学生的自信和自尊，还可以保持学生积极性。

第二，保持任务真实性。告诉学生任务内容、参与人员、交际目的、时间、地点，方便其做好译前准备。学生应当着装恰当，服务真正的客户，为真实的会议演讲做口译。不建议教师降低任务的难度。其一，发言人与会议代表应该只精通一种工作语言，这样口译服务就是唯一的信息来源，学生便能感受到促进交流的需要，从而促使学生扮演协调者的角色，反馈也因此更具建设性。其二，模拟会议应当包含不同发言人（母语使用者、非母语使用者、有口音的、没有口音的等），不同话题（经济、商务、教育、文化、法律等），不同发言形式（研讨会、有视觉辅助的会议报告、没有视觉辅助的会议报告、即兴发言、脱稿发言、有稿发言等），为学生进入真实市场做准备。其三，工作场景（社区、研讨会、会议设置）也应多样化，因为不同的口译场景模式需要不同的口译能力。

第三，辅助知识建构。教师应提供任务概要，来有效激活、更新学生的图式（背景知识），帮助学生更好地理解原文。简要介绍任务概况之所以重要，是因为学生可以从中了解足量的信息，对交流语境有一个宏观的了解，以便出色地完成任务。

第四，鼓励学生反思。反思技能在发展学生态度、策略能力中起着至为重要的作用。模拟会议后，应给学生反思个人表现的机会，了解自己在模拟会议中各种表现的原因。通过自我评估，学生可以发展元认知技能（如自我监督、自我反思、独立思考、自主学习的能力等），了解自己的优势与不足，教师可以了解学生的进步与需求，从而使学生学习和教师教学都更具针对性。

第五，建立学生间互动合作的关系。准备模拟会议时，让学生以小组的形式合作，搜索相关背景信息，建立词汇表。在模拟会议结束时，鼓励学生互评反馈。鼓励学生分享个人的模拟会议体验（尴尬时刻、临时出现的问题及其解决方法、学到的经验等）。

第六，提供学生进入实践社区的途径。邀听众与客户反馈学生表现，评价学生的语言技能、认知技能、人际交往能力以及专业程度。教师或专家则负责反馈学生的目前水平、应达到的水平、出现问题的原因以及如何提高。这种建设性的批评意见在帮助学生建构职业口译员的身份方面具极大的指导意义。

第七，设计真实的评估场景。教学评估中应融入情境学习，教学和评估因此合二为一。口译是一项高度情境化的活动。因此，在考核学生是否具备全面的口译技能时，应当考虑到情境或语境因素。相比传统课堂活动，模拟会议是典型的情境化活动，可以更好地反映出学生的技巧水平。

基于以上原则，可得出以下六个步骤：

第一步，译前任务介绍：介绍主题、背景、发言人、日期、议程、资源、准备要点等。

第二步，译前准备：搜索背景以及文件，分析平行文本，分析类似文本，建立词汇表，分享信息，学生讨论，分工（谁给谁口译）等等。

第三步，会前训练培训：说明模拟会议的流程和相关事宜。教师根据自己与学生的讨论，商定总结出一套衡量标准。学生则对照标准查漏补缺、扬长避短等等。

第四步，模拟会议当天：学生轮流口译。

第五步，译后反馈：学生自我评估，同伴互评，客户及听众反馈，教师或专家反馈并给出建议。

第六步，通过评估结果改进教师教学方式、学生学习方法。

有关模拟会议设计的详细内容，可参考李向东（Li，2015b）。

四　西安外国语大学高翻学院的培养模式的效果

（一）教学效果综述

该教学模式的实施对翻译专业的发展具有重要推动作用，实现了教学理念和教学方法的创新，丰富了视译、交替口译等传统特色课程的内涵。学生对"视译""交替口译"等基础课程的期末评价均为90分以上，在对课程教学效果的匿名反馈中，学生对基础课程和模拟会议活动给予了充分肯定。

该教学模式实施以来，学生专业能力提升效果显著。学生在校、省级口译、辩论、演讲等赛事中获奖多次；先后为多次外事活动提供口译、语言服务；全国英语专业八级考试良好率在全国名列前茅。

本模式对培养学生的综合素养与竞争力具有明显效果。本科生被英国、美国等国家的高校录取为硕士研究生，或成功考取国内高校的硕士研究生，其余学生顺利就业。

本模式具有良好的示范效应，受到国内外同行的认可。口译教学团队设计的"英语会议口译课程"进入省级精品资源共享课建设行列；在第九届全国口译大会暨国际研讨会上，我院教学模式获得与会代表的积极肯定；口译教学专家北京语言大学刘和平教授、北京第二外国语学院张文教授曾经莅临课堂现场观摩教学；全国知名口译研究与教学专家刘和平教授在《中国翻译》发表的文章中，对高翻学院的口译人才培养模式给予充分认可，认为其"极具示范性和启发性"；另外，学院以相关成果为依托，先后获得校级、省级教学成果二等奖。

下面分类报告三个教学阶段教学效果的相关内容。

（二）初级阶段的教学效果

研究人员对学生初级阶段学习的反馈进行了整理、归类、分析。学生对口译课程的期末评价均为 90 分以上，对相关基础课程给予了充分肯定。学生对初级阶段教学模式教学效果的反馈如表 1 所示。

表 1　　　　　学生对初级阶段教学模式教学活动的反馈

受认可的教学活动	
教学活动	录音与自评
	不记笔记抓大意
	教师点评
	小组互评
	译前准备

（三）中级阶段的教学效果

研究人员对学生中级阶段学习的反馈进行了整理、归类、分析。学生对中级阶段教学模式教学效果的反馈如表 2、表 3、表 4 所示。

表 2　　　　　　　　　学生对中级阶段教学模式的评价

类别	非常不同意	不同意	同意	非常同意
我认为模拟口译活动是一种非常好的学习经历	0	0	33%	67%
我非常享受模拟口译活动这一教学活动	0	20%	53%	27%
我对模拟口译活动中自己的表现非常满意	0	40%	60%	0
模拟口译活动能够有效提高我的口译能力	0	0	47%	53%
模拟口译活动能够激发我的学习热情	0	7%	53%	40%

表 3　　　　　　　　　学生列举的中级阶段教学模式的优点

优点	提及频率
真实的工作环境	14
有利于提高抗压能力	9
有利于熟悉工作步骤	4
反思自己的长处与不足	4
综合练习各种技巧	4
培养职业素养	3
提高交际能力	3
学习主题知识	2
重新思考自己的职业定位	1

表 4　　　　　　　　　中级阶段教学模式能够提高的技巧

能力类别	提高的能力	
双语能力	分析性听力与理解	
	译语表达（演讲技巧等）	
	译语产出自我监控	
	语言灵活度（有丰富的语言储备，应付各种表达问题）	P
知识能力	主题知识	P
跨文化交际	非语言交际手段（面部表情、身体语言等）	P
	文化概念的翻译策略（文化词、习语等的处理）	
双语转换能力	英汉双语转换（特定句式的译法、数字、术语、套话，以及某些特定句式的翻译技巧）	P

续表

能力类别	提高的能力	
心理素质	注意力	P
	边听边记笔记	
	边读笔记边译	
	抗压能力	P
	精神敏捷度（灵活处理各种突发问题）	P
策略	使用综述、省略、重复、问发言人等策略应对口译现场出现的理解、表达、设备等问题	P
职业素养	译前准备，与有关部门、人员的沟通，与同行的合作等	P
	职业道德（衣着规范、举止得体等）	P
	对自己口译表现的自我反思，发现优点和进步空间	P

（四）高级阶段的教学效果

研究人员对学生高级阶段学习的反馈进行了整理、归类、分析。学生对高级阶段教学模式教学效果的反馈如表 5 所示。

表 5　　　　　　　　高级阶段教学模式能够提高的技巧

技巧	提及频率
与有关部门、人员的沟通，与同行的合作等	11
行业知识与礼仪	11
主题知识	10
对交际语境敏感度	9
精神敏捷度（灵活处理各种突发问题）	8
抗压能力	8
译前准备	8
职业道德（衣着规范、举止得体等）	7
使用综述、省略、重复、问发言人等策略应对口译现场出现的理解、表达、设备等问题	7
非语言交际手段（面部表情、身体语言等）	6

五 结语

目前，我国很多知名高等院校都形成了自己的口译人才培养模式，如"北外模式"、"上外模式"、"广外模式"、"西外模式"、"北语模式"、"厦大模式"、"川大模式"等（刘和平、许明，2012）。这些教学模式是在综合考虑口译人才培养的共性和各个院校特殊性的基础上，长期教学实践、总结、研究的结果。作者在本文中分享的"西安外国语大学高翻学院培养模式"是在长期的教学和科研实践中摸索出来的、具有创新性且与培养高水平专业翻译人才目标相一致的人才培养模式。希望本模式能够对陕西本土以及国内兄弟院校翻译人才培养模式的探索与实践提供借鉴。

参考文献

Calvo Encinas, E., *La evaluación diagnóstica en la didáctica de la traducción jurídica: Diseño de un instrumento de medida.* Unpublished research paper, Universidad de Grannada, 2001.

González Davies, M., "Minding the process, improving the product: Alternatives to traditional translator training", In M.Tennent (Ed.) *Training for the New Millennium* (pp.67-83). Amsterdam: John Benjamins, 2005.

Graves, K., *Designing Language Courses: A Guide for Teachers.* Boston, MA: Heinle & Heinle, 2000.

Kalina, S., "Interpreting competences as a basis and a goal for teaching", *The Interpreters' Newsletter*, 2000, 10: 3-32.

Kelly, D., *A Handbook for Translator Trainers.* Manchester: St. Jerome, 2005.

Kiraly, D., *A Social Constructivist Approach to Translator Education.* Manchester: St.Jerome, 2000.

Klein, G.& Hoffman, R., "Seeing the invisible: Perceptual cognitive aspects of expertise".In M.Rabinowitz (Ed.) *Cognitive Science Foundations of Instruction* (pp.203-226). Hillsdale, NJ: Erlbaum, 1993.

Kurz, I., "Shadowing exercises in interpreter training".In C.Dollerup &

A.Loddegaard （Eds.） *Teaching Translation and Interpreting* （pp.245–250）. Amsterdam：John Benjamins，1992.

Li，X.，"Designing a sight translation course for undergraduate T & I students：From context definition to course organization." *Revista Española de Lingüística Aplicada*，2015a，28：169–198.

Li，X.，"Mock conference as a situated learning activity in interpreter training：A case study of its design and effect as perceived by trainee interpreters." *The Interpreter and Translator Trainer*，2015b，9：323–341.

Neubert，A.，"Competence in language, in languages and in translation". In C. Schäffner & B. Adab （Eds.） *Developing Translation Competence* （pp.3–18）. Amsterdam：John Benjamins，2000.

PACTE.，"Building a translation competence model." In F.Alves （Ed.） *Triangulating Translation Perspectives in Process-oriented Research* （pp.43–66）. Amsterdam：John Benjamins，2003.

陈卫红：《网络环境下口译课多模态教学模式的构建》，《上海翻译》2014 年第 3 期。

古琦慧：《口译课程模式的开发及应用：以培养译员能力为中心的模式》，《外语界》2009 年第 2 期。

刘和平、许明：《探究全球化时代的口译人才培养模式》，《中国翻译》2012 年第 5 期。

刘建珠：《口译人才培养的"3P 模式"研究》，《外语与外语教学》2012 年第 4 期。

王建华：《基于记忆训练的交互式口译教学模式实证探索》，《外语学刊》2010 年第 3 期。

王静：《网络环境下任务型口译教学模式的设计与实践》，《外语电化教学》2010 年第 3 期。

（李向东，西安外国语大学高级翻译学院）

西安高层次科技人才英语
强化培训模式研究[*]

李新梅　杨曼君　王　洒　吴小妹

摘要：随着国际全球化的发展和丝绸之路经济带建设的全面启动，西安高层次科技人才的英语培训刻不容缓。本文通过问卷调查的形式，对在西安外国语大学参加英语培训的高科技人才从学员、课程体系和"教与学"三个方面进行了深入研究。选取 100 份有效问卷，使用 SPSS 进行问卷分析。研究表明：（1）在关注学员特殊性和差异性的基础上，应建立起全方位、立体式的特色课程体系，即"英语语言训练+文化介绍+社会生活技能训练+专业英语提升"的体系；（2）应采用多元教学法，利用互联网优势，满足学员充分提高英语能力的需求，将学员培养成复合型人才。

关键词：科技人才；英语强化；培训模式

一　引言

21 世纪，经济发展全球化的趋势日益显著，科学技术的发展日新月异。国与国之间在经济、文化、科技、社会等诸多方面交流越来越频繁。为了更加适应国际化、全球化的发展形势，英语学习成为国家教育领域发展的主要内容之一。英语培训及其研究也在中国变得越来越重要。但是通过对多年相关研究的梳理，我们发现，国内对英语的研究主要集中在中、小学和大学各个阶段的英语学习，对成人英语培训的研究较少，而对高科技人才的短期英语培训所做的研究就更是稀缺。

2015 年 2 月 3 日《光明日报》刊发复旦大学英语专家蔡基刚教授的

* 本文得到西安市社会科学基金重点项目（项目编号：16Y121）资助。

文章。文章指出：中国大陆成人的英语水平明显落后于亚洲的韩国、日本甚至越南。这大大地阻碍了我国学术国际化战略，即高校和科学界的研究成果用国际通用语在国际学术刊物上发表和交流的发展战略。国际化战略是振兴中华、实现中国梦的重要部分，而科技专业人员的英语能力却制约了这种战略的胜利实现。另外，第三世界国家发表的论文少、水平低，与英语水平低有很大的关系（蔡基刚，2015）。

西安市高校林立，科研院所众多。在"一带一路"的建设中，高层次科技人才起到举足轻重的作用，因此他们英语能力的提高刻不容缓。然而目前对高层次科技人才培训的研究还不够充分，究其原因，主要有以下几点：第一，高科技人才具有特殊性，但他们的特殊性在英语培训领域并未被充分认识到，并未与其他学习者区分开来。第二，从事相关英语培训的教师有着丰富的教学实践经验却缺乏理论支持与理论研究，因此对特色课程体系缺乏系统性的建设。第三，教学方法虽然在不断探索与改进，但仍然沿袭教师满堂灌的传统模式，缺乏教学方法的科学性和针对性。

学员在有限的时间内，要接受英语强化培训的任务，为全国统考和出国深造与访学做准备，时间紧，任务重。我们的研究问题是：应该建立什么样的高效英语培训模式来满足学员快速提高英语能力的需求？

二　研究设计和研究方法

（一）研究设计

为了了解学员在西外英语培训中存在的实际问题，我们从研究对象，课程设置和"教与学"三个方面对学员进行了问卷调查。

第一部分：学员个人基本情况调查。目的是调查学员背景的变量是否对学员英语培训效果产生影响，对英语强化培训模式产生影响。

第二部分：课程设置调查。此次问卷是在学员进行培训临近结束时进行的，请学员对比、评价参加培训前、培训后英语能力（阅读、听力、写作、口语）的变化情况。学员对于在西外培训的效果会有更客观的认识。例如：哪些方面的培训对他们将来的访学生涯更有帮助，哪些课程的针对性更强，哪些课程需要增加等。

第三部分："教与学"调查。从教和学两个角度调查教师教与学员学的情况。例如：学员是否满意教师的"教"，自身"学"的表现如何，课堂上到底应该以谁为主体，课后学员对英语学习的投入如何，在互联网的时代，学员对英语学习 APP 的使用和对翻转课堂、微课堂的态度如何。

问卷设计完成后，我们采用问卷调查的方式收集了西外培训部第 75 期学员的反馈，抽取有效问卷 100 份。

（二）研究方法

问卷收集后，研究者把数据录入电脑，使用 SPSS 对数据进行分析，主要使用了其中的"描述性数据分析"功能，统计频次和百分比。

三　研究发现及面临的问题

（一）学员的背景信息

本研究以在西外培训部接受英语培训的西安高层次科技人才为研究对象。西外培训部是教育部直属的 11 个外语培训基地之一。自 1979 年成立以来，为国家公派留学人员培训外语已累计达 10 万人次。

西外培训部的公派留学人员主要是西北地区各大高校的专业教师和科研院所的研究人员，主要来自西安交通大学、西北工业大学、西北大学、西安电子科技大学、西安建筑科技大学、中科院相关研究单位、航空航天相关研究所等。作为高层次专业技术人员，他们从事航空、航天、飞机制造、医药学、工程学、生物学、地质学、建筑学、材料学等领域的教学和科研工作。学员基本信息如表 1 所示。

表 1　　　　　　　　　　　学员基本信息

学员基本信息		男（60人）	女（40人）
年龄	<30 岁	4	6
	30—35 岁	18	16
	36—40 岁	16	14
	>40 岁	22	4

续表

学员基本信息		男（60人）	女（40人）
最高学历	博士	54	40
	硕士	6	0
最高水平外语学习	硕士研究生英语	16	6
	博士研究生英语	42	32
	其他语种	2	2

从表1可以看到，参加英语培训的国家公派出国人员在40岁以下的占到74%，是学员的主体。40岁以上的学员仅占26%。学员都具备非常高的学历：94%的学员是博士，尤其是女学员100%都是博士。96%的学员接受过硕士研究生英语、博士研究生英语的学习。

学员在培训期间学习困难情况如表2所示。

表2　　　　　　　　　　　　　学员学习困难的表现

学习困难的表现	学员的比例
词汇量太大，记忆困难	76%
发音不准，影响交流	64%
对英语国家和文化了解不足	34%
自身压力大，容易焦虑	28%
考试难以应付	24%
语法复杂	20%
没有时间学习	4%

表2显示，学员虽然具有高学历，也曾学习过英语，但部分学员因为多年不使用英语，对英语词汇遗忘了很多。部分学员以前只关注阅读的能力，忽略了听和说的能力，基本属于"聋子英语""哑巴英语"，要听懂，再说出来，是个很大的挑战。学员对音标缺乏系统的学习，概念模糊。另外，学员对英语国家的概况了解得不够充分，对一些常识性或文化性问题知之甚少。面对英语培训强度大、时间紧、任务重的现实情况，28%的学员产生焦虑的状况，这要引起研究者们足够的重视，及时进行心理疏导，帮助学员解压，顺利完成培训任务。

作为西安高层次科技人才，学员在英语强化培训中也遇到各种各样的困难，但在经过短期强化培训后，80% 的学员明确表示，他们的学习很顺利，虽然有困难，但基本能克服。但是还有 20% 的学员表示困难大，非常难克服。那么建立一个怎样的课程体系才能最大程度地满足学员英语强化培训的需求呢？

（二）课程体系

21 世纪以来，国际外语教学理论常把外语教学分为专门用途英语（ESP）和通用英语（GE）两大类。ESP 指有一定特殊目的如学业和职业学习的外语教学，而 GE 指除单纯学习外语并无应用目的的外语教学。根据不同目的，ESP 又可派生出学术英语（EAP）和行业英语（EOP）。EAP 侧重培养学习者在专业学习和研究中所需要的英语口语和书面交流能力，例如用英语听讲座、记笔记、阅读文献、撰写论文和参加国际会议及学术讨论等能力。EOP 培养学习者在工作中的英语职场交际能力。

国外知名专家达德利·埃文斯（Dudley Evans）和圣·约翰（St. John）提出需求分析模式，为 ESP 的课程设置提供了一个分析框架，清晰地反映出各种需求之间的联系，尤其提出对语言本体、学习者个体和学习过程的分析（Evans & John，1998）。他们的模式涵盖了目标情景分析、学习情景分析和目前情景分析三个维度，是较为全面的一种需求分析模式。

西安要建设成为国际大都市，需要提高高层次科技人才的英语水平，因此构建适合西安高层次科技人才外语培训的课程体系就非常关键。

众所周知，语言专项课程分为听、说、读、写四大类，每门课程都有自身特色。同时，使用语言是综合能力的体现。因此不但要进行专项技能研究，还要把技能整合在一起研究，要为学员量身定做英语培训课程并建立相关体系。其中，自编的系列教材甚为关键。高质量教材的编写需要时间，试用周期长，语言资料的更新又很快，所以在教材编写过程中要不断遴选资料，又要不断补充和更新资料以满足学员的需求。

问卷显示，80%的学员对西外培训部的课程体系给予了充分的肯定，但学员也希望再增加一些课程。学员希望增加的课程如表 3 所示。

表 3　　　　　　　　　　　学员希望增加的课程

学员希望增加的课程	学员的比例
语音学	46%
科技英语	42%
词汇学	34%
报刊英语	20%
语法	14%

　　表 3 显示，学员最希望增加语音课。虽然他们都拥有高学历，也有过英语学习的经历，但并未系统地学习过英语，语音方面也没有经过严格的训练，对连读、弱读、同化等没有概念。因此语音常常成为听力理解和口语表达上的障碍，使他们在使用英语交流的过程中遭遇很大的困难。如何更好地向学员介绍语音常识确实极具挑战。

　　另外，问卷显示学员希望自身专业的英语水平有所提高。但因为培训时间有限，而学员又来自不同的专业（不同于单一企业的培训：学员来自同一个专业，如银行、医学、核能研究），因此如何提升是个问题。

　　在紧张的学习之余，学员也希望能够寓教于乐，生活丰富多彩，在西外培训部的学习有张有弛。因此从新增的课后教学活动中我们可以体会到学员的愿望与需求。学员希望增加的课后教学活动如表 4 所示。

表 4　　　　　　　　　学员希望新增的课后教学活动

学员希望新增的课后教学活动	学员的比例
定期的英语角	56%
播放英语电影、演讲视频等	44%
举办英语演讲、作文比赛、朗读比赛等活动	32%

（三）教与学

　　问卷调查显示，90%学员对西外培训部的教学效果满意。80%的学员认为通过培训在英语能力上有大幅度或一定幅度的提高。但也有 20%的学员认为自己没有多少提高。68%的学员认为学习不理想的原因是自己不努力，50%的学员认为自己的学习方法不当。那么学员的学习方法有什么不当的地方呢？问卷显示在"教"与"学"的关系中，教师处于指导、引领的作用，而学员并未充分发挥学习的主观能动性。有 50% 的学员在课堂上等待教师给机会去发言、做练习，而不是积极争取。因此，"等待心理"值得我们关注并做进一步的研究。如何鼓励学生增强学习的主动性意义重大。另外，有 56% 的学员承认自己不能按时完成作业，时间投入无法保障，这对于语言来说是个大忌。语言的积累是一点一滴的，不能一蹴而就。

从问卷中我们可以看到，在运用互联网技术方面，学员有很大的积极性。80% 的学员能够主动运用手机 APP 背英语单词、阅读英语网页、收听英语新闻等。利用互联网时代的科技优势来学习英语，是一个新的特点。当学习英语成为学员自愿主动的行为，进步就是必然的。通过调查，我们知道 88% 的学员对翻转课堂和微课非常期待。西外培训部已经着手开始这方面的研究和准备。

总之，我们通过问卷分析，对学员的特点有了更清楚的认识，对课程设置有了系统性、科学性的建设思路，对教与学的关系也有了新的认知。我们把学员语言程度的差异、课程设置的针对性、全面性不足、"教与学"中学员主动性不强等问题作为本研究的主要内容。

四　提高西安高层次科技人才英语培训效果的总体对策

（一）学员

通过研究，我们发现高层次人才在语言培训的过程中学习动机、学习心理存在变化，因此教师应该寻找干预的时机，在学生最需要帮助和鼓励时引导他们将外部压力转为内在动力，以激发学员的学习积极性和主动性，指导学员确立学习目标，提高课堂效率，克服各种困难，帮助学员成为自主学习者，并成为英语应用的实践者。

（二）课程设置

全方位英语训练：在较短的时间内，为学员建立专项语言训练，分设阅读、写作、中教口语、外教口语、听力、听力测试等课程，使学员全面提升语言能力。增设课后辅导帮助学习困难的学员。

开设文化讲座：邀请归国学者与专家为学员开设讲座，介绍英语国家概况，如英国、美国、加拿大、澳大利亚、新西兰的国情与文化介绍，帮助学员做好出国前的储备，减少文化冲击带来的负面影响。同时，开设"用英语讲中国文化，用英语讲中国故事"的内容。这一点非常重要，因为访学的身份特殊，不仅仅代表个人，更多的是代表国家形象，所以在了解目的国文化的同时，也必须会用英语给英语国家的人们讲述、传播中国文化。

加强社会生活技能实践：学习如何应对国外生存的多种问题。课后提供阅读书单，推荐国内外网络学习资源和学习软件，使学员在课后根据自己的需求继续提升各项能力。

专业英语的提升：为了更好地利用在国外学习与工作的机会，学员在英语学习不断进步的基础上，自觉加强对自身专业英语的提升。我们建议培训部开设讲座，讲座由"英语专业的教师+某专业领域的学员"的模式共同完成。两周一次，录制视频，学员可多次课后观看，反复学习。

从以上分析我们可以看出，英语强化培训应加强全方位、立体式、特色教学，形成"英语语言训练+文化介绍+社会生活技能训练+专业英语提升"的多维度、系统性培训的课程设置。

（三）教与学

推进分层教学。从学员的实际出发，进行分班考试，分类指导，因材施教。建立学习困难学员的帮助机制。运用多种教学法，改变教师满堂灌的传统教学方式，倡导启发式、探究式、讨论式、参与式教学，课堂以学员为主体，并引导和帮助学员进行自主式学习与合作式学习。

强调语言实践。语言的学习一定要通过实际运用来掌握，开发实践课程，增加课堂活动，帮助学员摆脱"哑巴英语"和"聋子英语"的状况，大胆练习，勇于表达。

加强教材建设。西外培训部多年来一直为公派留学人员量身打造专业教材系列。目前，最新编写的教材《出国留学实用英语阅读教程》和《出国留学实用英语听力教程》经过试用，已正式出版发行，受到学员的一致好评。写作、口语等其他相关配套教材也在准备中。

"互联网+"的新教学模式补充。创新教学途径，充分利用信息化特点，更新教学理念，采取教学新举措。例如：班级建立信息共享平台，使用互联网+视频、音频、文字资料，学习心得等。教师的资料，学员的作业都可以及时通过网络上传，尤其方便了口语、写作等作业的提交与点评。使用学习 APP，学员可以在业余时间更有效地背单词、读句型、看文章，迅速增加语言的积累。研究微课堂、翻转课堂，最大程度地与国际教学理念接轨。

总之，建立科学完整的教与学实践过程，帮助学员在最短的时间内提高各项能力，顺利通过国家统一语言测试、相关国外专家面试并且能够自如地在国外生活、学习和工作。

五　结语

对西安高层次科技人才英语强化培训模式的研究，符合国家、陕西和西安的发展战略需求。

2010 年国家颁布《国家中长期教育改革和发展规划纲要（2010—2020 年）》，纲要明确指出要培养大批具有国际视野、通晓国际规则、能够参与国际事物和国际竞争力的国际化人才。

同年陕西省人民政府颁布《陕西省贯彻〈国家中长期教育改革和发展规划纲要（2010—2020 年）〉实施意见》，明确指出扩大教育对外开放，加强教育对外交流与合作，鼓励高校与国外高水平大学和科研机构加强合作，建立教学科研合作平台，提高教育国际交流水平，加大选派高校教师出境学习与培训。

2016 年 1 月，时任陕西省省长娄勤俭在陕西省十二届人大第四次会议的工作报告中明确指出：陕西已站在对外开放的前沿位置，"十三五"是陕西全面建成小康社会的决胜期，要着力提升对外开放的品质，积极建设"一带一路"，构建丝绸之路经济带国际交通商贸、科技创新、产业合作、文化旅游、区域金融中心。这些任务的完成必须充分发挥陕西的人才优势和提升陕西高端人才的英语水平。

本研究以在西外培训部接受出国前短期外语强化培训的西安市高层次科技人才为研究对象；针对研究对象建设具有"英语语言训练+文化介绍+社会生活技能训练+专业英语提升"的全方位、立体式的特色课程体系；采取多元化教学法，通过对外语培训的研究与实践，建构更科学、更具系统性和针对性的西安市高科技人才的外语培训模式。

通过分析学员的个体差异，找出影响学员语言学习运用能力的主、客观因素，研究语言学习过程中出现的心理变化、情绪波动、焦虑状态等对语言学习能力的影响。整合课程体系，采用多元化教学方法。紧跟国际化和信息化时代的特点，尽量满足学员的个体要求。通过培训，公派留学出国人员迅速提高英语的应用能力，尽快适应国外的学习、工作、研究与生活，与国外高端科技接轨，增强高端科技的交流与合作，站在理论前沿，扩大视野，成为西安国际化发展的巨大推动力。通过西外的英语培训，使西安当地的高层次科技人才能力提升最大化。可以说，提高西安高层次科技人才的英语素养是实现西安国际化战略需求极其关键的因素。

在以后的研究中，我们会对已经出国的西外学员进行跟踪调查，以了解更真实的学员要求，指导以后的英语培训，努力将学员培养成为具有国际视野的复合型人才：满足英语需求、专业需求、社会生活需求等，建立更科学的西安高层次科技人才英语强化培训模式。

参考文献

Dudley Evans，T. & St. John. *Developments in English for Specific Purpose*：*A Multi-Disciplinary Approach*. Cambridge：Cambridge University Press，1998.

蔡基刚：《英语能力明显弱于他国　我国高校外语教学必须转型》，《光明日报》2015 年 2 月 3 日。

娄勤俭：《陕西省十二届人大第四次会议政府工作报告》，2016 年1 月。

国务院：《国家中长期教育改革和发展规划纲要（2010—2020年）》，2010 年 7 月。

陕西省人民政府：《陕西省贯彻〈国家中长期教育改革和发展规划纲要（2010—2020 年）〉实施意见》，2010 年 9 月。

（李新梅、杨曼君、王洒、吴小妹，西安外国语大学出国留学人员培训部）

汉英学术语篇中作者身份的跨语言、跨文化对比分析

黑玉琴　黑玉芬

Abstract：This study investigates author identity represented by both implicit and explicit self-references in English and Chinese conference abstracts （CAs）. A quantitative analysis is conducted to find out the distribution of different authorial roles realized by the deictic noun phrases （*this paper/study/researcher/author*） and the first person singular and plural pronouns （*we* and *I*） in the subject position. Then, a qualitative analysis is conducted to explore reasons behind the distinctive features found in the use of the linguistic devices, by referring to different social and cultural backgrounds, discourse communities, writing conventions as well as the genre and discipline. The results show that the English CA writers present themselves more frequently and in more explicit ways, showing stronger authorial power from a more individual perspective while the Chinese CA writers tend to project author roles in more impersonal or indirect ways, showing weaker authorial power from a more collective perspective. By analyzing author identity in English and Chinese CAs, this study aims to extend the current contrastive study on academic discourse.

Keywords：Author identity, English and Chinese conference abstracts, linguistics conference abstracts

1　Introduction

In recent years, following the modified notion of academic discourse as in-

terpersonal or interactive rather than "purely objective, impersonal and infor-
mational, designed to disguise the author and deal directly with facts"
(Hyland & Tse, 2005, p. 123), growing research has seen academic
discourse as a forum or platform, where the author interacts with other scholars
and the audience, takes a position, presents his/her voice or identity
(Hyland, 2005; Hyland & Tse, 2012; Flottum, 2009). Thus, the argu-
mentative nature of academic writing calls for a visible author, who clearly indi-
cates position in relation to one's own and others' findings (Hyland, 2002b;
Dahl, 2009). Such author presence or representation in text or discourse is
often referred to as author identity (Hyland, 2002a, b). Attention has espe-
cially been given to how authors represent themselves through different roles as-
sumed in text and their linguistic realizations. Previous research has
demonstrated that one of the typical linguistic resources used to present the
author in discourse is first person, which obviously constitutes the most direct
and explicit author identity (Ivanic, 1998; Tang & John, 1999; Hyland,
2001). It is shown that first person "is a powerful means by which writers ex-
press an identity by asserting their claim to speak as an authority, and this is a
key element of successful academic writing" (Hyland, 2002b, pp. 1093 –
1094).

　　So far, most of the studies have placed great emphasis on first person pro-
nouns, the explicit forms of author identity (Ivanic, 1998; Kuo, 1999;
Tang & John, 1999; Hyland, 2002a, b; Mur Duenas, 2007; Sheldon,
2009; see Section 2 for a detailed review). However, more recent research
shows that there are other types of linguistic devices indicating author presence,
but in implicit ways, such as *this paper* and *this study* (Bondi, 2009;
Flottum, 2009). These are linguistic realizations of implicit author presence,
referring to the author indirectly through either the text/research or the writer/
researcher (Bondi, 2009). Flottum (2009) used the term "implicit
presence of self" (p. 117) for such uses. For example, expressions like "this
paper investigates. . . " or "the writer looks at the following instances of. . . "
are used to present the author as *a researcher* or *guide* to readers. This is espe-
cially the case when different languages or disciplines are taken into considera-

tion, for there may exist much variation (Flottum, 2009). Bondi (2009) explored in detail the use of such implicit forms as *this paper/article/study* for author representation in Italian and English historical articles. Dahl (2009) in the study on author identity in English RA abstracts of economics and linguistics found frequent uses of the inanimate noun *paper* or *article* combined with verbs like *examine* and *present* for authorial roles in nearly all the abstracts without first person pronouns. These studies point to the need for a comprehensive investigation into both explicit and implicit forms of author presence (Flottum, 2009). By focusing on English and Chinese conference abstracts (CAs), we intend to look at the ways in which writers in linguistics use these devices to establish their identities across cultures.

Previous comparative studies have investigated the effects of cultural and disciplinary factors on the uses of micro linguistic features like personal pronouns (Vassileva, 1998, 2000; Hyland, 2002a, b; Martinez, 2005; Flottum, 2009; Dahl, 2009; Mur Duenas, 2007; Sheldon, 2009; Lores-Sanz, 2009), focusing on the roles or functions of the pronouns in the construction of author identity in different disciplines or cultures/languages, for example, first person pronouns used in the research articles (RAs) or RA abstracts between English and several European languages (French, Norwegian, German, etc.) in the fields of economics, linguistics and medicine (cf, the KIAP project, www. uib. no/kiap; Flottum, 2009; Dahl, 2009); in English, German, French, Russian and Bulgarian RAs in linguistics (Vassileva, 1998, 2000); and in English and Spanish RAs or RA abstracts of various fields (Martinez, 2005; Mur Duenas, 2007; Sheldon, 2009; Lores-Sanz, 2009). These studies have demonstrated "the use of *I* as critical to meaning and credibility, helping to establish the commitment of writers to their words and setting up a relationship with their readers" (Hyland, 2002b, p. 1093). However, there has been almost no such research into author identity in CAs.

Studies on the genre of CAs have so far concentrated on establishing the macro textual structure of this genre in different disciplines (cf. Hallect and Connor, 2006). For example, Halleck and Connor (2006), in their study on rhetorical moves in TESOL conference proposals, reviewed six studies on CAs in the fields of rhetoric and linguistics, all devoted to the textual pattern and rhetorical moves. One most recent CA study (Cutting, 2012) examined vague language in the abstracts for two linguistics conferences in Britain to discover if the language chosen reflected the level of completeness of the abstract. Yet, it does not specifically analyze the use of first person pronouns. Therefore, it is our contention that there is still a need to extend present comparative studies on author identity to other genres and to those between English and non-European languages like Chinese so as to enhance people's understanding of both NNES and NES writers' construction of authorial identity.

The purpose of this paper is to examine author identity as it is expressed through (a) explicit self-reference (Kuo, 1999; Tang and John, 1999; Hyland, 2002a), i. e., first person pronouns (*I/we*); and (b) implicit self-reference (Flottum, 2009), i. e., deictic noun phrases (*this paper/research* and *the writer/researcher*) (Bondi, 2009) used in English and Chinese CAs submitted to two international linguistics conferences, and then to further explore reasons behind the similarities and differences. To achieve the goals, it intends to answer the following two questions:

1) How is author identity expressed by academic writers from different socio-cultural backgrounds (China and English-speaking countries) in terms of explicit and implicit author self-reference?

2) What are the reasons behind their respective features or writing practices?

2　Author identity in academic written discourse

To date, author identity has been extensively studied by many researchers or scholars, mainly concerned with types of author identity manifested by first person pronouns and their rhetorical functions (Ivanic, 1998; Tang and John, 1999; Kuo, 1999; Hyland, 2002a, b; Mur Duenas, 2007; Sheldon, 2009; Flottum, 2009; Dahl, 2009). Ivanic (1998) identified three different types of author identity in writing, i. e., the autobiographical self, the discursive self and the self as author. Tang and John (1999) later expanded the typology to five authorial roles: representative, guide, architect, recounter, opinion-holder and originator. Other studies, based on the rhetorical functions in the use of first person pronouns, have established some more categories. For example, Kuo (1999) identified six types of author roles in his study of personal pronouns in RAs, which are: proposing a theory or approach, stating a goal or purpose, showing results or findings, showing commitment or contribution to research, comparing approaches or viewpoints and expressing a wish or expectation. Focusing on the clear discourse functions accompanying the first person pronouns, Hyland (2002b) in a comparative study on first person pronouns used in project reports (PR) by final year Hong Kong undergraduates and in RAs from different fields identified five types of authorial roles: stating a goal/purpose, explaining a procedure, stating results/claim, expressing self-benefits, elaborating an argument.

More recently, in-depth studies on authorial roles played by a specific first person pronoun in single language or cross-linguistic studies have been conducted. Mur Duenas (2007) in a comparative study on the rhetorical functions of the exclusive first person plural subject pronoun "we" in English Business Management research articles by American and Spanish scholars added three more functions to Hyland's classification, which are: stating a hypothesis, an expectation or a wish; assessing the limitations of their research; assessing the strength of their research. From a more pragmatic-rhetorical perspective, Flottum (2009) in his study of the self-and other-dimensions of academic voices in English RAs of economics, linguistics and medicine established four author roles: writer, researcher, arguer and evaluator. Dahl (2009), based on Flottume's (2009) study, further investigated author identity in 80 English and Norwegian RA abstracts of economics and linguistics abstracts, focusing on three author roles: researcher, writer and arguer, and found uses of researcher as the dominant authorial role in economics but arguer in linguistics. Finally, from the postmodern view of author identity, Sheldon (2009) explored first person pronouns in the Spanish and English RAs of linguistics and language teaching, incorporating into the analysis the "reflexive role" of first person pronouns, which is perceived to be the most powerful because it is concerned with the writer's actual experiences in the research process. A typology of six authorial roles was created on the basis of Tang and John's (1999): conveyor of general knowledge, guide or navigator, conductor of research, evaluator of previous claims, originator of claims, and the reflexive role. They are then examined further in a continuum of authorial power, from the least powerful role, conveyor, to the most powerful, the reflexive role.

The above review shows that despite more refined and complete categorization of authorial roles in the studies of author identity, the analysis of implicit author self-reference is still lacking, especially the comparative one between English and Chinese. Also, the academic genre analyzed is still limited to RAs or RA abstracts. Thus, the present study attempts to fill the gap in the field.

3 Method

3.1 Data collection

Altogether 60 English CAs were selected from the Conference Program (in the PDF format) of the 11th International Cognitive Linguistic Conference (ICLC), held at Xi'an International Studies University from 11 to 17 July, 2011. A total of 368 abstracts were accepted by the reviewing committee for the conference, but these were filtered for the abstracts written by English-L1 authors. Such screening was to ensure that the data can represent as much as possible the authenticity of English CAs. 60 Chinese CAs were also collected from the PDF Conference Program of the 14th International Conference on Contemporary Linguistics in China (ICCLC), held at the same university from 11 to 13 May, 2012. Compared with the ICLC2011, the ICCLC2012 is much smaller in scale and more domestic in nature, with almost all the CAs written in Chinese. There were 164 abstracts accepted for the conference. Likewise, abstracts written in English or by non-native-Chinese speakers from universities outside China were excluded.

While examining the CAs, we noticed some striking differences between the two sets of CAs. One of these is the length. The English CAs appeared more or less the same in length, about 500 words, while the Chinese CAs varied greatly in length, from 200 to 800 words. The specific word limit requirements in the submission guidelines posted on the two conference websites are 500 and 300 words, respectively. Also, unlike Sheldon's analysis (2009), the present study included only single-authored abstracts, though there are both single and co-or multi-authored CAs in our data. It is assumed that such restriction may lead to more interesting results, especially in the present cross-linguistic study. Finally, CAs that met the above requirements were randomly selected to form the two small corpora used in the study, the English corpus (ICLC2011) containing 24, 385 words and the Chinese (ICCLC2012) 44, 286 words (Chinese characters).

3.2 Data Analysis

We employed Sheldon's (2009) framework of analysis, but modified it by adding the implicit authorial role (cf. Bondi, 2009; Flottum, 2009) to the typology, indicating the least authorial power, as illustrated in Fig. 1 below. Sheldon's model was selected because unlike previous studies, it also reveals clearly the strong or weak authorial power accompanying each role. This allows a much fuller view of author identity in academic texts, given the cross-cultural nature of this study.

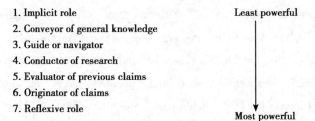

1. Implicit role   Least powerful
2. Conveyor of general knowledge
3. Guide or navigator
4. Conductor of research
5. Evaluator of previous claims
6. Originator of claims
7. Reflexive role   Most powerful

Fig. 1: Classification of Author Identities
(Adapted from Sheldon, 2009, p. 254)

For the explicit authorial roles, we focused on the first person subject pronouns in both languages, including singular forms *I*/我 (*wo*) and plural forms *we*/我们 (*women*), which can be inclusive or exclusive, because a subject pronoun conveys "a stronger authorial voice" (Mur Duenas, 2007, p. 150).

The identification of the authorial roles depends on types of verb processes as described in transitivity of functional grammar (Halliday, 1994) together with the co-text where the pronoun occurs. The combination of the two renders a more precise identification of different authorial roles. For example, the conductor role, manifested by verbs like *work*, *interview*, *collect*, *select*, etc. indicating material processes, often occurs in the context describing the research process.

The same type of analysis could be applied to the deictic noun phrases representing implicit authorial roles. However, for this study, we are more interested in the general characteristics of implicit roles rather than the specific types. Besides, they are not the commonly used or typical means of constructing authorial roles in English (Flottum, 2009), though we believe that the identification of these roles is essential to the interpretation of author identity as a whole. The implicit linguistic devices analyzed in our study include *this research/study/paper* and *the researcher/writer* in English and the Chinese counterparts 本研究/本文 and 研究者/笔者. Used as epistemic subjects, they play an important role in constructing the worlds and uncovering ideologies in academic texts (MacDonald, 1994).

The actual analysis comprises both quantitative and qualitative analyses. First, an electronic word search was performed to examine and classify all the instances of both implicit and explicit author representation based on the criteria and categories mentioned above. Then, all the identified items were counted for the frequency and distribution of author roles in the two corpora. Following this basic quantitative analysis was the qualitative analysis intended to give an interpretation of the differences and similarities found in author representation.

In the following analysis, the first-person pronouns and deictic noun phrases appear in italics, with each Chinese example accompanied by a literal English translation (in brackets) for the sake of direct comparison between the two languages. The page number in the parenthesis at the end of each excerpt indicates the page of the conference program where the extract was taken.

3.2.1 Implicit authorial roles

This type of roles is often realized by placing deictic noun phrases (the paper/research/author) in the subject position followed by the verb processes, like material （*study*, *collect*）, mental processes of perception （*observe*, *note*）, etc. （Halliday, 1994）. Used as agents of the investigation or discourse participants, the phrases actually refer to the author, allowing him/her to justify the research and meet expectations of the discourse community （Sheldon, 2009）. However, by hiding behind the research or text, the author represents the least powerful role. The examples below illustrate such use.

Ch. 本研究将从历时的角度探讨这一问题，集中如下三个方面：（p. 69）［*This study*, from the diachronic perspective, will explore the issue, focusing on the following three aspects：］

Eng. *This paper* will examine some well-known and lesser-known examples of natural grammatical patterns. （p. 157）

3.2.2　Explicit authorial roles

Conveyor of general knowledge

This role mainly concerns providing general information or conveying a common understanding to readers. Serving to demonstrate accepted knowledge, it also shows much weaker authorial power （Sheldon, 2009）.

Ch. 在话语交流中有一种我们非常熟悉的现象，就是一些话语常常传递一些额外的信息。（p. 56）［In discourse communication, there exists a phenomenon that *we* are all very familiar with, that is, extra information often conveyed by some utterances.］

Eng. *We* first invented language, and then language changed us. （p. 49）

Guide or navigator

The main function of this role is to guide readers through the facets of text by providing overt signals of textual information or structure （Sheldon, 2009）. It is often realized through verbs showing mental processes of perception, e. g. , *observe*, *see* and *look*, etc. （Halliday, 1994）. The examples below show that the CA writers in both languages are conscious of giving readers a clear guidance of the aspects of the text.

Ch. 根据我们搜集到语料来看，"就是"既有连词也有关联副词词性。（p. 39）［*We* can see from the data collected that "jiushi" can be used as both a conjunction and a conjunctive adverb.］

Eng. In this second part, *I* will look at the use of these verbal structures in severely deaf children. (p. 44).

Conductor of research

This mainly serves to describe research procedures or methodology used, including data collection, instruments, the framework of analysis, etc. The role is mostly manifested by verbs of material processes (Halliday, 1994): *collect*, *interview*, *analyze*, etc., often used in the past tense.

Ch. 我们首先根据海内外已有的研究和相关量表编制筛选初表。(p. 5) [First, *we* designed a preliminary selection table based on the previous studies and relevant parameters in China and overseas.]

Eng. *I* will use bilingual art magazines, in particular, sections on written reports and reviews of exhibitions and installation arts. (p. 21)

Evaluator of previous claims

The evaluator role, showing agreement, disagreement or interest in a position, issue or topic, is associated with explicit cognitive verbs of the mental process (Halliday, 1994), such as *think*, *agree*, *believe*, *assume*, etc.

Ch. 我们认为可能不然。我们基本赞同这一分析方法。(p. 58) [However, *we* don't think *so*. We basically agree with this analytical method.]

Eng. *I* would like to emphasize that there is much need for an analytical framework of applied cognitive typology. (p. 8)

Originator of claims

By claiming authority and showing originality of the ideas, authors announce their presence in the distinctive contribution and commitment to a position, which explicitly projects a much powerful role, the second most powerful in Sheldon's (2009). The examples below illustrate how writers in both languages use the pronoun to act as the originators or arguers of their claims.

Ch. 我们提出内容名词小句与关系名词的论元实现相一致。(p. 58) [*We argue* that the content noun clause is the same as the argument of the relative pronouns.]

Eng. In this paper, *I* will argue that there is one important argument for a supplementary blending analysis: ... (p. 25)

Reflexive role

The reflexive "I" was adopted in Sheldon's (2009) analysis to show how writers position their research by drawing attention to their experiences or involvement in the research process, usually reflected in the narrative accounts. This role "allows authors to create a powerful textual self" (Starfield and Ravelli, 2006, qtd. in Sheldon, 2009, p. 256). It is used with verbs such as *feel* (mental processes), *say* (verbal processes) and *be* (relational processes) (Sheldon, 2009).

Ch. 而在教学实践中, 我们感到主观性和客观性任务, 小组合作式和个人式任务需要相互搭配。(p. 73) [In actual teaching, *we* felt that subjective or objective tasks and group cooperation or individual work must complement one another.]

In this example, the writer explored the task-based learning, and here she is telling the readers what she realized while carrying out the study in her teaching.

4 Results and Discussion

4.1 Results

The computer word search produced a total number of author roles in each set of data, as presented in Table 1. Given different lengths of the two corpora, the normalization of the identified items per 1000 is needed to ensure accurate comparison (Biber, Conrad, & Reppen, 1998).

Table 1   **Frequency and Distribution of Author Roles in the Two Sub-corpora**

Author Roles	English (24, 385)		Chinese (44, 286)	
	Sub-total	per 1000 words	Sub-total	per 1000 words
Implicit roles	58	2. 38	160	3. 62
Explicit roles	96	3. 93	75	1. 69
Total	154	6. 31	235	5. 31

The normalized frequency of the total use of implicit and explicit forms of author identity shows more instances of author roles in the English CAs

(6. 31) than in the Chinese (5. 31), with much more explicit authorial roles in the former (3. 93 to 1. 69) but more implicit ones (3. 62 to 2. 38) in the latter.

To find out specific realizations of implicit author roles, we further analyzed the two corpora in terms of the three types of deictic expressions: *this paper/article*, *this study/research*, and *the researcher/writer*. Table 2 below shows the raw counts of the implicit author roles.

Table 2   **Distribution of Implicit Author Roles in the English and Chinese CAs**

Implicit Author Roles	English CAs (58 instances)		Chinese CAs (160 instances)	
	No.	%	No.	%
This paper/article *Benwen/wenzhang*	30	52%	139	87%
This study/research *gaiyanjiu/diaocha*	28	48%	13	0. 8%
The writer/researcher *bizhe/zuozhe*	—		8	0. 5%
Total	58	100	160	100

The table shows clearly the more dominant uses of "this paper/article" in Chinese (87%) than in English (52%) but much fewer uses of "the writer/researcher" (*bizhe/yanjiuzhe*) in Chinese (0. 5%) and even the absence in English. In contrast, the use of "this study/research" is much higher in English (48%) than in Chinese (0. 8%).

Then, the distribution of explicit authorial roles realized by the first person subject pronouns in the data is summarized in Table 3. Altogether there are 96 occurrences of the pronouns in English and 75 in Chinese. The most striking difference lies in the form of the first person pronouns used. Whereas most of the English CAs (74%) use the singular form, almost all the Chinese single-authored CAs (99%) employ the plural form, an interesting result worth more discussion.

Table 3 **Distribution of Explicit Author Roles in the English and Chinese CAs**

Explicit	English			Chinese	
	we %	I %	Total %	我们 % we (women)	我 % I (wo)
Conveyor	3 2%	—	3 3%	7 9%	
Guide/navigator	3 12%	14 20%	17 18%	9 12%	
Conductor	5 20%	17 24%	22 23%	17 23%	1 1%
Evaluator	11 44%	19 27%	30 31%	21 28%	
Originator	3 12%	21 30%	24 25%	14 19%	
Reflexive		—		6 8%	
Total	25 26%	71 74%		74 99%	75 100

4.2 Discussion

From the findings in Table 1, we can see that both explicit and implicit author roles are adopted in the two sets of CAs, but the Chinese prefer the impersonal or implicit means to a greater extent while the English tend to display more explicit author presence. Atkinson (1999) described such difference as "object-centered" rhetoric in Chinese writing and "author-centered" rhetoric in English writing (qtd. in Wang, 2009, p. 178). Also, some scholars (Hyland, 2002b; McCool, 2009) accounted for this phenomenon in terms of collectivism and individualism in the two cultures. That is, explicit author representation in the form of first person pronouns reflects a kind of stance valued in an individualist culture, but such strong writer identity may be in conflict with the beliefs and values in a collectivistic culture (Hyland, 2002b). In cultures with strong individual identities and personal opinions, writers tend to use more direct means like the personal pronoun "I" more frequently, "giving language a unique power" (McCool, 2009, p. 32). In contrast, in a collective culture that values humility and modesty, writers prefer to hide behind the text, expressing their opinion, position and attitude in a more implied or indirect manner so as to avoid conflict and to moderate "potential problems between people" (McCool, 2009, p. 53).

However, given the relatively larger amount of occurrences of implicit author roles in Chinese, we think that, if first person pronouns are regarded as "a powerful way of projecting a strong author identity" (Hyland, 2002a, p. 354) in English, then the use of the discourse object or the text itself to represent the author can be endowed with a strong rhetorical role in other cultures, like Chinese, too.

4.2.1 The implicit author representation

Table 2 reflects how implicit authorial roles are represented in English and Chinese. We can see that, though both Chinese and English CA writers adopt the implicit or impersonal means of author presence, the former are overwhelmingly more implicit than the latter, as shown in the type and the number of the deictic noun phrases used. Specifically, to appear less intrusive, Chinese CAs mainly use *this paper/article* whereas there are much more uses of *this study/research* in English. Despite different epistemic subjects (MacDonald, 1994) used, this indicates a somewhat formulaic nature of the references to the paper or to its typical procedure or study in academic writing (Bondi, 2009), especially when the noun clusters are used with verbs like *examine, investigate, analyze, develop, focus, study*, etc., as illustrated in the examples below:

Ch. 本文考察了汉语中动构式的几个结构。(p. 35) [*This paper* examined some typical verb constructions in Chinese.]

Eng. *This study* will explore lexical networks through word association tests in Chinese L1 and L2. (p. 98)

Such uses reflect the typical feature of scientific language discussed in previous studies (Dahl, 2009). We assume that both Chinese and English CA writers are inclined to stating their research in more impersonal terms, hiding their research or acting role to a greater extent (Mur Duenas, 2007). However, careful examination of the context reveals great variations in the roles these formulaic phrases play in the two sets of corpora. That is, in English their use is much restricted, mainly for the roles of guide/navigator and conductor, which "commit the writer to little and carry only a very weak identity" (Hyland, 2002a, p. 354) whereas in Chinese they tend to represent a much wider range of roles. Even more interesting are the uses for key argumentative functions in Chinese, such as the roles of originator and evaluator, usually realized by firstperson pronouns in English to emphasize the writer's contribution, as can be seen from the following expressions:

Ch. 本文认为 [*This paper* thinks/argues....]

本文基本同意 [*This paper* basically agrees....]

本文提出 [*This paper* proposes that....]

本文指出 [*This paper* points out...]

作者论证 [*The author* demonstrates...]

笔者认为 [*The writer* thinks...]

笔者分析了 [*The writer* analyzed...]

Eng. In this paper, *I* argue...

In this paper, *I* propose/suggest....

In this paper, *I* will demonstrate/show....

In this paper, *I* hypothesize....

We can see that English CA writers are clearly taking a stand as arguer or evaluator. In the field of linguistics, it is necessary to create research findings through argumentation in the text, which requires clear signaling of author position (Dahl, 2009). In this sense, English CA writers are typical representatives of such a pattern of argumentation. The Chinese CA writers, on the other hand, tend to present their voice through text or impersonally, instead of presenting and justifying claims through direct reference to themselves. To some extent, this does not mean there is little argumentation. It just means the authors are more cautious as regards personal involvement in this form of direct commitment.

Such writing practices show the influence of the underlying socio-cultural contexts in China (Wang, 2009; Taylor and Chen, 1991). The clear distinction between personal writing and public writing in Chinese history may prevent writers from expressing or projecting their own voices, which reflects a broader need to maintain social harmony and connectedness (Wang, 2009; McCool, 2009). Thus, the use of implicit self-reference in Chinese can avoid more intrusive and even interpersonally perilous author roles manifested by a personal subject (Hyland, 2004).

Use of first-person pronouns: *I* and *We*

The results of manifestation of explicit authorial roles through first person are summarized in Table 3. On the whole, 99% of the Chinese CA writers are visible as authors through the use of *we* whereas the English are predominantly represented through *I* (74%). The striking difference could be explained in terms of different conventional and traditional views on author self representation in the two cultures (Atkinson, 2004). Author identity in English academic writing means the construction of individualism ideology and knowledge claim, leading to clear author presence but much weaker group solidarity (Hyland, 2002b, p. 1110). On the contrary, author presence in Chinese public writing is usually reduced to a minimum in order to achieve expected group solidarity and social harmony (Wang, 2008). Moreover, Chinese culture seems to prefer positive politeness strategies, highlighting in-group and involvement relations, which may avoid the use of self-reference emphasizing strong authorial power whereas the English-speaking cultures seem to generally prefer negative politeness strategies, which could prompt the frequent use of first person singular pronouns (McCool, 2009; Hyland, 2002b). Accordingly, authorial power in the two sets of CAs is presented from two different perspectives: collective or communal in Chinese and individual in English.

Finally, the choice between the singular and plural forms may also be related to different language systems and writing conventions (Mur Duenas, 2007). That is, the frequent use of "I" in the English CAs, as in RAs and abstracts, can be traced to the trend of development in academic discourse in the past few decades, when 'I' has been used more widely instead of royal *we's* in academic writing of several fields (Hyland, 2001). In contrast, in Chinese writing, preference to the first person singular is considered informal and subjective (Chang & Swales, 1999). In this sense, the Chinese CA writers tend to follow more formal, traditional writing.

Representation of explicit author roles

Below we will take a closer look at the explicit author roles used, from the most dominant to the least frequent.

Evaluator

Both English and Chinese CA writers are predominantly evaluators, 31% and 28%, respectively. The high frequency shows that CA writers, like those of RAs and RA abstracts, are more inclined to asserting their views (Sheldon, 2009). Especially, in English CAs the occurrence of the plural form "we" used for this role is much higher (44%) than for other roles, which is corresponding to Tang and John's (1999) finding that evaluation in English usually occurs in the first person plural form. This can occur when it comes to the "high-risk function" of the role (Hyland, 2002b, p. 1103), where the writer is certain of his/her assertions, but prefers to select rhetorical strategies like "we" for projecting authority and engaging with readers. Such use may indicate "how writers can simultaneously reduce their personal intrusion and yet emphasize the importance that should be given to their unique procedural choices or view" (Hyland, 2001, p. 217). This is especially the case for linguistics in the soft disciplines, where clearly recognized interpretations are hard to obtain, leading to "more explicit authorial involvement" (Hyland, 2002b, p. 1098). CAs are actually very rhetorical, though they are sometimes considered to be merely a neutral descriptive "summary" of the longer paper (Kaplan et al., 1994).

Finally, closely related to the manifestation of this role are evaluative resources used, showing the key features of these texts (Stotesbury, 2003), for writers have to clearly demonstrate that they have something valuable to say to gain the interest of the reader. Thus, when making evaluations, both groups choose to use hedges such as could/可能 (*keneng*), basically/基本 (*jiben*), will/将 (*jiang*), etc. to moderate the responsibility of the writer and anticipate possible objections (Hyland, 2004). By mitigating the strength of their claims, they may easily gain support from the colleagues.

Originator

The second most dominant authorial role in English is originator (25%), which is the third in Chinese (19%). That is, more Chinese CA writers assume the conductor role (24%) because it conveys "a low degree of personal exposure" (Hyland, 2002b, p. 1101). The result shows that English

CA writers are more likely to present themselves as originators than the Chinese. By assuming a unique role in the construction of a convincing interpretation, English CA writers seek to establish "their personal authority based on confidence and command of their arguments" (Hyland, 2002b, p. 1104). On one hand, this can be attributed to the ideology in English academic writing, such as stance-taking, positioning of oneself, writer responsibility and ownership of one's ideas and text, as discussed by Hyland (2002b). On the other, it reflects features of the specific discourse community. Western scholars in general are persuasive and self-promotional, as Yakhontova (2002) states, they "experience ever-increasing demands in promoting their research during the process of struggling for publishing opportunities, academic positions, or additional findings" (p. 229). Pressures like this are reflected in strong claims for originality, which better suit the readers' expectations and offer an easy access to their main points. For example:

Eng. In this paper, I will argue that such intriguing and so far the neglected present tense occurrences are compatible with Langacker's present tense analysis. (p. 30)

However, the Chinese writers from a culture valuing the concept of "face" tend to avoid it in order to minimize the threat to their own face (McCool, 2009), because making strong commitments or taking the responsibility for the truth of the claims made is "the most self-assertive, and consequently potentially the most face-threatening" (Hyland, 2002b, p. 1103). Thus, in writing they choose to hide or blur authorial presence through more impersonal devices like "this paper" or the plural form "we" to downplay their unique personal perspective in interpretation, protecting themselves from their claims.

Conductor

English and Chinese CAs have nearly the same occurrences of this role, 23% and 24% respectively, which suggests that CA writers in the two languages are familiar with "disciplinary practices," and try to enhance their authority "by validating their framework" (Sheldon, 2009, p. 258). Besides, the type of academic conventions followed by the discourse community in China may contribute to the result. In the Chinese educational system the concept of teaching academic writing or teaching discipline specific writing is not widely known (Hinds, 1990), so the lack of academic writing conventions in Chinese may prompt the Chinese academic writers to follow those in English. Especially in linguistics, most teachers and researchers have received a university education, from which they acquired English academic language norms (cf. Mauranen, 2009). This seems to be an interesting case of transfer from L2 to L1, an area that deserves more investigation.

Guide or Navigator

In both CAs, this role ranks only the fourth, 18% in English and 12% in Chinese, though more frequent than the conveyor and reflexive roles. Its uses are closely linked to the feature of the CA genre, that is, incompleteness. At the point of submission, the research in most of the CAs might not be completed, as observed by Cutting (2012). We speculate that this could limit the contents of research or textual aspects provided in our CAs, thus leading to its relatively fewer occurrences. Meanwhile, the result may also indicate that CA writers of both languages are aware of their relationship with readers and tend to signpost readers through the text. Previous research has shown that Chinese writing pays less attention to the structuring or signaling of information (Hinds, 1990; Hinkel, 1999), but this study shows that like English writers, they also make explicit the mapping of the text in academic writing, an indication of audience awareness. However, used largely for planning or organizing of the text, it is regarded as "a fairly low risk writer role" (Hyland, 2002b, p. 1100).

Conveyor

Though not the most frequently used role in both CAs, its use is much higher in Chinese (9%) than in English (3%). This confirms the finding of previous studies that Chinese writers may often aim to inform readers of established opinions rather than join in a conversation or argument with writers and readers to negotiate opinions in some way (Wang, 2009). However, our study suggests that other factors may also contribute to its use. The use of "we" in CAs clearly treats readers as participants. Different from RAs and RA abstracts, CAs are meant to be presented at the conference to share with readers. So, this role allows writers to share their knowledge with readers and attract an audience to the paper presentation (Cutting, 2012). Sheldon (2009) also described its use as "a springboard" (p. 257) to direct readers to the following ideas or arguments. In this regard, use of the plural form "we" for this role shows a sense of cooperation between readers and the writer, without much stronger authorial power.

Reflexive Role

Different from Sheldon's (2009) finding in the study of English RAs, there is no occurrence of this role in English CAs. We assume that its use has just emerged in English academic texts like RAs (Sheldon, 2009), and thus has not spread to other academic genres (e.g., CAs). However, what is worth mentioning here is its occurrence in the Chinese CAs (8%), a quite surprising finding, given the most powerful authorial role it represents (Sheldon, 2009) and the general tendency of the Chinese CAs towards much weaker authorial power, as indicated earlier in this study. The result may stem from the lengthiness of the Chinese CAs. Following the strict word constraints, most of the English CAs do not have an extended narration or reflection of the research process, which is the main function of this role (Sheldon, 2009). However, the Chinese CAs are much longer, thus allowing more space for the recount of the author's experience of acting either as a researcher or as a participant in the research process. So, its use in Chinese may not imply a much stronger or powerful authorial role, as discussed by Sheldon (2009).

5　Conclusion

Major findings from the study show striking differences as well as some common features in English and Chinese CA writers' representation of authorial roles. They are summarized briefly as follows to answer our research questions:

First, when it comes to author identity expressed in the two languages, English CA writers predominantly take on explicit authorial roles, showing much stronger authorial power while Chinese CA writers overwhelmingly appear in implicit authorial roles, reflecting much weaker authorial power. Then, for implicit authorial roles, writers of both groups use the typical deictic noun phrases to represent themselves, but the uses in Chinese are much higher than in English, with the striking difference in originator and evaluator roles between the two languages. And in terms of explicit roles, almost all Chinese CA writers use plural forms "we" to represent themselves while the English predominantly choose the singular form "I" for author presence, showing two different perspectives: collective and individual. Finally, regardless of the forms of first person pronouns used, both English and Chinese CA writers make explicit their presence first and foremost as evaluators, followed by conductors and guides/navigators. However, the former assume originator roles to a greater extent whereas the latter display much more conveyor roles, again indicating stronger and weaker authorial power, respectively.

To explain their respective features or different writing practices, we have to take into account different socio-cultural factors, discourse communities, writing conventions or traditions as well as the discipline, language and genre, as discussed in our study as well as in previous cross-cultural or cross-linguistic studies (Connor, 2004; Hyland, 2002a, b, 2004; Yakhontova, 2002; Mur Duenas, 2007; Sheldon, 2009; Lores-Sanz, 2009; Wang, 2009). All this provides further evidence for the influence of complex cultural factors on academic texts. Thus, we may argue along with other scholars (Hyland, 2002b; Mur Duenas, 2007; Sheldon, 2009; Wang, 2009) that it is the cultural differences that contribute to the striking differences in author representation manifested in English and Chinese CAs.

Finally, while making a worthwhile attempt in the contrastive study of CAs in the two languages, this study also points out directions to future research in this area. We propose that to better understand the differences of Chinese and English rhetorical strategies in academic writing, future studies should pay attention to "the complexity and dynamic nature of the genre" (Wang, 2009, p. 185), and employ a more integrated approach, including the ethnographic studies for various contextual factors and discourse or genre analysis for typical textual features.

References

Atkinson, D. (2004). Contrasting rhetorics/contrasting cultures: Why contrastiverhetoric needs a better conceptualization of culture. *Journal of English for Academic Purposes*, 3 (4), 277-289.

Biber, D., Conrad, S., & Reppen, R. (1998). *Corpus linguistics: Investigating language structure and use.* Cambridge: Cambridge University Press.

Bondi, M. (2009). Polyphony in academic discourse: A cross-cultural perspectives on historical discourse. In E. Suomela-Salmi & F. Dervin (Eds.), *Cross-linguistic and cross-cultural perspectives on academic discourse* (pp. 83 - 108). Amsterdam/Philadelphia: John Benjamins Publishing Company.

Burgess, S. (2002). Packed houses and intimate gatherings: Audience and rhetorical structure. In J. Flowerdew (Ed.), *Academic discourse* (pp. 196-215). London: Longman.

Chang, Y., & Swales, J. (1999). Informal elements in English academic writing: Threats or opportunities for advanced non-native speakers?. In C. Candlin & K. Hyland (Eds.), *Writing: Texts, processes and practices* (pp. 145-167). London: Longman.

Connor, U. (2004). Intercultural rhetoric research: Beyond texts. *Journal of English for Academic Purposes*, 3, 291-304.

Cutting, J. (2012). Vague language in conference abstracts. *Journal of English for Specific Purposes*, 11, 283-293.

Dahl, T. (2009). Author identity in economics and linguistics abstracts. In E. Suomela-Salmi & F. Dervin (Eds.), *Cross-linguistic and cross-cultural perspectives on academic discourse* (pp. 83-108). Amsterdam/Philadelphia: John Benjamins Publishing Company.

Flottum, K. (2009). Academic voices in the research article. In E. Suomela-Salmi & F. Dervin (Eds.), *Cross-linguistic and cross-cultural perspectives on academic discourse* (pp. 109 - 122). Amsterdam/Philadelphia: John Benjamins Publishing Company.

Halleck, G.., & Connor, U. (2006). Rhetorical moves in TESOL conference proposals. *Journal of English for Academic Purposes*, 5, 70–86.

Halliday, M. A. K. (1994). *An introduction to functional grammar* (2nd ed.). London: Arnold.

Hinds, J. (1990). Inductive, deductive, quasi-inductive: Expository writing in Japanese, Korean, Chinese, and Thai. In U. Connor & A. M. Johns (Eds.), *Coherence in writing. Research and pedagogical perspectives* (pp. 89–105). Alexandria, VA: TESOL.

Hinkle, E. (1999). Objectivity and credibility in L1 and L2 academic writing. In E. Hinkel (Ed.), *Culture and second language teaching and learning* (pp. 90–108). Cambridge: Cambridge University Press.

Hyland, K. (2001). Humble servants of the discipline? Self-mention in research articles. *English for Specific Purposes*, 20, 207–226.

Hyland, K. (2002a). Options of identity in academic writing. *English Language Teaching Journal* (4), 351–358.

Hyland, K. (2002b). Authority and invisibility: authorial identity in academic writing. *Journal of Pragmatics*, 34, 1091–1112.

Hyland, K. (2004). Disciplinary interactions: Meta-discourse in L2 postgraduate writing. *Journal of Second Language Writing*, 13: 133–151.

Hyland, K. (2005). Stance and engagement: A model of interaction in academic discourse. *Discourse Studies*, 7 (2), 173–192.

Hyland, K., & Tse, P. (2005). Hooking the reader: A corpus study of evaluative that in abstracts. *English for Specific Purposes*, 24, 123–139.

Hyland, K., & Tse, P. (2012). 'She has received many honours: Identity construction in article bio statements. *English for Specific Purposes*, 11, 155–165.

Ivanic, R. (1998). *Writing and identity: The discoursal construction of identity in academic writing*. Amsterdam: Benjamins.

Kaplan, R., Canton, S., Hagstrom, C., Kamhi-Stein, L., Shiotani, Y., & Zimmerman, C. (1994). On abstract writing. *Text*, 14 (3), 401–426.

Kuo, C. H. (1999). The use of personal pronouns: role relationships in scientific journal articles. *English for Specific Purposes* 18 （2）, 121–138.

Lores-Sanz, R. （2009）. Different worlds, different audiences: A contrastive analysis of research article abstracts. In E. Suomela-Salmi & F. Dervin （Eds.）, *Cross-linguistic and cross-cultural perspectives on academic discourse* （pp. 83–108）. Amsterdam/Philadelphia: John Benjamins Publishing Company.

Martinez, I. （2005）. Native and non-native writers' use of first person pronouns in different sections of biology research articles in English. *Journal of Second Language Writing*, 14, 174–190.

Mauranen, A. （2009）. Spoken rhetoric: How do natives and non-natives fare? In E. Suomela-Salmi & F. Dervin （Eds.）, *Cross-linguistic and cross-cultural perspectives on academic discourse* （pp. 198–218）. Amsterdam/Philadelphia: John Benjamins Publishing Company.

McCool, M. （2009）. *Writing around the world: A guide to writing across cultures*. London: Continuum.

McDonald, S. P. （1994）. *Professional academic writing in the humanities and social sciences*. Carbondale: Southern Illinois Press.

Mur Duenas, P. （2007）. 'I/we focus on...': A cross-cultural analysis of self-mention in business management research articles. *Journal of English for Academic Purposes*, 6, 143–162.

Sheldon, E. （2009）. From one I to another: Discursive construction of self-representation in English and Castilian Spanish research articles. *English for Specific Purposes*, 28, 251–265.

Stotesbury, H. （2003）. Evaluation in research article abstracts in the narrative and hard sciences. *Journal of English for Academic Purposes*, 2 （4）, 327–342.

Taylor, G. & Chen, T. （1991）. Linguistic, cultural, and subcultural issues in contrastive discourse analysis: Anglo-American and Chinese scientific texts. *Applied Linguistics*, 12 （3）, 319–336.

Tang, R. & John, S. 1999. The 'I'in identity: exploring writer identity in student academic writing through the first person pronoun. *English for Specific Purposes*, 18, S23–S39.

Vassileva, I. (1998). Who am I/Who are we in academic writing? *International Journal of Applied Linguistics*, 8 (2), 163-190.

Vassileva, I. (2000). *Who is the author? A comparative analysis of authorial presence in English*, *German*, *French*, *Russian and Bulgarian academic discourse*. Sankt Augustin: ASgard Verlag.

Wang, W. (2009). Newspaper commentaries on terrorism in China and Australia: A contrastive genre study. In U. Connor, E. Nagelhout, & W. V. Rozycki (Eds.), *Contrastive rhetoric: Reaching to intercultural rhetoric* (pp. 169-187). Amsterdan/Philadelphia: John Benjamins Publishing Company.

Yakhontova, T. (2002). "Selling" or "Telling"? The issue of cultural variation in research genres. In J. Flowerdew (ed.), *Academic discourse* (pp. 216-232). Harlow: Longman.

(黑玉琴, 西安外国语大学英文学院; 黑玉芬, 西安交通大学外国语学院)

注: 本文为 2017 年陕西省社科基金项目成果之一; 基金项目名称 "英、汉、西语商务语篇话语策略的跨语言、跨文化研究" (立项号: 2017K019)。

HSK 对越南中级水平学习者
反拨效应研究[*]

贾　蕃

摘要：本研究基于巴克曼和帕尔默的"测评使用论证（AUA）"理论，旨在研究 HSK 对越南中级水平学习者汉语学习的影响。研究在越南汉语课堂向即将参加 HSK 四级、五级的 93 名学习者发放了问卷。研究发现：（1）HSK 基本实现了"以考促学"的目的，大部分学习者认为 HSK 对学习有促进作用，反拨作用正面大于负面；（2）大部分考生认为 HSK 能够比较客观反映听、读和写的能力，但是因为 HSK 不包含口语部分，一定程度上减弱了学习者对口语的重视程度。本研究是对 AUA 测评理论 HSK 在实践领域的一次尝试，同时为 HSK 相关人员提供了有效反馈信息，也为提高越南学习者汉语水平、促进汉语教学起到一定作用。

关键词：反拨效应；汉语学习；HSK

一　引言

反拨效应指测试对教和学的影响（Bachman & Palmer，1996）。语言测试界对反拨作用的观点存在分歧。支持者认为，如果考试使用得当，可以对教和学产生积极的作用（Cheng，2015；金艳，2000；辜向东，2013）；然而反对者认为，"考试是个坏东西"（亓鲁霞，2012），考试影响和阻碍了教学，干扰了学生学习的主动性（王初明，2010）。近年来的

* 本文得到陕西省教育科学规划课题"HSK 考试对'一带一路'国家汉语学习反拨效应研究"（SGH17H112）资助。本文的撰写得到了越南海防大学汉语系教师、中山大学中文系博士生裴氏秋妆、中山大学外国语学院硕士生刘苗苗的帮助，在此一并致谢。

反拨效应研究表明，反拨效应的影响与考试规模大小有密切关系，考试规模越大，社会关注度就越高，反拨效应就越为重要。

汉语水平考试（HSK）作为检测母语非汉语学习者的一项大型水平测试，近年来已经有众多学习者参加了 HSK。截止到 2010 年，参加 HSK 的考生数量已经超过 100 万（黄桂霞，2010）。迄今为止，全世界范围内共有汉语考试考点 860 个，分布于 113 个国家（国家汉办，2016）。随着 HSK 考试规模的不断扩大，其反拨作用显得越发重要。本文将基于巴克曼提出的最新评测理论，研究 HSK 对越南中级汉语水平学习者的反拨效应，以期获得 HSK 的启示和借鉴。

二　文献综述

（一）理论研究

近 20 年来，反拨效应的理论研究极大地扩宽了反拨效应的研究领域。主要有以下三类：第一类是关于反拨效应价值的理论框架，认为反拨效应的方向主要由考试和教学之间的构念关系所决定，并且考试的风险和反拨效应的强度也应纳入研究的范围（Green，2007）。第二类是针对教师的研究模型（Alderson & Wall，1993），认为考试的质量与教师对反拨效应的认知是一种线性的关系。遗憾的是，教师的个人因素没有纳入研究的范围。第三类是针对学习者的研究模型。施（Shih，2007）认为反拨效应对学习者的影响因素包括外语因素、内部因素和考试因素。

可以看出，众多学者围绕反拨效应的理论研究做出了积极的探索。但是现有的理论模型中，仍然缺乏"具有高度指导性、能被广泛应用的"研究（辜向东，2013）。巴克曼及其研究团队在反拨效应的理论模型上进行了大量研究。巴克曼和帕尔默（Bachman & Palmer，2005、2010）提出了"测试使用论证"（assessment use argument），认为考试的设计与研发包括五个密不可分的环节，其中第一个环节便是测评效果，即反拨作用，主张测评效果的有益性。巴克曼（2010）认为考试使用者首先需要确定考试带来的预期有益影响，可见反拨作用在此体系中的重要性。此理论框架"将效验理论融入到测试的设计、开发和使用的整个过程"，丰富了语言测试领域的理论基础（徐启龙，2012），为后续相关实证研究提供了理论框架。

（二）实证研究

目前，国内自主研发考试的反拨效应研究主要集中在高考英语（亓鲁霞，2004）、大学英语四六级考试（金艳，2000；王初明，2011；辜向东，2013）以及英语专业四八级考试（邹申，2005）。针对 HSK 的反拨效应研究相对较少。

黄春霞、李桂梅（2010）通过问卷调查，考察了 HSK 对汉语作为第二语言教学的反拨效应，从专业人士、教师、学习者和教育管理部门四个方面提出了相关建议，以期减少负面反拨作用。该研究是对 HSK 反拨效应研究的一次尝试，但是调查对象只涉及国内 8 所大学的 150 名汉语老师，没有对海外教学情况进行深入考察。李小芳（2014）研究了 HSK 考试对印尼汉语教学的反拨效应，研究收集了在印度尼西亚参加 HSK 三级到六级学生的问卷，并对 7 位汉语教师进行了访谈。研究发现 HSK 对印度尼西亚汉语教学积极反拨作用大于消极反拨作用；对教学的反拨作用主要体现在教师对教学时间的安排和教学内容的选择上。以上研究都仅停留在 HSK 考试对教学的影响上，针对学生以及学习的研究还未曾涉及。

黄春霞（2013）研究了汉语作为第二语言教学对学习者学习行为的反拨效应研究，该研究向国内 9 所高校发放问卷，通过对 353 对问卷调查的分析，指出 HSK 对学习行为的影响主要体现在学习态度、学习方法和学习策略的影响。该研究还表明 HSK 对学习行为的反拨效应正面大于负面，一定程度上弥补了 HSK 基于学习者主体的反拨效应的研究空白。但是该研究只是对数据进行了定量分析，没有从定性的角度深入考察 HSK 对学习行为影响的具体因素，并且该研究者指出，对"应试者的背景信息采集不够全面"，没有对参加不同级别的 HSK 学习者分类研究，一定程度上影响了研究的结论。

基于此，本研究将在巴克曼的 AUA 理论框架下，研究 HSK 对越南中级学习者的反拨效应，旨在回答以下问题：

HSK 对越南中级水平学习者是否实现了"以考促学"的目的？

HSK 考试能否真正检测出听、读和写的能力？

三　研究方法

（一）研究对象

本文的研究对象来自于越南海防大学汉语系即将参加 HSK 四级和 HSK 五级考试的本科生，其中男生 3 人，女生 90 人。研究对象中涉及大学的四个年级，其中大一 3 人，占 3.2%；大二 54 人，占 58.1%；大三 33 人，占 35.5%；大四 3 人，占 3.2%。

（二）研究工具

本研究的工具是调查问卷。其设计参考了辜向东（2011）、HSK 考试大纲以及 HSK 试题。问卷初稿设计完成之后，邀请了三位越南海防大学越南籍汉语教师、二位在中国就读对外汉语方向的越南籍博士生和二位在中国就读汉语国际教育专业的硕士生、一位在中国教授 HSK 课程的汉语老师和一位汉语国际汉语领域的专家对问卷进行了修改和完善。为了保证被试完全理解问卷的全部内容，问卷由一位越南籍汉语教师将问卷语言由中文翻译为越南语，并邀请了一位越南籍对外汉语方向博士生校对。检查无误后，在中国邀请了三位越南籍本科生进行了试做，之后再次对问卷进行了语言和内容上的修订，最终定稿。题型主要包括选择题、排序题和填空题。问卷的内容包括被试的基本信息、HSK 整体反拨评价、学习过程与备考等三部分。经过 SPSS17.0 软件统计，科伦巴赫信度检验系数为 0.82，具有较好的信度。

（三）研究程序

问卷由海防大学汉语老师在课堂向即将参加 HSK 考试四级和五级考生发放调查问卷。要求考生即时填写，不记名。在问卷填写过程中，考生有任何不明白的可以及时向老师提问。发放问卷 93 份，回收 93 份，回收率为 100%。问卷回收之后，由人工输入到 SPSS 软件进行统计分析。剔除无效问卷和个别空白题项问卷，回收的有效问卷为 87 份，有效率为 93.5%。

四　结果与讨论

表 1　　　　　　　　　　　　　**HSK 考试测量的能力**

	非常准确	比较准确	一般	不太准确	很不准确
汉语整体能力	14.9%	54%	25.3%	3.4%	2.3%
写作	5.7%	48.3%	37.9%	8%	0
阅读	12.6%	54%	31%	2.3%	0
听力	9.2%	46%	35.6%	9.2%	0

　　表 1 显示了被试对 HSK 能否测量其能力的看法。绝大部分学生认为 HSK 能够体现出自己的汉语整体能力。正如 HSK 大纲中指出，HSK 与 "能够体现学生听、读、写的客观水平，一定程度上科学地反映了汉语水平的特点"这一目标相吻合。另外，超过 90% 的被试不仅认为 HSK 能够衡量整体的汉语能力，而且从写作、阅读和听力三项分技能的考查能够测量其整体能力，阅读部分尤为显著，97.7% 的被试都认为通过 HSK 阅读能够证明自己的汉语阅读能力。这与黄春霞（2013）的研究结果一致，说明 HSK 实现了其基本目标，能够较好地服务于汉语学习者。然而，HSK 的难度也是很重要的一个方面。

表 2　　　　　　　　　　　　　**HSK 考试难度评价**

	很难	比较难	适中	比较简单	很简单
整体难度	32.2%	50.6%	17.2%	0	0
写作	26.4%	52.9%	20.7%	0	0
阅读	25.3%	47.1%	27.6%	0	0
听力	46%	40.2%	13.8%	0	0

　　表 2 显示了被试对于 HSK 难度的评价。结果显示，所有被试均认为 HSK 考试有一定难度，没有被试认为 HSK "比较简单"或者"很简单"。一半的被试认为 HSK 难度比较难，认为难度"适中"和"很难"的比例差异不大。大部分被试认为难度可以接受，能够意识到自己的汉语水平仍需要提高，需要继续努力学习汉语，考试时才会觉得相对轻松。另一方

面，被试认为 HSK 的高级（六级）难度肯定大于 HSK 四级和五级，因此，在平时的语言学习过程中，需要加强训练，才能通过 HSK 高级阶段的考试，证明自己的汉语水平。需要指出的是，46%的被试认为听力考试难度较大，一定程度上应当引起相关汉语教师、命题和研究人员的注意，探寻其原因。教师课堂听力教学方法是否应当改善，或者对于听力教学的重视程度是否应当加强。对于命题和研究人员，应当探寻 HSK 四级和五级考试的听力难度是否应当作适当调整。

表 3　　　　　　　　　　　　**HSK 考试分值分配评价**

	非常合理	比较合理	一般	不太合理	很不合理
写作	18.4%	46%	33.3%	2.3%	0
阅读	17.2%	46%	34.5%	1.1%	1.1%
听力	13.8%	43.7%	36.8%	5.7%	0

表 3 显示了被试对于 HSK 分值分配的评价。这与表 1 的结果类似，95%左右的被试认为分值分配较为合理。根据 HSK 大纲，目前写作、阅读和听力部分各占 100 分，这说明写作、阅读和听力同等重要。同时也提示汉语教师和汉语学习者三项技能要同时并重，防止出现重阅读、轻写作和听力的局面。需要指出的是，问卷中此题项后有 53.9%的被试提出建议：增加 HSK 的口语考试。HSK300 分没有涵盖口语的测试，这让众多被试感到困惑。平时的汉语课堂听、说、读、写的训练都有涉及，但是在考试的时候却没有口语测试，这很有可能造成汉语学习者轻视口语的情况，进而导致学习者轻视口语教学的局面。虽然 HSK 的口试与笔试分开，单独举行。但是 HSK 口试部分只分为初级、中级和高级三个等级，与现行 HSK 笔试的六个等级不对应，甚至有被试不知道 HSK 有单独的口试，这应当引起相关研究人员的重视。

表 4　　　　　　　　　　　　**考试时间的分配**

	太长	较长	适中	较短	太短
总时间	1.1%	10.3%	50.6%	33.3%	4.6%
写作	1.1%	9.2%	46%	39.1%	4.6%
阅读	1.1%	3.4%	54%	34.5%	6.9%
听力	1.1%	4.6%	36.8%	49.4%	8%

表 4 显示，超过半数的被试认为总体时间分配比较合理。目前 HSK 考试 4 级的考试时间是 105 分钟，5 级为 125 分钟，与越南大学其他科目考试时间相差不大。目前，越南高校期末考试的平均时间在 120 分钟左右。需要引起注意的是，49.4% 的被试认为听力部分时间较短，这与写作、阅读部分差异较大，这在一定程度上说明听力考试的设计需要完善。被试普遍反映，听力考试录音语速较快，难度比平时学习和训练大。另外，考试过程中留给考生填写答题卡的时间有限。HSK 五级的听力考试只有 30 分钟，而阅读和写作部分分别有 45 分钟和 40 分钟，这也可能使得被试觉得听力考试与阅读和写作相比时间较短。

本次问卷还涉及被试对于做真题提高 HSK 成绩的看法。有 49.4% 的被试认为做真题对自己的帮助较大，13.8% 的被试认为帮助极大。大部分被试认为做真题能够检查自己汉语学习中的不足，检查自身薄弱环节。HSK 大纲明确规定了每一级考试的要求和测试内容，涵盖词汇量、话题、难度等。如 HSK 四级需要掌握 1200 个常用词语，五级需要掌握 2500 个常用词语。这有利于考生有计划、有目的、有成效地提高汉语水平。另外，HSK 的考试原则指出，考试与教材紧密结合，重视汉语应用能力。这也有利于考生重视汉语课堂教学，课后重视交际、实用。

在学校重视程度方面，97.7% 的被试认为学校很重视 HSK，把 HSK 成绩作为奖学金评定、学生学习成绩考核的重要指标。学校的政策要求一定程度上能够强化 HSK 的重要性，使得汉语学习者重视汉语课堂教学，达到了"以考促学"的目的。

五　结论

本研究在越南海防大学汉语系对即将参加 HSK 四级和五级考试的考生发放了调查问卷，以期研究 HSK 对于中级学习者学习的影响。研究发现：（1）HSK 基本实现了"以考促学"的目的，大部分学习者认为 HSK 对学习有促进作用，反拨作用正面大于负面；（2）大部分考生认为 HSK 能够比较客观反映听、读和写的能力，分值、难度分配合理，但是因为 HSK 不包含口语部分，一定程度上减弱了学习者对口语的重视程度。

需要指出的是，由于时间和精力有限，本研究也有一定的局限。第一，研究视角上，本研究仅通过即将参加 HSK 四级和五级来判断中级水平，对中级水平的界定需要完善。今后可以对中级水平的界定更加细化。第二，研究对象没有对华裔和非华裔进行调查和区分，一定程度上可能影响调查结果。第三，研究方法上，本研究缺乏深入的定性研究，今后可以采用深度访谈、课堂观察和反思日志的研究方法，定性研究与定量研究相结合。

本研究是对 AUA 测评理论 HSK 在实践领域的一次尝试，同时为 HSK 相关人员提供了有效反馈信息，也为提高越南学习者汉语水平、促进汉语教学起到一定作用。

参考文献

Alderson，J.C.& Wall D.，"Does washback exist?" *Applied linguistics*，1993，14：115-129.

Bachman，L. F.，*Fundamental Considerations in Language Testing*. Oxford：Oxford University Press，1990.

Bachman，L.F.& A.S.Palmer.，*Language Assessment in Practice：Developing Language Assessments and Justifying Their Use*.Oxford：Oxford University Press，2010.

Cheng，L.，"Washback，Impact and Consequences".In E.Shohamy & N.H. Hornberger（eds）. *Encyclopedia of language and education*，Vol. 7：*Language Testing and Assessment*.（pp.349-364）. New York：Springer，2008.

Cheng，L.，Sun，Y.& Jia，M.，"Review of washback research literature within Kane's argument-based validation framework". *Language Teaching*，2015，45：436-470.

Green，A.，"Watching for washback：Observing the influence of the international English testing system on academic writing test in the classroom." *Language Assessment Quarterly*，2006，4：333-368.

Qi L.，"Is Testing an Efficient Agent for Pedagogical Change? Examining the Intended Washback of the Writing Task in a High-stakes English Test in China".*Assessment in Education*，2007，14：51-74.

Shih，C.，"A new washback model of students' learning".*The Canadian Modern Language Review*，2007，64：135-162.

范香娟：《汉语测试研究的发展历史、现状与展望——以 3 种核心期刊为例》，《中国考试》2010 年第 10 期。

辜向东、肖魏：《CET 对我国非英语专业大学生考试策略使用的反拨效应研究》，《外语测试与教学》2013 年第 1 期。

国家汉办：《汉语水平考试 HSK（初中等）大纲》，商务印书馆 2009 年版。

黄春霞：《HSK 对汉语作为第二语言教学中学习行为的反拨效应》，《云南师范大学学报》（对外汉语教学与研究版）2013 年第 1 期。

黄春霞、李桂梅：《中国汉语水平考试对汉语作为第二语言教学的反拨行为》，《中国考试》2010 年第 2 期。

金艳：《大学英语四、六级考试口语考试对教学的反拨作用》，《外语界》2000 年第 4 期。

李小芳：《HSK 考试对印尼汉语教学的反拨效应》，硕士学位论文，广东外语外贸大学，2014 年。

亓鲁霞：《语言测试反拨效应的近期研究与未来展望》，《现代外语》2012 年第 2 期。

王初明：《从外语学习角度看大学英语教学和考试的改革》，《外语界》2010 年第 1 期。

徐启龙：《AUA 框架——语言测评理论的新发展》，《外语电化教学》2012 年第 1 期。

邹申：《对考试效应的认识与对策——兼谈高校英语专业四、八级考试大纲的修订原则与方案》，《外语界》2005 年第 5 期。

（贾蕃，中山大学外国语学院/西安外国语大学经济金融学院）

重现与沉浸：唐乾陵陪葬墓石椁线刻的本体设计与 VR 展示[*]

王秀丽

摘要：唐代石刻线画艺术作为历史的特定形象和标志符号，展现了唐人别具一格的审美思维和造型技法，倾注了古代艺术家的杰出才智。此领域的研究除了学者们在历史、文化、考古等方面的争鸣外，面向大众的博物馆教育展示系统设计也应引起我们的重视。但现状却充满矛盾：传统的"挂在墙上的教科书"与大数据、数字化技术时代的矛盾；落后的静态文物展台与伴随电子产品长大的青年受众认知习惯之间的矛盾。为扭转以上石刻艺术的传承困境，本文将以唐乾陵陪葬墓石椁线刻艺术为例，探索虚拟现实技术（VR）植入陕西唐代石刻艺术的设计方案与审美体验，从形式设计角度助力陕西石刻艺术的传播与丝路文化的弘扬。

关键词：乾陵石刻；VR；博物馆

一　引言

陕西有"唐代石刻博物馆"之称，关于陕西石刻纹饰的研究多集中于历史文化研究、考古类型学研究等领域，从设计学角度单独对石刻纹饰进行形式方面的研究凤毛麟角。本文立足于设计学的视角，剥离石刻纹饰的可述历史，重点阐述其可视可感的设计性及与当下新技术相契合的薪火传承方式。"器物、纹饰、文字文献可视为人类历史上先后启动、并行不

---

* 本文得到 2014 年西安外国语大学重点项目《陕西唐代石刻纹样的本体设计研究》（项目编号：14XWA01）、2016 年西安市社科重点项目《西安唐代石刻纹样本体设计与传承发展研究》（项目编号：16L131）资助。

悖的古代文化文明传承的'三驾马车'，而纹饰资料整理和相关研究严重滞后于其他二者……这些文化遗产是中华民族和中华文化永久的骄傲，以及未来生存发展的强大精神资源与不竭动力。"① 古代纹饰遗产的研究与保护、展示与传承有着不容忽视的重要意义。但现状却充满矛盾：传统的"挂在墙上的教科书"与大数据、数字化技术时代的矛盾；落后的静态文物展台与伴随电子产品长大的青年受众认知习惯之间的矛盾……与时俱进势在必行。

2016 年被称为"虚拟现实元年"。虚拟现实（VR）技术凭借其沉浸感、交互性、想象力等优势，可为用户提供视觉、听觉、触觉等多维的感官体验。面向古代文物保护与开发的 VR 专门信息技术研究，业已引起学界和业界关注。据了解，"目前已开展相关工作的国家有美国、德国、法国和意大利等国家，著名 VR 虚拟历史遗址文化应用计划包括：（1）由美国斯坦福大学等合作完成的虚拟米开朗琪罗雕塑计划，该计划三维扫描大卫等十座著名塑像；（2）意大利罗马大学的多位著名教授正研究对庞贝古城遗址进行原貌复原计划，通过 VR 建立庞贝古城的三维虚拟复原和展示；（3）中国与德国合作将完成数字化敦煌古城，利用 VR 技术建立敦煌遗址的三维立体模型和网络漫游展示"②。VR 技术协助下的博物馆展示系统将会改善博物馆的参观方式和条件，开启古代遗产文化传承模式的革新。在此革新浪潮下，古代纹饰遗产的保护与传承也应契合时代发展，积极探索数字化时代的纹饰研究、保护与传承之路。

本文在古代纹饰遗产研究与传承的大命题下，选取陕西唐代乾陵陪葬墓石椁线刻艺术为样本，从石刻纹饰的本体设计和 VR 展示模式两个角度进行探索，旨在推动古代纹饰遗产的数字化进程，助力陕西石刻艺术的传播与丝路文化的弘扬。

二　唐乾陵陪葬墓石椁线刻的本体设计

乾陵是唐高宗李治和女皇帝武则天的合葬墓，被誉为"关中唐陵之

---

① 王先胜：《解读纹饰：培育考古学科增长点》，《中国社会科学报》2016 年 9 月 29 日。

② 胡治宇、利莉：《VR 技术对古陶瓷修复和展示的研究和运用》，《信息通信》2014 年第 3 期。

冠"。在乾陵的三大陪葬墓，即章怀太子墓、懿德太子墓和永泰公主墓中出土了大量精美的石刻线画，令人惊叹。"唐代墓葬中的石刻线画主要分布在石门的门楣、门扇和棺椁的内外两侧。有学者认为，这是唐代墓葬图像系统的'固定格式'，具有普遍的象征意义。从考古资料和实际观察的情况来看，乾陵陪葬墓石刻线画的载体是石门和石椁……线画即镌刻在石门的门楣、门扇，石椁的内外倚柱和厢板上。"① 本文将重点从设计角度分析三大陪葬墓石椁上镌刻的线刻纹饰的构成语法与图像范畴。

表 1　　　章怀太子墓、懿德太子墓、永泰公主墓石椁线刻的基本数据

石椁	长度	宽度	高度	内柱	外柱	内壁	外壁	线刻
章怀太子墓石椁	3.745 米	2.85 米	1.85 米	6 个	14 个	10 个	10 个	40 幅
懿德太子墓石椁	3.7 米	2.82 米	1.87 米	6 个	10 个	10 个	7 个	33 幅
永泰公主墓石椁	3.77 米	2.79 米	近 2 米	6 个	10 个	10 个	7 个	33 幅

　　资料来源：《线条艺术的遗产：唐乾陵陪葬墓石椁线刻画》。

由表 1 可见，在三大陪葬墓中，章怀太子墓石椁的线刻数量多达 40 幅，懿德太子墓和永泰公主墓的石椁线刻数量相同，均为 33 幅。从倚柱数量来看，章怀太子墓石椁内外共有 20 根倚柱，这些倚柱将石椁内外划分成了 20 个椁壁；懿德太子墓和永泰公主墓石椁内外的倚柱数量为 16，划分出的椁壁为 17 个，均少于章怀太子墓。这与章怀太子、懿德太子和永泰公主的身份地位不同有关。

从纹饰设计构成角度分析永泰公主墓石椁的 16 个倚柱，我们发现这 16 个倚柱的构成语法是"统一与变化的矛盾体"。永泰公主墓石椁中 16 个倚柱的纹饰属于图案构成中的二方连续，其基本结构是成对的反向波浪线，这是统一之处。一味的统一只会带来死板和单调，因此古代工匠又在统一之中寻求变化。变化主要体现在双波浪线以外的区域，在柱面上分上下三组，每组中工匠镌刻鹤、鸭、鸟等飞禽和神兽。"每组中间花上或莲蓬上雕对立的双鸟，或一对鸳鸯同御一花枝，或雕亭亭对立的双鹤，或雕一立鸟或一飞鸟。西面一柱面上雕一嫔伽，很少见。各组花纹外还雕饰有

---

① 樊英峰：《线条艺术的遗产：唐乾陵陪葬墓石椁线刻画》，文物出版社 2013 年版。

各种小形的花鸟。"① 式样丰富，很好地践行了"统一中求变化""变化中寓统一"这个艺术的基本原则。

除倚柱外，章怀太子墓、懿德太子墓和永泰公主墓的石椁内外壁上均镌刻了精美的石刻纹饰，图像范畴包括人物（仕女、仆从）、动物（飞鸟、走兽）、植物（花卉、蔓草）、无生物（石头、建筑、器物等）。

以永泰公主墓为例，永泰公主墓石椁内外共有人物画像 15 幅，其中石椁外部 10 个壁面镌刻了 11 个人物，包括单人立像 9 个，双人立像 1 个；而石椁内部的 7 个壁面镌刻的人物图像共计 10 个，均采用成对出现的方式，共有五对，在形式表现上或同向、或相向，或侧身、或正面站立，展现了唐代统治阶级贵族生活的片段。

以上从设计学与图案学角度对唐乾陵三大陪葬墓的石椁线刻本体进行了分析与解读，希望对后来者的纹饰学习有所裨益。同时，上述分析也是下文的石椁线刻纹饰 VR 展示设计的基石，只有对 VR 展示对象的设计内涵有充分认知，才能够研发出适合文物本体与观众需求的 VR 设计作品。

三　唐乾陵陪葬墓石椁线刻的 VR 设计探索

大数据与媒介融合的时代背景下，博物馆的发展正在走向实体博物馆与数字博物馆的有机结合之路。数字化技术能够提供更加丰富的知识信息和展示方式，VR 全景展示就是时下炙手可热的一种有益探索。VR 技术以其独特的感官刺激最大化博物馆的社会效益，更好地实现文化传播与薪火相传。

（一）他山之石：墓室结构 VR 设计案例分析

VR 的介入能够突破时空限制充分发挥文物的价值，提高文物的展示和传播效果，激发人们的参观兴趣，这从妇好墓墓室结构的 VR 呈现设计与惊艳的展示效果中可以得到印证。妇好墓作为中国考古史上第一座墓主人与甲骨人名相对应的商代墓葬、迄今唯一保存完好的商代王室墓葬，在殷商

---

① 陕西省文物管理委员会：《唐永泰公主墓发掘简报》，陕西省文物管理委员会，1964 年，第 14 页。

史和商代考古领域具有里程碑的意义，已经成为殷墟古都的文化名片。

2016 年 3 月 8 日至 6 月 26 日，首都博物馆"王后·母亲·女将——纪念殷墟妇好墓考古发掘四十周年特展"作为纪念首都博物馆新馆正式对外开放十周年的特展，第一次在中国大陆举办专题展览。这个展览共分四个单元，分别为"她的时代""她的生活""她的故事""她的葬礼"。其中，VR 技术的植入主要体现在第四单元"她的葬礼"中。"四单元'她的葬礼'要诠释妇好墓随葬品从填土到腰坑多达八层的葬制……最终确定采取电视播放 3D 动画+VR（虚拟技术）眼镜相结合的形式。15 个 VR 眼镜的内容模拟观众站在墓室外远眺周边的宫殿、池苑环境，向墓室内俯瞰可自主选择观看八层随葬品，观众站在墓室三面位置不同、视角也不同。不习惯 VR 眼镜的观众可以观看空中吊挂的四部大屏幕电视播放的 3D 动画，两部播放妇好墓选址、挖墓、下葬、建享殿的全过程，两部自动播放 VR 眼镜内的八层随葬品画面。"①

借助 VR 技术制作的墓室全景视频，可以使受众戴上眼镜后亲身体验到墓室布局和结构。参观者借助 VR 眼镜可以看到纵向和横向 720°墓室全景空间。使用时，观众将 VR 眼镜缺口向下带到眼前后，通过使用眼镜画面中心的十字靶标，对准"第一层"等层数按钮，保持 3 秒，就可以切换到妇好墓不同的发掘层进行观看。观看现场如图 1 所示。

借助文字"第一层""第二层""第三层"……受众被引导着从地表开始一层层下降到墓室。全景体验的视线移动轨迹是"下降→720°环视→下降→720°环视→下降→720°环视"……直至到达墓室底层。每一层的陪葬品及其出土位置均可在观众到达此层时尽收眼底。如此展示，将原本借助文字描述的墓室构造及陪葬品摆放情况直观重现在观众眼前，不得不说是博物馆展示系统的一大创新。

"在不影响原有文化遗产本体的情况下，借助虚拟技术能够真实反映文化遗址的场景，这是当前文化遗产保护的一个重要趋势。"② 古代石刻艺术亦然。古代石刻上镌刻的纹饰除了装饰意义外，还是历史信息与坐标的真实反映，具有特殊的文物价值。由于展览场地或石刻文物本身条件的

①　冯好、李丹丹：《"王后·母亲·女将——纪念殷墟妇好墓考古发掘四十周年特展"的策划与设计探索》，《文物天地》2016 年第 8 期。

②　葛怀东、邓抒扬：《南朝陵墓石刻三维数字化保护研究》，《城市勘测》2014 年第 6 期。

图 1　VR 展示现场（作者拍摄）

限制，在实体博物馆不适宜展出的石刻文物可以通过虚拟的方式呈现在 VR 技术搭架的"文化空间"中。

（二）抛砖引玉：唐乾陵陪葬墓石椁线刻的 VR 设计探索

石椁是石制的外棺，也是墓主人身份的象征，但常因展示空间的限制和展示形式的拘囿无法实现良好的展示效果。再者，石椁上精美的石刻纹样在岁月的侵蚀下迹象模糊，观众很难看清细节和全貌，更别提纹饰的学习与传承。有鉴于此，不妨尝试利用 VR 技术构建还原石椁的挖掘现场。

以永泰公主墓石椁纹饰为例，VR 设计思路如下。

首先，梳理石椁内、外、不同方向的纹饰与石椁实体的对应关系。由前文可知，永泰公主墓石椁有内柱 6 个，外柱 10 个，内壁 10 个，外壁 7 个，石刻纹饰共计 33 幅。现有资料中，大多将这些石椁纹饰拓片一页一页展示，读者虽然看到了石椁的照片，也看到了纹饰的拓片，但某一纹饰出现在石椁的哪个位置对于读者来说是很难想象的。为弥补以上疏漏，需在平面展示图中将纹饰与其所处的石椁方位对应起来，以有利于后面步骤中的建模与贴图。

其次，查阅《唐永泰公主幕发掘简报》等相关资料，获取石椁和纹饰的数据信息。经查找，石椁"位于主室内西边，置于高 20 厘米的夯土台基上……椁底南北宽 3.9 米、东西深 2.8 米、厚 26.5 厘米……椁壁南北宽 3.82 米、东西深 2.75 米、高 1.4 米、厚 16.5 厘米，各面设有倚柱，内外共用……椁顶为庑殿式"①。

最后，根据上述信息，在 3Dmax 中建模，重现永泰公主墓石椁原型及其内、外壁上镌刻的石刻纹饰（图 2）。创建 VR 展示场景，实现沉浸式、交互式的虚拟效果。可通过 VR 眼镜或在手机端、PC 端观看。

图 2　永泰公主墓石椁复原图

四　结语

古代纹饰作为实物遗存的附着物，像实物遗存一样具有较高的历史价

———————

①　陕西省文物管理委员会：《唐永泰公主幕发掘简报》，陕西省文物管理委员会，1964 年，第 14 页。

值、欣赏价值、文化价值和科学价值，是古代文化和智慧的象征，不能只"活"在博物馆里。因此，探索石刻纹饰的本体设计和 VR 展示系统设计，能够消解地域、时间、文化、国别的樊篱，对于我国纹饰遗存的内向传承和外向传播均具有理论和现实意义。技术是辅助，文化是本体。本文探索的虚拟现实技术在陕西唐代石刻艺术中的植入与审美体验，是从形式设计角度助力陕西石刻艺术的传播与丝路文化的弘扬。

参考文献

李域铮：《陕西古代石刻艺术》，三秦出版社 1995 年版。

赵东：《数字化生存下的历史文化资源保护与开发研究——以陕西为中心》，博士学位论文，山东大学，2014 年。

唐娇：《焦山碑刻虚拟博物馆漫游系统的设计与实现》，硕士学位论文，江苏科技大学，2015 年。

（王秀丽，西安外国语大学新闻传播学院）

基于 SWOT-PEST 矩阵分析的西安与
中亚丝路沿线国家旅游合作研究*

苏红霞　张　雪　张　洁

摘要： 课题海量梳理了全国 34 个省域地区在"一带一路"战略指导下所采取的发展方向与发展行动，结合课题主持人在中亚实地调研资料，聚焦西安与中亚斯坦国家旅游合作展开研究，首先分析了双方合作背景，之后采用 SWOT-PEST 模型矩阵，对双方旅游合作的经济条件、政策条件、社会自然资源条件和技术条件四方面（PEST）分别进行了优势、弱势、机遇和威胁（SWOT）分析，最后基于宏观与微观分析提出了西安与中亚丝路沿线各国在发展旅游合作方面拟采取的措施。

关键词： 一带一路；旅游合作；西安；中亚；SWOT-PEST

一　研究背景

（一）"一带一路"战略的提出

丝绸之路从古到今都是亚欧各国人民开展文化交流、对外贸易和相互了解的重要桥梁和纽带。时任中华人民共和国主席江泽民在 1999 年比什凯克中吉俄哈塔五国元首会晤时就提出了"推动复兴古老丝绸之路"的主张。2013 年 9—10 月，中国国家主席习近平在出访中亚和东南亚国家期间，先后提出共建"丝绸之路经济带"和"21 世纪海上丝绸之路"的重大倡议，得到国际社会高度关注。2015 年 3 月，国家发改委、外交部、

* 本文得到 2016 西安市社会科学规划课题"西安与中亚国家丝绸之路旅游发展协同合作研究"项目（16Z47）资助。

商务部三部委联合发布了《推动共建丝绸之路经济带和 21 世纪海上丝绸之路的愿景与行动》（以下简称为《愿景与行动》）。文中指出，"一带一路"贯穿亚非欧大陆，一头是活跃的东亚经济圈，一头是发达的欧洲经济圈，中间广大腹地国家资源丰富，经济发展上升空间巨大，是中国"一路"战略的主要结交对象。

（二）循序渐进推进模式

"一带一路"包括海上与陆上丝绸之路两条通道。《愿景与行动》所体现的改革开放发展目标从空间上来说涵盖了亚非欧三大洲各个区域，具有全域型、多方位的特点。但是受客观与主观因素制约，其推进必然呈现阶段性特征，即在发展前期，空间上的发展方向先要从点和线上入手突破，建立发展的基础支点与基本通道，继而进入中期阶段，其标志是由点、线而带动的面上的发展，点线面发展到一定程度就步入了后期阶段，即形成了全方位的发展局面和态势。目前，"一带一路"战略提出不到三年时间，各地都在摩拳擦掌，积极行动，搭乘这列历史发展"快车"，比如新疆要建成"丝绸之路经济带"核心区，甘肃打造丝绸之路黄金通道，宁夏建设"一带一路"战略支点。随着各地"丝绸之路经济带"建设方案陆续出台，行动纷纷落地，项目此起彼伏，论坛热热闹闹，交流持续不断。但是从发展现状来看，"一带一路"战略和倡议的践行还处在初期阶段，即从点和线上突破，建立基础支点与基本通道阶段。

（三）西安与中亚的渊源

西安作为内陆城市，作为古代丝绸之路的起点，作为中国西北经济与文化最发达的城市，要在"丝绸之路经济带"上有所作为，要主动走出去，与国内外沟通、交流、合作才能找到突破发展的契机，最终实现西安作为内陆改革开放新高地的目标。长安是古丝绸之路的起点，在历史上陕西与中亚各国有着悠久的联系与交往，双方关系源远流长。从地缘政治和国家安全角度来看，中国与中亚邻国的关系具有重要的战略意义，新丝绸之路经济带构想的提出，将中国与中亚各国的关系置于国家战略层面高度。陕西作为古丝绸之路的起点和新丝绸之路的桥头堡，在发展与中亚各国的关系上发挥着举足轻重的作用。

世界向东，中国向西，西安的"走出去"要西进。西安西进的国际对接中心首要考虑中亚地区。因为中亚地区与陕西经济文化互补性最强，合作开发空间最大。西安最有资格成为支撑经济带建设的中国境内首选核心城市，成为中亚国家在华首选旅游目的地城市与首要客源城市。一个城市的吸引力是综合的，对游客来说也不例外。游客首要关注旅游吸引物的级别与数量，其次，经济发达程度也是吸引游客的重要吸引力资源，尤其是中亚国家，其经济相对薄弱，与西安在文化上的差异相对于丝绸之路经济带沿线其他地区较大，西安人文底蕴极其丰厚，会展节事活动频繁，教育资源丰富，美食多种多样，环境安全卫生，人民热情友好，民风淳朴，这些资源交织在一起，构成了西安吸引中亚游客的强大资本。但是，这些宝贵的资源如果未能很好地利用，没有得到有效的宣传，我们的任何目标都还是空谈。

本课题聚焦探讨西安—中亚合作，尤其是双方旅游合作的契机与合作模式。旅游交流与合作同时具备经贸文化、生态环境、康体娱乐等多个领域合作交流的特性，针对西安—中亚旅游合作特点与模式的探讨既具个案特色，又有广泛适用性。

（四）合作共赢原则

经济带是合作共赢之路，共赢是目标，合作是路径。《愿景与行动》文件的八个部分都是围绕合作去倡导部署的。文件题目以"共建"为引领展开。第一部分"时代背景"提出一带一路是国际合作新模式的积极探索；"共建原则"提出坚持开放合作，互利共赢；"框架思路"强调"一带一路"是促进共同发展、实现共同繁荣的合作共赢之路；"合作重点"与"合作机制"对合作的核心领域与方式进行了诠释；"中国各地方开放态势"强调加强中国东中西互动合作；"中国积极行动"指出中国积极主动推动与沿线国家合作；第八部分"共创美好未来"倡导各国精诚合作，推动融合。

因此，西安融入"一带一路"的旅游发展战略要围绕合作共赢的核心去做，通过各种途径，克服一切困难，主动与国内各地区以及沿线国家进行旅游领域的创新合作，寻找突破发展新路径。"一带一路"建设的五通原则中"道路联通"是第二项，也是相互合作最重要的硬件基础。

（五）陆上交通特点

15 世纪末期，达·伽马通过海路，绕过非洲大陆南端，到达印度。从此之后，在东西方贸易中，海上通道的地位越来越重要，而丝绸之路作为陆上通道之地位逐渐下降。美洲的发现使海洋变得更加重要，沿海成为人类经济活动的中心，西欧和美国因而崛起，中国则一度沦为边缘。中国学会利用海洋之后，才又逐渐重新受到全球聚焦，踏上民族复兴之路。建设"丝绸之路经济带"，陆上通道重新成为连接中国与欧洲的重要通道，随着丝绸之路经济带建设的推进，内陆在全球经济中的地位会上升，全球经济格局将随之改变，必将开创内陆和沿海共同发展、更加平衡的新局面，中国的民族复兴也将获得新的动力。由于远离全球贸易的主要通道，内陆地区大多贫穷和落后，除非拥有丰富的自然资源；而沿海地区依靠全球贸易，更为发达和富裕。中国沿海地区与内陆地区的发展差异就是生动案例。丝绸之路经过的国家很多是内陆国家，除哈萨克斯坦外，其他国家人均 GDP 远低于世界平均水平。几十亿人生活的内陆处于全球经济发展的边缘，造成了发展失衡。建设"丝绸之路经济带"，从中国国内来看，可以使西部地区成为对外开放的前沿；从全球来看，可以使亚欧大陆的内陆地区更多地参与到全球贸易中来，中国和全球的经济发展都将更为平衡。

作为内陆省份的陕西，和中亚的几个主要国家都有共同特点，都位于所谓的锁地。即领土疆域的任何部分都没有和水域接壤，不仅是内陆国度和地区；而且其邻国和相邻地区也是内陆地区，即被内陆层层包围。这种被内陆层层包围的国度被称为"锁国"。地域特点决定了这些国家要冲破疆域与领土界限突围出去所面临的重重障碍。丝绸之路所经过的地区自然条件恶劣、政治局势不稳定。时至今日，陆上通道的不利条件仍然很多，例如，陆上大运量、长距离运输的技术不如海运那样发达；陆上运输要经过多个国家，海关手续更为复杂。这也在一定程度上解释了其在历史上和当今经济发展与开放程度相应落后的局面。陕西是位于中国内陆的"锁地"，经济发展与开放程度比沿海地区相对滞后很大程度上也是区位原因造成的。西安作为陕西的首府，虽然称得上是中国西部最发达的城市，但是区位劣势仍是制约地区发展的首要因素。

值得庆幸的是，随着社会的发展，人类在突破自我、寻找机遇的路上已经取得了一些战果。比如连接亚欧大陆的新亚欧大陆桥铁路通道已经运行了 20 余年，还有本月（2016 年 8 月 18 日）西安至波兰华沙的中欧班列的成功开通。与此同时，西安与中亚之间的交通沟通桥梁也已经搭建起来，2013 年连接西安与中亚的"长安号"国际货运班列开通，2016 年 3 月西安—阿拉木图的空中航线开通。人流与物流沟通主要有海、陆、空三条渠道。西安与中亚由于天然条件的限制，海上沟通基本不用考虑，陆上交通受线路与疆域主权等因素限制也极为不便，第三种沟通方式航空显然是最为便捷和简易的选项了。当然，飞机运输经济成本高，还要受到航线权限与航空终端等基础设施条件限制。但是，从旅游角度来讲，这是在两地之间进行旅游沟通的最佳选择。因为从政府层面和行业角度来讲，航空交通实施快捷，尤其是借助丝绸之路经济带东风，落实快，效果显著。从消费者（游客）角度看，节约时间成本，舒适度高，购买性价比高。中亚目前有条件来西安旅游的人数在 500 万人以上，如果宣传工作做得好，不怕这个市场做不起来。所以，西安市有关部门要立即行动，自下而上推动中央政府核准这项计划，尽早开通更多的国际航线，在目前西安到阿拉木图航线基础上，继续开通西安到塔什干航线、西安到中亚核心旅游城市航线。光阴荏苒，斗转星移，不变的是旅游流通靠交通，西安与中亚旅游交通首推航空。

二　西安—中亚旅游合作 SWOT-PEST 战略分析

SWOT 分析法也称机会威胁分析法，是用来确定所研究对象自身的竞争优势（strength）、竞争劣势（weakness）、机会（opportunity）和威胁（threat），从而将可以利用的内部资源、外部环境有机结合起来的一种方法。PEST 分析是对宏观环境的分析，P 是政治（politics），E 是经济（economy），S 是社会（society），T 是技术（technology）。PEST 的四种因素正好对应了"五通"战略中的"政策相同（P）、贸易畅通和资金融通（E）、民心相通（S）、设施联通（T）"。本项目通过 SWOT-PEST 战略分析法来研究西安与中亚在"一带一路"背景下的旅游合作。

（一）基于 PEST 的内部优势分析

1. 政策性内部优势

2013 年，习近平总书记适时提出"一带一路"战略，致力于西向发展，以增加国家战略的纵深度，2015 年，国家三部委又联合出台《愿景与行动》，重点布局了中国 18 个省份发展定位与方向，其中明确提出要把西安打造成内陆改革开放新高地。文件中提出的"政策沟通、设施联通、贸易畅通、资金融通、民心相通"的合作重点都和旅游高度融合，"五通"有进展，旅游合作自然就发展了。"一带一路"战略是中国史无前例的大布局，是中国经济腾飞的大平台，是促进共同发展、共同繁荣的合作共赢之路，是旅游大繁荣，提升人民生活水平的幸福之路。西安是亚欧大陆桥中国段最大的城市，沐浴着"一带一路"政策的东风，陕西旅游业一定要紧抓机遇，把地方项目上升到国家战略的高度，让旅游业的发展搭上国家政策的高速列车，致力于把西安打造成内陆旅游改革开放新高地和游客最满意的旅游目的地之一。

2. 经济性内部优势

2015 年陕西省地区生产总值为 18172 亿元，在全国 31 个省区市中排名第 15 位，同比增长 8%。2016 年经济增长继续保持良好势头，预计增长为 8%。2014 年西安跻身中国十大最富省会城市。2015 年，西安经济综合竞争力在全国 289 个城市中位列 33，居西北之首。西安可持续竞争力排名第 27 位，在知识城市、和谐城市、文化城市等指标中均获五星。随着经济水平的平稳增长，人民生活水平日益提高，旅游正在逐步从日常生活中的奢侈品向必需品过渡。旅游业发展也迎来了前所未有的契机，旅游投资、旅游贸易、旅游开发、旅游营销、旅游研究等领域空前繁荣，为西安走上丝绸之路，走进中亚奠定了良好的经济基础。

3. 社会自然条件性内部优势

西安地处中国陆地版图中心和中国中西部两大经济区域的结合部，是西北通往中原、华北和华东各地市的必经之路。具有承东启西、连接西部的区位之便。在全国区域经济布局上，西安作为新亚欧大陆桥中国段最大的西部中心城市，是国家实施西部大开发战略的桥头堡。西安历史上有周、秦、汉、隋、唐等在内的 13 个朝代在此建都，是世界四大古都之一，是中华文明和中华民族的发祥地，历史文化源远流长，旅游资源得天独厚。这里有大量的中华文明、中国文化、中华地理的精神标识和自然标识，特别是作为古丝绸之路的起点，这里有着许多人员交流、文化交融的历史见证。在我国丝绸之路首批申遗的 22 个项目中，西安有 5 个，是项目最多、等级最高的城市。西安不仅文物古迹荟萃，而且山川秀丽，景色壮观，拥有以险峻著称的西岳华山、一望无际的八百里秦川、充满传奇色彩的骊山风景区、六月积雪的秦岭主峰太白山等。西安旅游资源与中亚存在共同的渊源，同时又有很强的互补性，构成了对中亚市场的强大吸引力。

4. 技术性内部优势

技术性优势体现在交通便利化与电子商务的普及化两个方面。在交通领域，到 2015 年底，陕西省高速公路突破 5000 公里；铁路营运里程达到 4900 公里，位居全国第八。西安咸阳国际机场开通的国内外航线达 270 余条，其中国际航线 38 条，连接 18 个国家。2016 年 3 月，开通西安与中亚哈萨克斯坦首都阿拉木图的直航，大大缩短了里西安与中亚的感知距离。与此同时，西安市已经成为全国第二大高速网路节点城市。"十二五"以来，陕西紧抓国家发展基础设施的机遇，大力投资建设交通基础设施，基本确立了全国性的公路、铁路和航空枢纽地位，交通已经从瓶颈问题转变为竞争新优势。

技术优势同时体现在网络媒体的迅速发展普及上，这种革新的通讯方式提供了超越时空的交流平台，大大降低了用户的交流成本。网络电子商务的普及给旅游业带来了巨大的变化，互联网技术发展到今天，许多消费者随口就能报出来一长串网络旅游电子商务平台，比如途牛、艺龙、携程、去哪儿、马蜂窝、驴妈妈等。西安市在 2015 年全国城市竞争力评比中，信息城市荣获五星等级。西安在这方面的技术与经验可以推广到中亚地区，协助其核心城市的信息化建设。

（二）基于 PEST 的内部劣势分析

1. 政策性内部劣势

西安旅游业发展的软环境仍不尽如人意。旅游市场准入门槛高，行业、地区壁垒多，旅游投资政策开放程度还不够，面向社会资本开放不足。政府部门旅游宣传营销费用偏少，旅游航空运输建设发展空间大，落后于西安旅游业发展整体水平，远远达不到一流国际旅游目的地的要求。旅游业在地区国民经济发展中的地位理论上较高，但是西安市和陕西省对旅游业发展的资金投入不足，普遍存在重视一、二产业，忽视旅游服务业发展的认识。从旅游资源大省迈向旅游资源强省的道路还很艰巨。做好自己的事情才能增加与他人合作的砝码，与中亚的旅游互通需要机遇，需要热情，更需要实力。

2. 经济性内部劣势

旅游发展由经济因素、社会文化因素和科技因素推动，归根结底还是受经济发展水平制约。尽管西安经济近年迈入了快速上升通道，但是和东南沿海地区城市相比，经济发展还有较大上升空间。旅游宣传经济投入严重不足，旅游收入远远低于具有同等旅游资源水平的其他城市。省上虽然规划将旅游业打造为新型支柱产业，将西安打造为国际一流旅游目的地，但是对旅游业的直接投入却比较少，旅游业的发展在一定程度上依赖其关联行业的发展，而不是行业自身的发展。

3. 社会自然条件性内部劣势

由于受经济发展水平与区位地理条件限制，西安当地人思想相对保守，开放程度不够，接受新事物比较慢，守家而不是创业意识较为浓厚，服务意识淡薄，对服务业有偏见，尤其是旅游服务业，制约了服务业对旅游人员的吸引，即使吸引到人员也难以留住他们。政府管理部门的管理意识比较浓厚，服务意识比较淡薄。旅游市场经济这只无形的手发挥调配功能有限，在很大程度上受到行政部门的干预较多。很多时候是政府赶着行业跑，而不是市场领着行业跑。由于受到公众认识水平和旅游发展阶段等因素制约，行业内部还存在许多不符合规范的操作与现象，大大牵制了西安旅游业发展的步伐。

旅游产品供给与市场需求多样化之间的矛盾突出，旅游产业核心竞争力有待提升；西安旅游产业要素还不完善，旅游活动主要停留在看与听阶段，娱乐性、融入性活动较少。便利化的旅游服务设施建立不足仍是西安的突出短板，旅游服务水平尚难尽如人意；旅游消费结构不合理，旅游收入仍停留在"门票经济"阶段，个性化产品开发很少。

4. 技术性内部劣势

西安目前虽然已经建立了较为科学便利的交通路网规模，但是在铁路、公路、民航、轨道交通、公交巴士线路统一规划、统筹衔接等方面还存在较多盲点，给游客造成了空间活动上的不便，导致旅游满意度的降低，不利于树立对西安旅游形象的正面认知。智慧交通建设上升空间大，交通线路的标识、指引功能还没有充分发挥，大大降低了旅游便利性。交通工具的环保型与舒适性有待提升。外向型国际交通渠道还不够丰富，降低了西安作为知名国际旅游目的地的通达性，增加了消费成本，减少了游客到访量。西安市内公交系统比较完善，但是车次明显不足，经过景区的公交线路和车次都不多，不利于正处于上升阶段的自助游市场的消费。

作为省会城市的西安，虽然网络的普及率比较高，但是 Wi-Fi 覆盖面还很小，境外人士使用本地互联网服务门槛高，便利性差。旅游公共服务信息平台和移动旅游个性化平台还未有效建立起来，不能为游客提供及时的准确服务，不能积极回应旅游市场日益增长的消费需求。

（三）基于 PEST 的外部机会分析

1. 政策性外部机会

中亚五国与中国有着深厚的历史渊源，25 年来继续保持着友好合作交流，在贸易、投资、技术等方面积极合作双赢，关系越来越紧密，已经结成了牢固的命运共同体。在中国提出"一带一路"发展战略之际，哈萨克斯坦也提出了"光明之路"和"2030 发展构想"发展战略。"丝绸之路经济带"与哈萨克斯坦发展蓝图的顺利对接将为双方关系发展确立新的基础。中国社科院研究报告表明，针对我国的"丝绸之路经济带"倡议，中亚国家已经从观望阶段和理解阶段发展到了政策对接的制定与执行阶段。乌兹别克斯坦积极果断地采取了一系列重要措施来加快旅游业的发展，在旅游胜地设立经济特区，实行整套优惠政策，包括特殊的外汇政策和便利的签证制度；鼓励和吸引外国公司向旅游业基础设施投资，提升本国旅游设施水平等。中亚国家目前市场开放程度总体高于中国开放程度。中亚国家的法律相比独立之前也更加规范，更加符合旅游市场对安全与便利的需求。

2. 经济性外部机会

中国与中亚地区经济互补性强，在交通与能源等方面具有开展合作的坚实基础。中国目前是哈萨克斯坦第二大贸易进口对象国，哈萨克斯坦则是中国在中亚地区的第一大投资对象国。经过金融危机的洗礼，以哈萨克斯坦为首的中亚国家经济已经强劲反弹，消费需求不断增长，对旅游产品和服务的需求也在持续升温。旅游业已成为哈萨克斯坦、乌兹别克斯坦等中亚国家收入的重要来源和经济稳定的重要因素，尽管如此，目前，旅游业在中亚国家还是处于商业化初期阶段，具有极大的发展潜力。

3. 社会自然资源性外部机会

中国与中亚地区接壤，西安与中亚皆属内陆地区，同时具备内陆地区的自然与人文共性，加上深远的历史文化渊源，在心理与文化上亲切感极强，非常容易沟通。中亚地区具有良好的地缘政治，两国的经贸合作有效推动了两国的人文交流和旅游合作，极大地增进了两国人民相互间的了解和认识。20 多年来双方在经贸合作上的巨大成绩，使中亚人民得到了实惠，提升了对中国的亲和度。对中国来说，中亚和中国旅游资源既具有共性，又有互补性，对双方旅游消费市场形成了双向吸引。尤其是西安，作为古丝绸之路的起点，早已在中亚人民心里扎下了根。2014 年 6 月 22 日，中国、哈萨克斯坦、吉尔吉斯斯坦三国联合提交的 "丝绸之路：长安—天山廊道路网" 申遗成功，掀起了中哈吉三国人民重走丝路的旅游热潮，也带动了沿线地区旅游产业的发展。目前该线路游客已经占到整个丝路游客数量的 44%，丝绸之路已经成为促进沿线国家旅游繁荣的重要渠道。目前，西安市已经与中亚三个城市建立了友好关系，分别是阿拉木图市、撒马尔罕市和马雷市。阿拉木图是哈萨克斯坦乃至整个中亚的金融、教育等中心。撒马尔罕市位于乌兹别克斯坦，是中亚著名古城和旅游、文化中心，丝绸之路重要的枢纽城市，享有 "丝绸之路上的璀璨明珠" 之盛誉。马雷市是土库曼斯坦第四大城市，世界著名的文化遗产梅尔夫古城遗址所在地。与此同时，西安正在积极寻求与中亚经济政策进行对接，进一步加强文化、经贸、会展和旅游等领域的合作。

4. 技术性外部机会

中亚国家第三产业发展刚刚起步，国际旅游贸易中存在较多的技术性问题。西安是中国国际旅游发展最早的一个城市，已经在国际旅游领域积累了丰富的经验与技术手段，可以以此为契机，在旅游服务、旅游产品开发、旅游营销、旅游投资、旅游安全等方面把西安的经验与技术介绍给中亚国家，助推中亚国家国际旅游发展。

(四) 基于 PEST 的外部威胁分析

1. 政策性外部威胁

中亚地区与中国尽管建立了命运共同体关系，但是相对中国来说，这些国家发展普遍还是比较落后，在政策上存在一些错位，技术性贸易堡垒和海关程序是目前中国与中亚国家交流的主要屏障，中亚国家的一些外贸政策与世贸组织的要求还存在较大差距。西安与中亚交流近年来虽然比较频繁，但是由于双方同处内陆，内陆型思维模式与政策导向在一定程度上制约了双方的合作发展，使两边的合作潜力不能得到更大程度的释放。西安虽然是知名国际旅游目的地，但是国际旅游主要停留在接待与输出游客方面，在国际旅游投资贸易等领域还少有涉及，对这一领域牵扯到的相关政策法规了解较少，对中亚国家法规政策还没有比较到位的认识，制约了双方在旅游领域的进一步合作。中亚国家旅游签证办理手续烦琐、周期长、拒签率高。除此之外，货币兑换问题以及沿线国家旅游市场规范，都在一定程度上使中亚旅游成为小众市场。

2. 经济性外部威胁

中亚地区虽然能源资源异常丰富，但是旅游资源相对于丝绸之路经济带两端地区比较匮乏，旅游经济发展相对滞后。中亚国家人民的收入水平不断提高，但是旅游还只是小众群体的消费品，对于广大民众来说，旅游服务还是可望而不可及的奢侈品，中亚地区目前旅游消费主要集中在哈萨克斯坦和乌兹别克斯坦两国。中亚国家经济虽然企稳回暖，强劲反弹，但是经济发展还存在一定程度上的不确定性。近年来，中国国内经济面临投资回报率下降、人口红利减少、劳动力工资上涨与老龄化以及环境保护等因素影响，艰难地维持着中高速增长。受国内外多种不利因素影响，这种中高速增长随着时间的推移不断趋缓。经济的回落对居民旅游消费将产生负面影响，尤其是中亚国家距离西安相对比较遥远，社会自然条件相对不占优势，又是新兴旅游目的地，价格比较昂贵，旅游成本高，如果营销做不好，可能在进入潜在旅游者认知范围之前就被果断淘汰了。

3. 社会自然资源性外部威胁

中亚国家在旅游业发展中，存在着不少消极因素。以旅游业发展比较活跃的乌兹别克斯坦为例，比较突出的问题是大多数旅馆不符合标准，导游服务需要提升，人民币没有渠道在乌国流通，且不能与当地货币索姆直接兑换，得以美元来作中间媒介，而且货币兑换点罕见；乌兹别克斯坦管理部门官僚作风浓，工作效率低。上述种种不利因素给游客带来旅游过程中的困难和郁闷的心情，不利于旅游发展。目前西安—中亚发展旅游合作的竞争威胁主要来自边疆地区。新疆与中亚三国边界接壤，有长达3300公里的边界线。地理位置的濒临使新疆成为国内与中亚国家旅游交流最为频繁的地区，目前中亚国家来华游客绝大多数都是把新疆作为旅游目的地，新疆不仅吸引了中亚的观光游客，还吸引来了中亚的医疗游客。另外中亚游客出国游还去往俄罗斯等社会文化同源国地区。哈萨克斯坦国民对三亚的海滨度假区情有独钟，2013 年，随着哈萨克斯坦在海南免签国待遇的推出，越来越多的哈国游客陆续来到海南，体验与中亚内陆文化迥然不同的蓝色海洋文化。尽管在 2009 年，乌兹别克斯坦成为中国游客旅游目的地，但该国对中国游客来说还很陌生。2016 年 7 月 15 日，中哈两国正式启动团队旅游业务，8 月 6 日，中国首个赴哈旅游团到达哈萨克斯坦，团员主要来自新疆、甘肃、宁夏三地。由此看来，西安的内陆文化在一定程度上被新疆替代，海南又弥补了中亚旅游市场对海岛文化的向往，西安如果不针对中亚市场着力挖掘自己的资源特色，提升吸引力，那么和中亚在旅游方面的流通就大大减少了。此外，20 多年来，中亚地区基础设施项目依靠中国的投资与技术获得了飞速发展，中亚对中国的经济依赖性不断增加，中亚民众获得了实惠，但是这种影响也在中亚及周边国家激起了一些负面反响，出现了"中国威胁论"等负面观点。

4. 技术性外部威胁

国家三部委颁布的《愿景与行动》出台以来，各地纷纷响应并双向发力，积极融入国家发展战略。新疆、甘肃、宁夏等地"向东"推动陆海相通，实现与海上丝绸之路连接；沿海地区的一些省（市、区）尤其是上海、江苏、广东、福建等通过"向西"大力发展陆路、空港运输，深度融入丝绸之路经济带建设。西安处于丝绸之路经济带重要位置，经济发展在中国西北部是龙头城市，但是和中国东南沿海地区相比，还存在较大差距。特别是 2015 年开通的"义新欧"中欧班列，从浙江义乌出发，经新疆阿拉山口，途径哈萨克斯坦等中亚国家直达西班牙首都马德里。该班列的开通改变了改革开放以来以海路运输为主的对外贸易运输格局，同时把沿海地区推到了内陆贸易的前沿。此外，航空的联通进一步削减了西安的区位优势，中国更发达地区的技术和产品在交通条件的提升下会对西安构成极大的挑战与威胁。旅游业发展首要靠交通的发展，随着全国更多地区打通与中亚国家的交通管道，西安—中亚旅游面临机遇的同时也正在迎接挑战。中亚电信基础设施建设还不够完善，互联网使用还不太广泛，只在大城市的部分机构和地区才提供服务，这种现状对电子商务的推广形成了发展瓶颈，在中国如火如荼开展的互联网经济在中亚暂时还没有大的用武之地。

三　基于 SWOT-PEST 提出西安与中亚旅游合作具体措施

（一）扩大宣传，利用尝鲜心理拓荒西安—中亚双向旅游市场

目前中亚对西安来说是小众群体旅游市场，这主要源于人们长久以来对中亚认知上的偏差，以为中亚地区天气炎热，土地荒芜，民风野蛮，不值得一游。再加上赴中亚旅游签证办理困难，费用高，旅游总体费用也是欧美国家旅游费用的两倍以上。这导致中亚长期以来被忽视的局面，即使是今天，西安还未见经营中亚旅游业务的旅行社。那么，真实的中亚又如何呢？真实的中亚历史悠久、风景优美、民风淳朴、友好热情、安全神秘，对中国游客来说，既亲切友好又弥漫着神秘的气息。旅游是一种求新求异的体验活动，旅游者希望到充满异域风情的目的地去接受全新刺激，获取最大范围的信息量，增加自己的阅历，树立个体在群体中的地位与形象，同时追求旅游投入的产出最大化。欧美作为国际旅游目的地从 20 世纪 60 年代就进入了大众旅游阶段，是世界上旅游业发展最早的地区。也是国际游客接待量最大的地区，接待国际游客比例占市场总额的 70% 以上，是传统的旅游目的地市场，对广大的国际旅游市场来说在新鲜异域方面逐步丧失了吸引力。近年来，随着亚洲、非洲、拉丁美洲等地区经济的腾飞，这些区域的许多地方都大力发展旅游业，逐步形成了一系列新兴国际旅游目的地，世界旅游流的方向正在逐渐转向亚非拉地区。许多消费者因为能去新兴旅游目的地一游而成为自己社交圈的意见领袖。旅游是一种注意力经济，时代的弄潮儿把中亚推到了风口浪尖上。旅游是时尚经济，由富足和冒险群体首先发起一项旅游活动，然后逐渐普及广大民众。中亚完全符合时尚经济与尝鲜探险一族的需求。

我们在互为旅游目的地方面是如此相似，就像我们遗忘了中亚一样，来访西安的中亚游客也是少之又少。中亚游客主要流向为俄罗斯等欧洲国家以及周边的土耳其、沙特等邻国。来中国主要是到访新疆地区，来西安的观光客很少。西安是世界四大文明古都之一，又是连接欧亚的古丝绸之路的起点。针对中亚游客，我们完全可以推出商务旅游、文化旅游、城市旅游、医疗旅游、休闲旅游、修学旅游、生态旅游、购物旅游等多样化的

旅游产品，比起中亚人热衷的国内旅游目的地新疆和三亚，西安在以上旅游产品方面都极具竞争力，西安有更加完善的旅游基础设施，更加人性化的旅游服务与交通，更加安全的旅游环境，更加丰富的旅游产品，更具特色的旅游品牌，更加独特的旅游吸引物，更加温和美好的气候，更加友好的旅游价格，更加符合游客胃口的美食，更多琳琅满目的优质商品，是一个集自然风光之美与历史人文之美于一体的国际化大都市。到这里来，中亚客人可以看到许多生活中曾经看见过或正在使用的物件、发现曾经听过的故事的源头。不到西安，不算来过中国。随着"丝绸之路经济带"的建设，西安迎来历史性发展契机，建议立即在服务水平、基础设施、产品打造、品牌推广、环境保护、安全稳定等方面出台一系列政策，吸引更多中亚客商到西安观光旅行、投资兴业，让中亚客人着实体验一把那个从小就听过无数遍的名字——长安。

（二）大唐风范，旅游外交营造和谐西安—中亚关系

中亚能源资源丰富，经济发展落后，基础设施不完善，轻工业产品缺乏，近年来我们本着互利共赢的原则去中亚投资办厂，帮助中亚人民进行基础设施建设，推动中亚经济发展，中亚人民得到实惠的同时也产生了一些负面言论，比如"中国威胁论""对中亚经济的原料化"等观点。正如《愿景与行动》所指出，"一带一路"的互联互通项目将推动沿线各国发展战略的对接与耦合，发掘区域内市场的潜力，促进投资和消费，创造需求和就业，增进沿线各国人民的人文交流与文明互鉴，让各国人民相逢相知、互信互敬，共享和谐、安宁、富裕的生活。

发展西安与中亚之间的旅游合作，符合当今国际发展潮流，能够增进理解互信，构筑起双方友谊的桥梁，从最细微处为两地间政治、经济、文化、信息、商贸等全方位交流创造优质平台。在政治方面，旅游先行可以使两地的人民产生直接的接触交流，培养两地人民之间的感情，为其他方面的合作垫定良好的基础。同时通过旅游让人们学会欣赏异域文化、尊重异国人民，推动两地间和平发展。经济方面，西安与中亚历史渊源久远，根基牢靠，通过旅游交流，可打造区域旅游品牌，吸引更多游客入境，获得更多旅游外汇收入，提高当地经济收入。文化方面，从古至今世界各大文明板块间的交流都离不开旅游，政治的力量常常会造成国家间、地区间的壁垒，宗教的力量往往会产生心理上的隔阂，只有通过旅游这种自然且

易于接受的方式，才能更好地使不同信仰、不同文化、不同语言的人民走到一起，共享同一时空，互相交流，共同体验和欣赏对方的独特魅力，感受两地包容开放的文明形象，逐步消除误解，做到真心相通，建立坚不可摧的命运共同体。

（三）紧抓机遇，主打商务旅游市场

中国与中亚之间的交流互动首先是商务人员的流动，这种流通互动给旅游业带来了商机。商务旅游者价格敏感性低，出游季节性不明显，出行频率高，注重舒适感，讲究品牌效应。调查表明，几乎所有的商务出行者在目的地进行公务之外，都会选择在目的地旅游观光。中国与中亚之间流动的商务人士也不例外，而且他们之中有很多是驻外务工人员，在目的地停留时间长，闲暇时间多，经济基础好，旅游需求旺盛，重游率高，旅游空间范围广，对旅游形式的需求也比较多样化。但是目前由于中亚各国旅游业相对比较落后，对该市场群体的关注还是少之又少。中亚各国旅游基础相对薄弱，旅游服务比较落后，加上语言障碍，去中亚的中国公务人员的旅游需求远远未被满足。针对这种现状，西安完全可以一马当先，在中亚设立旅游服务公司，为该市场提供急需旅游服务。在陕西和西安的中亚人士，也有比较特殊的旅游需求，尤其是在语言和跨文化互动方面，我们也可以针对于此，专门为他们提供适合的旅游产品与服务，提升他们旅游体验的满意度，传播塑造丝路旅游品牌与西安旅游良好口碑。

（四）发挥优势，推出"游学西安"品牌

作为中国与欧洲的连接地带，中亚地区与中国西部毗邻，以地缘优势奠定了在"丝绸之路经济带"构建中的重要地位。中国与中亚五国签署了文化领域的合作协议，大大推动了教育、科技、文化、体育等领域的交流，如哈萨克斯坦在中国的留学生已经上升到2万人，近年来，自2014年始陕西高校为吉尔吉斯斯坦培养1000名石油化工领域技术人才，陕西与中亚各国的文化科技交流日益频繁，据陕西省教育厅统计，2013年有614名中亚学生在陕西高校留学，占陕西省外国留学生总数近1/10。西安已逐渐成为中亚留学生在中国的热选留学目的地。在中亚留学大军袭来的大局势下，建议及时推出西安的研学旅游产品，针对国际留学生进行营销宣传，产品可以分为不同类型，针对各类留学人群推出周末游、夏令营、

冬令营等项目，鼓励青少年旅游交往，同时吸引中亚学生来西安留学深造。针对海外学生群体推出学生优惠卡等措施，着力打造"游学西安"品牌。

（五）紧抓机遇，为旅游业发展争取更优条件

西安市和陕西省的经济发展都处于历史最好水平，也积累了一定的家底，旅游部门应该以此为依托，充分利用国家"丝绸之路经济带"对西安带来的空前发展机遇，为旅游业发展争取更优政策、更多资金、更优人才。旅游开发充分挖掘资源潜能，推出既能符合市场需求、又能引领市场消费的多样化优质产品。旅游营销要加大投入、大力提升。完善交通网络，破解交通瓶颈，加强旅游规划同铁路、航空、公路、水运、公交、出租车等交通规划的无缝对接。下大力气整治旅游市场秩序，把旅游服务做上去，给游客提供更多便利，提升游客满意，创造良好口碑效应。进一步完善旅游基础设施，实现旅游信息化管理，规范旅游电子商务，发展可持续旅游，培养文明旅游消费者，把西安旅游业做大做强，做成国内外游客都满意的现代服务业。

（六）勇于开拓，通过系列革新型项目推动旅游合作

西安与中亚旅游合作在"一带一路"背景下大有可为，西安必须尽快行动，通过实施一揽子改革方案来将愿景变为现实。

1. 旅游贸易方面

随着互动的频繁，双方业务会不断增加，倡议西安市和中亚国家建立日常工作联系机制，划拨专项活动基金。建立"丝绸之路经济带"西安旅游特区，实施系列优惠开放政策，让文化旅游先行，为双方综合领域合作保驾护航。鼓励双方资金进入对方领域进行开办旅行社，进行旅游投资，参与对方旅游基础设施建设。

2. 旅游交流方面

发起建立"丝绸之路经济带"沿线旅游城市发展联盟，助力西安早日成为内陆型旅游改革开放新高地。将张骞首次出使西域的日期设立为丝绸之路旅游日，各国联合开展宣传活动，为发展丝绸之路旅游营造良好环境。互办旅游推广周、宣传月、旅游年等活动。积极申办、参加与中亚的各种文化交流活动。文化的影响，超越时空，跨越国界；文化的交流，潜

移默化，润物无声。通过文化交流增进与中亚人民理解的同时大力宣传西安旅游。积极与中亚国家开展体育交流活动，利用西安召开国际性节事活动的经验与技术支持哈萨克斯坦阿斯塔纳2017年世博会的筹备和举办。

3. 提升旅游便利性方面

在西安设立中亚主要国家领事馆或办事处，提升中亚国家游客签证便利化水平，甚至实施像欧洲申根协定国家那样的一证通政策。呼吁协助相关部门，尽早在中亚国家实施银联卡支付，提升人民币在中亚国家使用便利性。想方设法打通更多西安通往中亚主核心旅游城市直航，搭建空中丝绸之路，提升两地通达性，降低消费成本。协助中亚建立旅游信息化工程，让中亚游客享受电子商务指尖消费的便捷。

4. 打造旅游产品方面

除了打造双向商务旅游和游学西安品牌外，西安应该积极联合中亚国家打造丝路精品旅游线路和品牌，比如西安—中亚双向丝路自驾游、中亚探秘、长安—天山廊道世界遗产体验之旅、寻访长安等，以产品来推动双方旅游互通，强化西安丝绸之路起点城市的功能与资源禀赋。

5. 旅游营销方面

一定要大做文章，既要利用现有营销手段展开整合营销，综合各种营销方式整体发力。陕西省非常重视哈萨克斯坦旅游市场，放在优先位置加快培育，2014年5月陕西旅游代表团参加了阿拉木图国际旅游展，举办了"丝绸之路起点·兵马俑的故乡"陕西旅游推介会。近年来，中国在哈多次举办文化日、文化周以及各种文化演出活动，这些活动带动了两国人民之间的人文交流和旅游交往，扩大了哈萨克斯坦人民对中国文化的感知认识。2017年是哈萨克斯坦的"中国旅游年"，这将为两国的区域旅游合作交流提供新的机会和可能。借着2017年中哈旅游年的品牌和氛围，西安也可以打出自己的品牌，在哈萨克斯坦开展"丝路起点——西安旅游年"活动。同时针对中亚游客和中国游客的特点开发丝绸之路系列旅游产品，塑造丝绸之路旅游品牌。

6. 旅游合作研究机构方面

建议西安市尽快成立中亚旅游研究中心，为开发西安—中亚旅游合作提供智力支持，了解熟悉对方各种相关政策法规、资源特色、文化习俗、市场偏好等，同时协助西安旅游行业面向中亚的输出行动，包括政策输出、资金输出、管理输出、规划输出、标准输出、游客输出等。

四　结语

　　"一带一路"倡议是中国经济发展到一定阶段，中国政府从全球战略的格局出发，综合各种因素提出来的科学战略决策。倡议由本届政府提出，提出的基础是中国几十年来辛勤培育起来的友好外交关系。无论是现在，还是在中国中长期发展目标里，"一带一路"战略都具备很高的政策稳定性。国家在提出战略的同时，还紧锣密鼓发布了《推动共建丝绸之路经济带和 21 世纪海上丝绸之路的愿景与行动》纲领，解释了为什么、怎么办、谁来办等具体事宜。随着纲领的出台，各地纷纷响应，作为古丝绸之路起点的西安更是责无旁贷，西安一定要紧跟国家定位，充分利用人文经济优势，努力实现内陆型改革开放新高地的目标。目标需要通过与"一带一路"沿线地区与国家的互联互通来实现。互联互通是极具挑战的活动，尤其是在不同行业、不同地区、不同文化之间进行时。这些活动要达成的前提是双方真诚的合作态度，精诚的合作行动，充足的资金与技术支持，精良的智库队伍，科学的管理决策，永不停息、百折不挠的奋斗精神。西安与中亚的合作尤其如此，多重阻隔注定了我们之间的交流要付出艰辛的努力，正是因为我们所面临的重重困难，我们直到今天才来相聚。不畏困苦，跨越万水千山，胜利的果实属于强者，属于奋斗者！希望政府人士、旅游从业人员、旅游研究者，还有我们为之服务的对象——我们的旅游消费者，都能够积极参与到这场史无前例的大行动中来，为祖国的光明前途、为沿线国家人民的美好未来而奋斗！

参考文献

　　陈荣婕、熊关：《我国新疆与中亚次区域开展旅游合作的战略思考》，《理论导刊》2010 年第 7 期。

　　高东新、程丽辉：《丝绸之路经济带建设的西安策略研究》，《城市观察》2015 年第 1 期。

　　龚立仁、班若川：《中美省州旅游局长合作发展对话会议举行》，《中国旅游报》2008 年第 1 期。

　　李文兵、南宇：《论丝绸之路沿线旅游合作机制》，《干旱区资源与环境》2010 年第 1 期。

李创新、马耀峰、李振亭、马红丽：《遗产廊道型资源旅游合作开发模式研究——以"丝绸之路"跨国联合申遗为例》，《旅游资源》2009 年第 9 期。

吕宣：《美省州旅游局长合作发展对话会议举行》，《中国旅游报》2007 年第 1 期。

刘云、张梦瑶：《试论中缅跨境旅游合作发展模式构建》，《经济问题探索》2014 年第 6 期。

马勇、刘军：《丝绸之路旅游文化经济带全球发展战略研究》，《世界地理研究》2014 年第 2 期。

马勇、周婵：《丝绸之路文化旅游体系构建》，《经济研究导论》2013年第 8 期。

马耀峰、梁雪松、李君轶、白凯：《跨国丝绸之路旅游合作研究》，《开发研究》2006 年第 2 期。

南宇：《西北丝绸之路区旅游中心城市合作开发网络模式研究》，《经济地理》2010 年第 6 期。

南宇、李兰军：《西北丝绸之路旅游区合作开发研究——基于丝路申遗的视角分析》，《地域研究与开发》2009 年第 5 期。

南宇、杨阿莉：《西北丝绸之路区重点旅游城市梯度开发研究》，《干旱区资源与环境》2010 年第 9 期。

普拉提·莫合塔尔、海米提·依米提：《我国西部边境的跨国旅游合作研究——以中国新疆与中亚五国旅游合作为例》，《干旱区资源与环境》2009 年第 1 期。

温庭海：《我国与中亚五国旅游合作分析》，《科技视界》2015 年第 1 期。

王辉、刘敬华、杨兆萍：《新疆跨国旅游合作结构模式研究——基于空间区位选择视角》，《人文地理》2014 年第 2 期。

闫静：《丝绸之路经济带文化遗产旅游合作研究——以中国和中亚五国为例》，《西安财经学院学报》2016 年第 4 期。

闫静、李树民：《丝绸之路经济带旅游合作的潜力、挑战与实现路径》，《西安财经学院学报》2015 年第 4 期。

闫红霞：《跨界旅游：文化共生视野下的中国与东南亚》，《社会科学家》2012 年第 8 期。

张超：《西部地区建设丝绸之路经济带的战略路径研究——以陕西省为例》，《改革与战略》2016 年第 3 期。

张莹、李海峰、田豆：《新丝绸之路经济带背景下陕西旅游服务贸易现状及发展路径》，《商业经济研究》2015 年第 29 期。

钟磊、杨为程：《丝绸之路经济带背景下的中国中亚国际旅游区域合作制度建设研究》，《开发研究》2015 年第 3 期。

（苏红霞、张雪、张洁，西安外国语大学旅游学院）

"一带一路"背景下中国边境地区的旅游开发研究[*]

张　雪　苏红霞

摘要：边境旅游在我国已有 30 年的发展历程，我国边境旅游的发展有其自身的特殊性：首先，大部分的边境地区都是少数民族聚居地，整体经济水平较为落后，属于"老、少、边、穷"地区；其次，边境旅游发展合作是跨境旅游合作的重要组成要素，且边境旅游合作在两地民众间易于发生；最后，边境旅游合作兼具国内旅游与国际旅游的双重特点，既有因为地缘上的接近性而产生的文化相似性，使双方有良好的情感基础，也有因为边境旅游合作是发生在两国间的旅游合作，因此，必然会面临旅游签证的办理、入境边检、金融结算等一系列国际间合作问题。当前，"一带一路"国家战略为我国边境地区旅游发展提供了不可多得的政策机遇，地理空间距离上邻近是边境旅游可以迅速发展的先天优势，边境地区长期以来的频繁交往所积累的情感基础是边境旅游合作可以持久发展的动力。总的来说，边境旅游发展挑战与机遇并存，越来越受到国家及沿边地区地方政府的重视。我国的边境地区分为东北沿边地区、西北沿边地区和西南沿边地区三大区域，经过多年的探索与发展，三大区域的边境旅游发展在旅游政策支持、旅游线路开发、旅游交通、旅游客流与收入等方面都取得了很大的成果。同时，各沿边地区因地制宜，在边境旅游合作开发中各有特点，这也是今后边境旅游进一步发展应该注意的问题。

关键词："一带一路"；边境旅游；旅游合作

---

[*] 本文得到 2016 西安市社科规划课题"西安与中亚国家丝绸之路旅游发展协同合作研究"项目（项目编号：16Z47）资助。

一 引言

1974 年国家旅游局在颁布的《边境旅游旅行管理办法》中规定，边境旅游是指经批准和指定的旅游部门组织和接待我国及毗邻国家的公民、集体从指定的边境口岸出入境，在双方政府商定的区域和期限内进行旅游活动。从 1987 年中国政府首次批准在辽宁省丹东及朝鲜西北部城市新义州两个边境城市间开展边境一日游活动至今，中国的边境旅游发展已经有近 30 年的历程，其间中国边境旅游已经积累了一定的经验，也吸取了失败的教训，在结合本国国情与合作双方风土人情的基础上，中国边境旅游逐渐走向正规，与国际接轨，并不断开拓创新边境旅游发展合作新方式。2013 年 9 月 7 日，习近平主席在访问中亚国家哈萨克斯坦与及东南亚国家印度尼西亚期间分别提出共同建设"丝绸之路经济带"与"21 世纪海上丝绸之路"的战略倡议。在"一带一路"的时代大背景下，边境旅游的发展合作理所应当地被置于重要的位置，同时其自身的特殊性也使我国边境旅游发展受到社会各界越来越多的关注。

二 边境旅游特殊性

我国边境旅游的特殊性主要体现在以下几个方面。首先，边境地区大都是少数民居聚居地，整体经济发展水平较为落后，生态环境脆弱，属于"老、少、边、穷"地区。我国的沿边省份有黑龙江、吉林、辽宁、内蒙古、新疆、西藏、云南、广西、甘肃，根据统计数据显示，2015 年全国各省的地区生产总值总量排名中，排名后十位的省份中有一半属于边境地区，分别是吉林、云南、新疆、甘肃、西藏。另一方面，以黑龙江省接壤的俄罗斯边境为例，与黑龙江边境相关联的地区属于俄罗斯的远东地区，地广人稀，在苏联时期一直到现在，这片区域都是经济落后地区。因此，无论是从我国还是从我国的边境接壤国家来看，边境地区仍属于本国经济较为落后的地区。尽管边境地区大多经济发展较为落后，但当地的旅游资源却十分丰富，特色鲜明。因此，边境旅游的发展有助于边境地区发挥自身优势，不仅能够帮助西北边境地区与西南边境地区当地的少数民族脱贫致富，同时还能够促进东北三省进行产业结构的优化升级，激发当地经济发展的活力。

其次，国际间的合作是国与国、地区与地区以及国家与地区之间的合作，而跨境合作是国际间合作的一种特殊形式，是指相邻国家跨越边界的合作，而边境旅游合作正是跨境合作的一种重要的表现形式，逐渐成为跨境合作至关重要的组成要素。边境相邻国家民间接触与交往的程度往往会高于不相邻国家间的民间往来程度，边境旅游作为边境地区民间交流的重要载体，易于在民众间自然发生，有助于改善相邻国家间的友好合作关系，为跨境合作多方位、跨领域、深层次的展开奠定重要的基础。

最后，边境旅游兼具国内旅游与国际旅游的双重特点。一方面边境国家在地缘上十分接近，尽管地处两个国家，但两地居民在生活习性、民间风俗、信仰，甚至在语言、民族构成等方面都有极大的相似性，其相似程度有时会高于同一国却相距较远的两地。例如，在新疆的边境城市哈密市、博乐市、伊宁市、阿勒泰市、塔城市、阿图什市里分布着哈萨克族、蒙古族、塔吉克族、乌孜别克族、俄罗斯族等民族，与其周边接壤的哈萨克斯坦、吉尔吉斯斯坦、塔吉克斯坦、蒙古等国有共同的民族构成，并且新疆与中亚五国边境地区的当地居民大都信仰伊斯兰教，有着共同的文化渊源。因此文化的相似性能有效地削弱边境地区民众间的心理距离，而地缘接近带来的空间距离优势也为两地间的旅游发展提供了更好的合作基础。尽管在心理因素和空间距离因素上，边境旅游合作的发展具备了可以同国内旅游相媲美的优越条件，但是作为发生在两国间的旅游活动，边境旅游仍然会面临与国际旅游一样必须解决的国家间合作的一系列问题，例如，旅游签证的办理、入境边检、金融结算、跨境旅游相关政策的制定等。

三　边境旅游开发的机遇

边境旅游开发与合作虽然会面临一些困难与障碍，但正逢发展的大好时机，抓住这一机遇将会有力地推动边境旅游的进一步发展，改变边境地区"老、少、边、穷"的面貌。首先，从国家的政策来看，"一带一路"的战略方针以及在此大背景下根据各地实际情况颁布的地方发展政策都为边境旅游的发展提供了强有力的政策支撑。例如2010年颁布的《中共中央国务院关于推进新疆跨越式发展和长治久安的意见》就明确提到新疆需要依托口岸优势，积极稳妥推进边境旅游。其次，地理空间距离上邻近是边境旅游可以迅速发展的先天优势。区位论中的距离衰减理论认为，如果地理现象之间是相互作用的，那么其作用力会随着距离的增加而减弱，将其应用于旅游领域，就体现为旅游目的地与客源地之间距离越远，那么接待的游客量就越少；反之，目的地与客源地距离越近，就越容易吸引客源地的游客。而边境旅游的双方互为旅游目的地与客源地，符合距离衰减理论中最具有优势的旅游目的地，也是双方最大的客源地。最后，边境地区间的民间往来频繁，历史久远，早期的人们往往已经通过简单的商贸往来潜移默化地相互影响，并了解到对方的风土人情，因此，长期以来的往来活动为边境地区的旅游发展合作提供了情感基础。

四　我国边境旅游开发现状

我国边境地区从空间位置上来看，主要分为三大区域，即东北沿边地区、西北沿边地区和西南沿边地区。东北沿边地区包括黑龙江省，吉林省、辽宁省以及内蒙古边境地区，其中黑龙江与内蒙古边境主要与俄罗斯接壤，吉林省和辽宁省边境主要与朝鲜接壤。西北沿边地区主要是新疆边境地区，主要与哈萨克斯坦、塔吉克斯坦、吉尔吉斯斯坦、蒙古接壤。西南沿边地区主要包括广西、云南以及西藏边境地区，其中西藏边境主要与南亚国家尼泊尔、孟加拉国以及印度接壤，广西和云南边境主要与东南亚国家缅甸、越南接壤。从 2010 年至今，我国边境旅游在经过 30 年的发展中已经进入全面融合发展阶段，2011 年国务院办公厅在《兴边富民行动规划（2011—2015 年）》中指出，要"大力培育开发具有边境特色的重点旅游景区和线路，鼓励发展边境旅游、民族特色村寨旅游、休闲度假旅游、生态旅游、探险旅游、农业旅游等特色旅游"。2015 年国务院颁布的《国务院关于支持沿边重点地区开发开放若干政策措施的意见》中明确提出了推进沿边重点地区边境发展的重要举措，如加快推进互联互通境内境外段项目建设、边境城市航空口岸能力建设、口岸基础设施建设等措施，都为边境旅游业的发展提供了保障。《意见》中专门提到要"提升旅游开放水平，促进边境旅游繁荣发展：改革边境旅游管理制度、研究发展跨境旅游合作区、探索建设边境旅游试验区、加强旅游支撑能力建设"，并明确了沿边重点地区主要包括 5 个重点开发开放试验区、72 个沿边国家级口岸、28 个边境城市、17 个边境经济合作区、1 个跨境经济合作区，这也为边境旅游的发展找准了合适的切入点。这些国家政策方针都推动了边境地区旅游业在国家的战略体系中走向全面融合发展阶段。现梳理各区域目前的边境旅游开发合作现状。

（一）东北沿边地区

黑龙江省和内蒙古自治区与俄罗斯的边境线大约长 4300 公里，与俄罗斯接壤的县、市从西向东依次是满洲里市、额尔古纳市、漠河县、塔河县、呼玛县、黑河市、嘉荫县、鹤岗市、同江市、抚远县、饶河县、虎林市、密山市、鸡东县、穆棱市、绥芬河市、东宁县。

1. 黑龙江边境旅游开发现状

2013 年国务院批复《黑龙江和内蒙古东北部地区沿边开发开放规划》，正式将黑龙江和内蒙古东北部地区沿边开发开放上升为国家战略，该规划将黑龙江省定位为我国对俄罗斯和东北亚区域开放的"桥头堡"和"枢纽站"；在重大实施事项中，支持现代农业、现代绿色食品加工业，支持以旅游业为重点的现代服务业；在产业布局产业体系建设方面，强调加快发展现代服务业，重点是旅游业，突出冰雪、生态、民族、边境、红色旅游特色，整合开发旅游资源，加强旅游基础设施建设，建设国内外知名的旅游胜地。目前，黑龙江省有 18 个旅游口岸，10 个互市贸易区。2013 年，国务院批准黑龙江省 13 个口岸边境地区获得了办理边境旅游异地办证业务权限，并且在国务院批准的这 13 个边境口岸地区，均有经国家旅游局批准的赴俄罗斯边境旅游线路。赴俄罗斯边境旅游的目的地有：哈巴罗夫斯克市、符拉迪沃斯托克市、布拉戈维申斯克市、纳霍德卡市、乌苏里斯克市、列宁斯阔耶市、比罗比詹市、比金市、列索扎沃斯克市、奥布卢奇耶市、斯帕斯克达尔尼市、阿穆尔捷特十月区、卡缅雷博洛夫区等 13 个市、区。2015 年，俄罗斯《符拉迪沃斯托克自由港法》正式生效，《自由港法》涵盖的俄罗斯 15 个滨海边区市（区）今后可享受 8 日落地签证，这也在很大程度上促进了边境旅游发展。

在旅游交通方面，黑河、同江和抚远等地已经开通了到哈巴罗夫斯克等的水路航线。哈尔滨已实现与俄罗斯雅库茨克、海参崴、伯力、南萨、克拉斯诺亚尔斯克、布拉戈维申斯克、新西伯利亚、车里雅宾斯克等八个城市的通航。开通并运行的北京至俄罗斯莫斯科的 K19/K20 次国际列车途经沈阳、长春、哈尔滨、满洲里、后贝加尔、伊尔库茨克、新西伯利亚等站。

旅游收支及客流方面，到2013年年底，全省累计接待俄罗斯及独联体国家旅游者1765.5万人次，旅游创汇79.6亿美元，中方累计出境赴俄罗斯边境旅游535.87万人次。

2. 内蒙古边境旅游开发现状

内蒙古自治区陆地边境线长4221公里，主要与俄罗斯和蒙古国接壤，其中与俄罗斯边境线大约长1010公里，与蒙古国边境线大约长3211公里。统计数据显示，2015年内蒙古自治区接待俄罗斯、蒙古国过夜旅游者分别为51.4万人次和81.7万人次，目前俄罗斯已经成为内蒙古的第二大客源国。

国家"一带一路"倡议和建设中俄蒙经济走廊发展战略赋予了内蒙古边境旅游业发展机遇。2015年，满洲里海关在简化通关手续方面再添新举措，受理ATA单证册110批，同比增长57%，赴俄自驾游已成为满洲里口岸一道亮丽的风景线。并且从2003年开始，内蒙古旅游局与俄罗斯联邦后贝加尔边疆区国际合作对外经济联络旅游部建立了年度旅游协调会议制度，双方轮流举办，从起初的通报解决边境旅游出现的问题，逐步发展到维护游客权益、保障游客安全、产品宣传互动、市场延伸拓展、双向投资合作等多领域合作。目前，内蒙古16个国家级对外口岸中3个对俄口岸、5个对蒙口岸开通了边境旅游业务。现有边境旅游线路21条（对俄6条，对蒙15条），旅行社956家，组团社66家，边境游旅行社41家（对俄19家，对蒙古22家）。

在旅游交通方面，满洲里作为我国最大的中俄陆路口岸，近几年在中俄两国旅游交往合作的枢纽作用越来越凸显，成为俄罗斯客人前往我国内地深度游的主要中转地。满洲里开通了同俄罗斯赤塔、乌兰乌德、伊尔库茨克、克拉斯诺雅尔斯克等城市的多条国际航线。国际旅客列车K3/K4，K19/K20经由内蒙古自治区二连浩特、满洲里等地，贯通了内蒙古边境与俄罗斯边境地区。

据不完全统计，内蒙古与俄罗斯在边境地区的旅游客流往来为：2003年俄罗斯入境游客37.91万人次，中方出境2.60万人次；2008年到内蒙古的俄罗斯游客61.12万人次，中方出境21.20万人次；2009年，受金融危机的影响，中俄双方出入境人数明显下降，到内蒙古的俄罗斯游客

38.56 万人次，中方出境 15.40 万人次；2010 年，到内蒙古的俄罗斯游客 49.60 万人次，中方出境 9.87 万人次；2011 年，俄方入境 50.86 万人次，中方出境 10.10 万人次；2012 年到内蒙古的俄罗斯游客达 55.8 万人次，占全区入境旅游人数的 35%。

（二）西北沿边地区

新疆周边与哈萨克斯坦、吉尔吉斯斯坦、塔吉克斯坦、巴基斯坦等 8 个国家接壤，陆地边境线长达 5600 多公里，占中国陆地边境线的 1/4。其中与中亚国家哈萨克斯坦、吉尔吉斯斯坦、塔吉克斯坦接壤的县、市从西南到东北逐渐是阿图什市、乌什县、温宿县、伊宁市、博乐市、塔城市、吉木乃县、哈巴河县、阿勒泰市，与之对应的中亚国家边境市县分别为：塔吉克斯坦的穆尔加布（市）、朗库尔（县），吉尔吉斯斯坦的伊尔克什坦（市）、沙基尔（县），哈萨克斯坦的纳伦郭勒（县）、霍尔果斯（县）、多特斯克（县）、Makanchi（县）、卡尔塔尔（县）、捷列克特河（县）。

从旅游业角度来看，新疆作为西北沿边的第一大省份，现有 28 个对外开放口岸，其中国家一类口岸 17 个，发展新疆边境旅游是落实丝绸之路经济带构想的重要抓手和必然选择。2011 年 5 月，新疆出台了《自治区党委、自治区人民政府关于推进旅游业跨越式发展的意见》，提出"把旅游业培育成为国民经济的战略性支柱产业、改善民生的重要富民产业和人民群众更加满意的现代服务业，把新疆建设成为我国重要的旅游目的地"。自 2015 年 12 月国家旅游局与哈萨克斯坦共和国投资发展部签订了关于便利中国公民赴哈萨克斯坦团队旅游备忘录以来，边境旅游不断发展。2016 年，中国国家旅游局发布通知，自当年 7 月 15 日起，开展中国旅游团队 3—50 人赴哈萨克斯坦的旅游业务，中哈实现"通关便利化"。2016 年 8 月，中国公民赴哈萨克斯坦旅游首发团活动在乌鲁木齐启动，共有阿斯塔纳、阿拉木图三飞 8 日游和阿斯塔纳、阿拉木图、乌斯季卡缅四飞 8 日游以及阿拉木图、阿斯塔纳双飞一卧 8 日游三条线路旅游，这标志着哈萨克斯坦成为中国组团出境旅游目的地。同时，阿勒泰地区已将阿尔泰山区域跨境旅游合作实验区申请为国家战略合作重点区域，在游客免签、通关手续、联合推介、培养旅游新业态新产品等方面争取国家更多政策支持，要实现阿尔泰山区域的无障碍跨境旅游。边境贸易带动的边境购物迅速发展，以霍尔果斯口岸为代表的以国门、界碑等为特色的旅游项目已经纳入各边境口岸的发展规划，配合边境旅游建立了五个边民互市贸易市场。

在旅游交通方面，中哈推出旅游专线，游客可100分钟飞到阿拉木图看美景。信息显示，首发团线路分为A、B两条，分别是哈萨克斯坦阿拉木图、阿斯塔纳三飞游及哈萨克斯坦阿拉木图、阿斯塔纳、乌斯季卡缅四飞游，行程均为8日。2016年4月19日在北京召开的"2016年丝绸之路跨境旅游线路"新闻发布会上，新疆旅游局发布3条跨境自驾线路，分别是"穿越天山廊道 探秘世界遗产"中哈吉跨境自驾游、"驾越帕米尔高原 走进云中之国"中塔跨境自驾游、"中俄哈蒙 四国六方"环阿尔泰山跨境游，这三条跨境自驾线路将打通新疆联通周边国家的自驾旅游资源，使新疆不再成为国内自驾游的终点。

在旅游客流及其客源国构成方面，2013年1—11月累计接待人次排名前十位的客源国分别为哈萨克斯坦、俄罗斯、蒙古、巴基斯坦、美国、韩国、日本、法国、马来西亚、德国，其中哈萨克斯坦849466人次，远远高于其他国家，2014年1—11月累计接待人次排名前三位的客源国分别为哈萨克斯坦（1052351人次）、俄罗斯（157018人次）、蒙古（75748人次）。2015年1—12月累计接待人次排名前三位的客源国分别为哈萨克斯坦（1270305人次）、蒙古（110360人次）、俄罗斯（105502人次）。由此可见，来自新疆边境国家的游客是其国际入境游客的主要构成，边境旅游的地位不容忽视。同时，新疆在旅游方面的辐射范围广，影响力深入至欧美及亚洲主要国家，新疆的旅游业具有很大的发展潜力。

（三）西南沿边地区

广西和云南边境主要与东南亚国家缅甸、老挝、越南接壤。广西有8个边境县市，由东南向西北分别是东兴、防城、宁明、凭祥、龙州、大新、靖西、那坡，与越南的广宁、谅山、高平3个边境省接壤，与越南边境线长1020公里，占中越边境线长75%。云南全省边境线长达4060公里，全省16个州市中有8个州市的27个县、市与缅甸、越南、老挝山水相连（其中贡山、福贡、六库、盈江、陇川、瑞丽、畹町、镇康、沧源、西盟、孟连与缅甸接壤，勐腊与老挝接壤，金平、河口、麻栗坡与越南接壤），与之对应的缅甸边境城市由南向北主要是密支那、拉咱、木姐、南坎、孟拉。

2015 年国家颁布的《推动共建丝绸之路经济带和 21 世纪海上丝绸之路的愿景与行动》明确提出："加强旅游合作，扩大旅游规模，互办旅游推广周、宣传月等活动。联合打造具有丝绸之路特色的国际精品旅游线路和旅游产品，提高沿线各国游客签证便利化水平。"其中云南被定位为发挥区位优势，推进与周边国家的国际运输通道建设，打造大湄公河次区域经济合作新高地，建设成为面向南亚、东南亚的辐射中心。广西要发挥与东盟国家陆海相邻的独特优势，加快北部湾经济区和珠江—西江经济带开放发展，构建面向东盟区域的国际通道，打造西南、中南地区开放发展新的战略支点，形成 21 世纪海上丝绸之路与丝绸之路经济带有机衔接的重要门户。广西和云南在"一带一路"背景下的边境旅游合作发展所起到的作用不容忽视。

1. 广西边境旅游开发现状

根据 2010 年的统计数据显示，广西双边沿陆地边界有 5 个国家一类口岸、7 个国家二类口岸和 25 个边民互市点，沿海有 4 个边贸码头。2009 年《国务院关于进一步促进广西经济社会发展的若干意见》就提出要构建中越国际旅游合作区，要"依托崇左大新跨国瀑布景区和凭祥友谊关景区设立中越国际旅游合作区"，在《关于深入实施西部大开发战略的若干意见》中把东兴作为国家重点开发开放试验区，率先推进东兴—芒街中越跨境旅游区建设。目前东兴—芒街中越跨境旅游区、中越德天—板约瀑布国际旅游合作区、凭祥浦寨—越南新清跨境旅游先行试验区合作进展顺利。其中东兴—芒街中越跨境旅游区已成功开通自驾游项目；广西边境德天跨国瀑布所在的大新县正在筹备合作区的规划，预计中方将划定两平方公里，越方也划出相应的区域，在此区域内开展自由行活动，同时，大新县正在向国家有关部门争取两国一检政策。在签证办理方面，东兴作为中国与东盟唯一海陆相连的口岸城市，于 2013 年已恢复开放异地办理通行证，中国游客无须护照签证，凭身份证即可办理从东兴到越南的出境旅游。在边境旅游线路开辟方面，经中国国家旅游局审批的广西中越跨境旅游线路共有 9 条，其中有 7 条陆路边境旅游线路，2 条海上边境游线路；同时，多条边境旅游精品线路也已经开通，包括东兴—芒街一日游、东兴—芒街—茶谷二日游、东兴—芒街—下龙湾三日游等，共有 18

家旅行社获得相关资质；中越还共同打造推出了"中越边境探秘游""中越跨国胡志明足迹之旅""北海至下龙湾海上跨国邮轮之旅""中越跨国自驾车之旅"等旅游产品。目前，越南已全面向中国持通行证旅游的公民开放其国内旅游市场。

在旅游交通方面，广西与越南交通有陆、海、空立体交通网；南宁机场于 2016 年引进了包括越南越捷航等多家境外航空公司，开通了 16 条航线。空中有南宁航线直达胡志明市；海上有北海至下龙湾航线；陆路有火车和汽车直通越南的河内、下龙等地。

2. 云南边境旅游开发现状

大湄公河次区域经济合作、2000 年中国—东盟自由贸易区的建立、2011 年国务院批准并出台的《国务院关于支持云南省加快建设面向西南开放重要桥头堡的意见》，都积极推动了云南的边境旅游发展。当前"一带一路"的国家战略为云南的沿边开放提供了重要的政策机遇。云南省沿边有 10 个国家级口岸、10 个省级口岸、20 多条出境公路、93 条边贸通道。目前，云南省依托 3 个跨境经济合作区的建设，加快推进河口中越跨境旅游合作区、磨憨中老跨境旅游合作区、瑞丽中缅跨境旅游合作区建设。旅游线路方面，20 世纪 90 年代初，双方共同推出 4 条边境旅游线路，2006 年又新增 3 条边境线路，2012 年再新增 5 条边境、跨境旅游线路，并已成功开辟形成瑞丽—弄岛—南坎—木姐—105 码—九谷—畹町—瑞丽的旅游环线。

在旅游交通方面，目前现已形成以腾冲、瑞丽、昆明和曼德勒、仰光为核心的水、陆、空全方位交通格局，云南至缅甸有昆明—仰光、昆明—曼德勒和芒市—曼德勒三条空中航线，公路主要依托 320、214 国道和 321、319、317、233 省道，其中 320 国道将瑞丽、畹町两个边境经济合作区与芒市有机连接。

在旅游客流方面，根据瑞丽边防检查站 2013 年统计数据显示，瑞丽口岸出入境游客总计 1323 万人次，占云南省陆地口岸总流量的 50%；同时根据缅甸旅游与观光部网站数据资料统计显示，自 2011 年缅甸政府开放以来，2012 年、2013 年缅甸入境游客数量分别为 106 万人次和 204 万人次。

五 分析与展望

"一带一路"国家战略为我国边境地区的旅游业发展提供了契机，各沿边省市因地制宜，在长期的发展合作中形成了自己的特点。如西南沿边地区的广西既有陆地边境线，又有海岸线，因此，广西的海上交通很发达，形成了陆海空立体交通网；而西北沿边地区接壤的国家都是内陆国家，因此，铁路运输和航空运输是其主要的交通方式。同时，西南沿边地区与东北沿边地区开发较早，1992 年大湄公河次区域经济合作的正式开始标志着我国西南边境旅游业的正式开始；东北地区边境旅游合作开始的最早，1987 年辽宁省丹东国旅组织的第一批 44 人的中国公民旅游团，经鸭绿江大桥进入朝鲜新义州，这次活动是我国边境旅游的开始；而西北沿边的新疆边境旅游虽开始于 20 世纪 90 年代初期，但中间一段时期的边境旅游一度陷入停顿状态，到 2009 年我国西北边境旅游才重新得以恢复。因此，西南沿边地区与东北沿边地区边境旅游业发展较西北沿边地区的边境旅游业发展更为成熟，如西南沿边的区域一体化发展在全国处于领先，目前已经形成了以瑞丽等重要港口为节点，以湄公河流域为轴线的次区域旅游合作模式。西北沿边目前开放了以喀什、伊犁为节点的数个边境旅游线路。因此，后期西南沿边地区和东北沿边地区可进行深腹地的边境旅游开发合作，进一步共同开发旅游项目。西北沿边地区后期更应加大基础设施建设，加强交通联系，拓展旅游空间。

参考文献

徐淑梅、李圆慧、王亚丰：《中国东北东部边境地区旅游业发展研究》，《地理科学》2012 年第 3 期。

葛全胜、席建超、王首琨：《中国边境旅游：阶段、格局与若干关键战略问题及对策》，《资源科学》2014 年第 6 期。

覃小华、甘永萍：《新丝绸之路建设背景下广西与东盟旅游合作发展研究》，《东南亚纵横》2014 年第 8 期。

普拉提·莫合塔尔、海米提·依米提：《我国西部边境的跨国旅游合作研究——以中国新疆与中亚五国旅游合作为例》，《干旱区资源与环境》

2009 年第 1 期。

　　刘云、张梦瑶:《试论中缅跨境旅游合作发展模式构建》,《经济问题探索》2014 年第 6 期。

　　周彬:《黑龙江省中俄界江旅游发展策略研究》,《经济地理》2013 年第 6 期。

　　贺传阅:《黑龙江省中俄边境旅游发展战略研究》,《生态经济》2014 年第 2 期。

　　王灵恩:《从欧盟经验看跨境合作背景下中国边境旅游发展》,《生态与旅游》2013 年第 4 期。

　　王辉、杨兆萍:《边境口岸跨国旅游合作机理研究——以新疆为例》,《经济地理》2011 年第 8 期。

(张雪、苏红霞,西安外国语大学旅游学院)

丝路经济带背景下陕西旅游品牌资产感知评价与提升研究[*]

郭昳岚　隋丽娜

摘要： 当前陕西省旅游品牌建设尚处于初级阶段，丝路经济带建设为陕西旅游品牌的发展带来良好契机。目的地品牌资产作为衡量目的地品牌化工作及营销绩效的重要指标，对陕西丝绸之路旅游品牌与营销的整体管理具有巨大推动作用。本文通过文献梳理，构建陕西旅游品牌资产评价体系；并根据问卷调查数据资料，从品牌知名度、品牌形象、品牌质量、品牌忠诚四个维度分别对丝路经济带背景下的陕西旅游品牌资产进行评价研究。结果显示陕西旅游声誉、广告投放量、居民形象、住宿及购物场所的基础条件等急需提升。借助问卷数据通过 Amos20.0 构建陕西品牌资产结构模型，发现品牌形象对品牌知名度及品牌质量具有中介作用，即品牌知名度通过影响品牌形象继而影响品牌质量。最后根据评价研究及模型分析的结果，针对陕西丝绸之路旅游品牌的发展提出建议，为品牌资产的提升提供理论依据。

关键词： 陕西旅游；品牌资产；营销策略；丝路经济带

一　引言

在"十二五"规划的开局之年，陕西省确定品牌形象为"山水人文·大美陕西"，旨在最大限度地发挥陕西旅游资源优势，提升陕西旅游价值。2014 年开始重点推广"丝绸之路"和"山水秦岭"两大品牌资源，以"一带一路"为契机，分别从人文和自然两方面进行陕西省旅游

* 本文得到陕西省社会科学基金项目"陕西旅游品牌资产感知评价与提升研究"（2015R030）资助。

重点项目的纵深化提升和品牌营销。随丝路经济带的不断深化与推进，2016 中国西安丝绸之路国际旅游博览会的举办，也将全面宣传陕西丝绸之路起点的形象和旅游品牌。但当前陕西省的旅游品牌建设仍处于初级阶段，如品牌资产等具有重要价值的营销概念都未经采用，因此在品牌化的营销管理理念与机制上缺乏科学依据。本文以游客为切入点，通过收集一手资料对陕西旅游品牌资产的感知现状进行评价研究，针对现存问题提出切实可行的提升策略，旨在为丝绸之路经济带背景下的陕西旅游品牌资产管理、品牌形象建设与传播提供参考依据。

二　文献综述

（一）国外研究述评

品牌资产（Brand Equity）是 20 世纪 80 年代末出现的具有重要价值的营销概念。赫德森（Hudson）、斯莱特（Slater）等认为可从市场份额等财务及市场指标评价品牌绩效。而近年基于消费者的目的地品牌资产（Consumer-Based Destination Brand Equity，CBDBE）因其价值的直接性、视角的全面性，而开始被视为衡量目的地品牌化工作以及营销绩效的重要指标（Pike，2009；Morgan & Pritchard，2002）。在基于消费者的目的地品牌资产的概念界定和维度构成上，学者们基本上沿用了艾克（Aaker，1991）的四维度模型和凯勒（Keller，1993）所提出的品牌知识框架，认为在目的地资产评估中不仅要注重目的地品牌形象（Image），还要从品牌知名度（Awareness）、旅游目的地产品质量（Quality）和游客忠诚度（Loyalty）等多角度来评估，并对各维度之间的关系及其影响作用进行验证（Konecnik & Gartner，2007，2011；Boo Busser & Baloglu，2009；Pike & Bianchi，2010；Im，Kim，Elliot & Han，2012）。比安奇、派克和灵思等（Bianchi、Pike & Lings，2014）对多个目的地进行了对比分析。

从相关文献来看，目前 CBDBE 研究尚处于起步与探索阶段，以借鉴性研究为主，而与旅游体验本质研究结合尚不紧密；内容主要涉及基础概念、旅游目的地品牌资产维度、发展战略等，其中对构成维度、测量方法的探讨是重点，但过于强调品牌感知、品牌忠诚等功用性品牌因素，而对品牌情感反应关注较少；以单个目的地为研究对象者多，跨区域、多层目的地的品牌资产研究少；对游客品牌感知研究者多，而对目的地品牌营销绩效等运营管理应用研究相对较少。

（二）国内研究述评

国内旅游目的地品牌的研究起步略晚，2003 年始有学者（李树民等，2002）正式提出旅游目的地品牌的概念。于宁（2007）从城市品牌联盟角度对长三角区域联合旅游品牌资产开发提出了建议。崔凤军、顾永建（2009）基于非经济性品牌资产和经济性品牌资产两个角度建立了评估模型。曹晓鲜（2010）、龙湘洋和王忠云（2010）引入旅游品牌资产概念对湘西地区民族文化旅游品牌资产价值进行了评价分析。张宏梅等（2013）基于品牌知晓、品牌形象、品牌质量和品牌忠诚的目的地品牌权益建立了测量模型。2013 年，几位学者不约而同地对国外基于消费者的旅游目的地品牌资产研究进行了述评（李天元、沈雪瑞，2013；许春晓、莫莉萍，2013；黄晶等，2013）。许春晓、莫莉萍（2014）和沈鹏熠（2014）论证了旅游目的地品牌资产的维度。

从上述文献来看，国内研究总体上起步略晚，成果较少；影响因素与构成维度评价研究多，应用研究较少；以某一集中的时间点（段）在案例地对游客调查为主，而缺少对旅游体验阶段、品牌发展阶段等时间变量的引入；从游客或管理者单一利益相关者研究多，而缺乏对多方利益相关者的诉求协调进行系统性分析；缺少与目的地营销管理组织（DMO）的区分与对接，对不同层面目的地品牌资产管理的侧重及差异研究较少。

综上所述，国内外学者对旅游品牌资产的理论研究较多，应用性研究较为缺乏。本文将在前人理论研究基础上，从品牌知名度、品牌形象、品牌质量及品牌忠诚四个维度初步构建陕西旅游品牌资产的评价体系，在厘清品牌化现状之后进一步探索品牌提升策略，为目的地营销管理者提供实践依据。

三 研究方法

（一）问卷设计

问卷主要包括两部分。第一部分为游客背景资料，第二部分为品牌资产四维度的量表。参考国内外相关研究成果并结合陕西旅游特征，量表共设 23 个测量题项，构成陕西旅游品牌资产感知评价体系（见表 1）。指标的测量采用五点式李克特量表，用 1—5 表示游客对每一项的认可程度。作者于 2016 年 5 月劳动节期间，委托专业调查公司，共发放问卷 157 份，有效问卷 151 份，回收率为 96.2%。

表 1　　　　　　　　　　陕西旅游品牌资产评价指标

一级目标层	二级综合评价层	三级评价项目层	四级评价因子层
旅游品牌资产	品牌知名度	旅游声誉	1. 陕西有良好的旅游声誉
		旅游名气	2. 陕西是著名的旅游目的地
		旅游特色	3. 我能迅速想到陕西旅游的特点
		旅游广告投放	4. 我见过许多宣传陕西旅游的广告
		游客心理唤起	5. 当我想旅游的时候，会立刻想到陕西
	品牌形象	旅游产品形象	1. 陕西的自然风景引人入胜
			2. 陕西有出色的博物馆和美术馆
		居民形象	3. 陕西人热情友好
		目的地形象	4. 陕西的历史文化丰富
			5. 来陕西旅游符合我的性格
			6. 如果我来陕西旅游，我会得到朋友的赞美和羡慕
			7. 我非常认同陕西的旅游形象
	品牌质量	物质条件	1. 陕西旅游住宿条件好
			2. 陕西提供了良好的购物场所
			3. 来陕西旅游个人安全有保障
			4. 陕西有良好的城市基础设施
		品质价值	5. 陕西提供了良好的旅游体验
			6. 根据陕西目前提供的旅游产品，我会期待其更好的表现
			7. 陕西比其他同类目的地更具吸引力
	品牌忠诚	重游意向	1. 我喜欢在陕西旅游
			2. 假期旅游我会更偏向选择陕西作为目的地
			3. 我以后还会再来陕西旅游
		推荐意向	4. 我会推荐亲朋好友来陕西旅游

本次受访者中男性占 44.4%，女性占 55.6%。20—29 岁的受访者最多，占 31.8%，其次为 30—39 岁，占 23.8%。46.3%的受访者表示从未

来过陕西，38.1%来过一次，其家庭人均月收入集中在 2001—3000 元及 4001—6000 元之间。其中 88.7%的受访者来自陕西省外，11.3%来自陕西省内，因此本次调查结果主要反映外地游客对陕西旅游品牌的感知情况。

（二）分析方法

基于 SPSS19.0 软件的数据信度模块（Reliability Analysis）对样本数据的可靠性进行分析，再借助 Amos20.0 进行验证性因子分析，判断 23 个观察变量对 4 个潜变量的解释能力。结果显示 4 个潜变量的可信度系数在 0.804—0.883 之间（见表 2），表明调研处理的数据量表内部具有较好的一致性。对 4 个因子进行主成分分析，其 KMO 的值均大于 0.6，说明适宜进行因子分析；此外，Bartlett 的球形度检验 P 值均小于 0.001，说明因子的相关系数矩阵非单位矩阵，能够提取最少的因子同时又能解释大部分的方差，累积方差贡献率均大于 50%，即效度较好。

表 2 信效度分析

因子	Cronbach's alpha	KMO	Sig.	累计提取方差（%）
品牌知名度	0.813	0.672	0.000	80.641
品牌形象	0.849	0.795	0.000	75.392
品牌质量	0.883	0.837	0.000	59.002
品牌忠诚	0.804	0.804	0.000	74.256

四 研究分析与结果

（一）陕西省旅游品牌资产感知现状及评价

1. 品牌知名度

对陕西旅游品牌知名度的考量主要从声誉、名气、特色、广告投放及在游客心中的唤起度等方面着手。

（1）旅游声誉：调查显示，67.5%的受访者认为陕西具有良好的旅游声誉，19.5%的受访者对陕西旅游声誉还没有认知，此外仍有 12.9%的受访者对陕西旅游声誉持有消极评价。良好的目的地声誉是吸引游客的基础条件，因此陕西旅游后续的努力方向将是赢取 19.5% 的中立观望者，引导 12.9% 的消极评价者。

（2）旅游名气：76.6% 的受访者认为陕西是著名的旅游目的地，但仍有 16.2% 的中立者及 7.1% 的反对者。但若将主语换成"兵马俑"，相信很少会有人不认同其知名度。这表明陕西在目的地整体营销中还具有较大空间，可整合内部优势王牌资源，带动目的地整体知名度。

（3）旅游特色：75.3% 的受访者表示"能迅速想到陕西旅游的特点"。旅游目的地的特色是区别于其他竞争者、赢得目标市场的重要条件，但在来陕游客中仍有 24.7% 的人无法捕捉到陕西旅游特色，因此陕西旅游无论是在对外推广宣传时，或在设计旅游产品、营造旅游氛围中，都需正确把握自身特色，并以大众接受度高的方式进行传播、展示，以此加强旅游竞争力。

（4）旅游广告投放：67.3% 的受访者表示"见过许多宣传陕西旅游的广告"。游客相比于普通大众会更加关注此类信息，而仍有将近 1/3 的游客对于陕西旅游广告没有清楚的印象和认知，该项指标清楚地表明陕西旅游广告的投放量较少或是广告投放效果不佳。

（5）游客心理唤起度：61% 的受访者在做旅游决策前会立刻想到陕西，23.4% 表示不确定，15.6% 明确表示在旅游前不会立刻想到陕西。该结果表明陕西在游客的心理唤起度不高，想要提升此项需要陕西旅游实力的整体增强，并非可以一蹴而就。

整体来看，陕西旅游品牌的知名度主要问题表现在旅游声誉有待提升，旅游特色有待强化，旅游广告投入量需要增加，广告效果需合理改进。

2. 品牌形象

对陕西旅游品牌形象主要从目的地形象、旅游产品形象及居民形象三方面来评估。

（1）目的地形象

①调查显示 83.4% 的受访者认同陕西的历史文化丰富，表明陕西丰富的历史文化已经得到广泛的认可。但仍有小部分游客不确定或是不认同陕西的历史文化丰富，也许是因为游客的实际游览体验不佳所造成。

②66.9% 的受访者认为来陕西旅游符合自己的性格，即自身与目的地的气质相契合。约 1/3 的游客没有感受到陕西与自身性格的契合，该部分游客很大程度将成为一次性游客，难以形成忠诚度。因此陕西应在主形象

之下塑造多种次形象，避免因其单一性损失更广的游客群体。

③75.5%的受访者非常认同陕西的旅游形象，并且63.6%的受访者表示来陕西旅游，会受到朋友的赞美和羡慕。

"认同陕西的旅游形象"、"来陕西旅游符合自身性格"以及"来陕西旅游会受到朋友的赞美和羡慕"这三个指标项的程度依次加深，而其认同度由75.5%、66.9%至63.6%逐渐减小。这表明陕西旅游进行品牌推广营销时，需注重与游客的互动，并涉及其社交圈，将品牌形象深入到目标群体的关系网络中，形成广泛的影响力。

（2）旅游产品形象

①84%的受访者认为陕西有出色的博物馆和美术馆。整体来说，博物馆是陕西丰厚的历史文化资源的最佳载体，游客对博物馆的认同主要得益于对陕西历史文化的认同。但就博物馆的设计与呈现来看，陕西还应借鉴国内外更加优秀的博物馆，将科技与人本理念融入博物馆中，使其以更加悦人的方式展现陕西丰富有趣的历史文化资源。

②72.8%的受访者认为陕西的自然风景引人入胜。陕西旅游曾以"人文陕西·山水秦岭"作为宣传口号，但在旅游产品推广时，多为文化资源，因此大众认知的陕西更多是人文历史，而非自然山水。当前陕西将宣传口号定为"山水人文·大美陕西"，应借势主推自然资源，丰富产品形象。

（3）居民形象

64.9%的受访者认为陕西人友好热情。目的地居民的形象在很大程度上影响游客对目的地的认知，主客关系也是游客游览经历的重要组成部分。但调查结果显示，超过三成的游客未感受到陕西当地人的友好热情，其中原因包括陕西地区性格因素和当地社会治安因素。一方面，虽然无法要求当地居民的行为态度，但可以培训从业人员的服务精神；另一方面，加强社会治安，防止游客人身及财产安全的损失影响其对目的地形象的认知。

整体来看，陕西旅游品牌形象缺乏深入广泛的影响，与游客互动较少，且居民形象有待提升。

3. 品牌质量

对陕西旅游品牌质量主要从物质条件和品质价值两个大方向进行评估。

（1）物质条件

① 64.9%的受访者认为陕西的住宿条件良好。住宿是旅游要素中非

常重要的部分，相比于陕西其他地区，西安的酒店数量众多，档次齐全，但还应引入当前较流行的民宿及精品酒店，满足各类游客的需求，提升酒店品质。而对于陕西其他地区，还应合理管理并提高其基础设施条件，适当开发具有当地特色的主题酒店。

②69.5%的受访者认为陕西提供了良好的购物场所。购物是旅游要素之一，也是当地旅游经济的主要来源之一。数据显示近三成的游客没有体验到陕西良好的购物场所，也从侧面反映出陕西提供的购物商店及购物街等数量较少，特色不强，质量欠缺等问题。

③84.7%的受访者认为来陕西旅游个人安全有保障，表明游客对陕西的安全风险感知较低，这对于陕西旅游的持续发展至关重要。但还应加强各种旅游安全防范措施，避免因一次危机的发生使游客产生巨大心理落差。

④83.4%的受访者认为陕西具有良好的城市基础设施。西安地铁的建设开通为游客提供了巨大便利，旅游厕所的兴建解决了游客在欠发达地区旅游的困扰。随着陕西智慧城市的建设，未来的城市基础设施将为游客提供更多便利条件，提高整体旅游满意度。

（2）品质价值

75.3%的受访者认为陕西提供了良好的旅游体验，62.8%认为陕西比其他同类目的地更具吸引力，并有80.8%的受访者表示会期待陕西提供更好的旅游产品。该结果表明陕西在同类目的地中竞争力仍需加强，旅游产品及价值有待提升，但多数游客仍持有积极心态，期待未来陕西旅游将呈现更高的品质，提升自身竞争力。

整体来看陕西旅游品牌质量，主要问题表现在住宿、购物场所等基础条件需改善，自身特色需进一步挖掘，致力于优化游客游览体验。

4. 品牌忠诚

对陕西旅游品牌忠诚主要从游客的重游意向和推荐意向两方面进行评估。

（1）重游意向

调查显示，62%的受访者表示喜欢在陕西旅游，63.3%表示假期旅游更偏向于选择陕西，并有69.3%的受访者认为以后还会再来陕西旅游。由此看出，游客的旅游意愿及重游意向不强，近三成的游客很大程度将成为一次性游客，这与之前游客对品牌形象、品牌质量等的认知具有密不可分的关系。

（2）推荐意向

78%的受访者表示会推荐亲朋好友来陕西旅游。推荐意向明显高于重游意向，表明游客能够认知到陕西旅游的价值，愿意将其推荐给亲朋好友，但该价值不足以吸引其进行二次游览。

整体来看，陕西旅游品牌忠诚度不高，重游意向较弱，急需增强目的地吸引力，并且加强游后互动，为游客创造持续的价值，提高游客忠诚度。

（二）陕西省旅游品牌资产感知的模型分析

品牌知名度、品牌形象、品牌质量及品牌忠诚四个维度并非独立存在，已有学者对其逻辑关系进行探索。Boo 等（2009）提出的模型中描述了品牌知名度对品牌体验的影响，该品牌体验的内涵同时包括品牌形象及品牌质量，因此本文可提出两个假设：

H1. 陕西品牌知名度（awareness）对陕西品牌形象（image）有显著影响

H2. 陕西品牌知名度（awareness）对陕西品牌质量（quality）有显著影响

此外，Boo 等（2009）还验证了品牌体验对品牌忠诚的影响，Zins（2001）也曾提出形象对忠诚度有影响，Jayanti 和 Ghosh（1996）发现感知质量与忠诚度之间具有显著的相关性，因此本文作出另外两个假设：

H3. 陕西品牌形象（image）对陕西品牌忠诚（loyalty）有显著影响

H4. 陕西品牌质量（quality）对陕西品牌忠诚（loyalty）有显著影响

根据假设构建陕西旅游品牌资产结构模型（如图 1），在 Amos20.0 中运用极大似然估计运行。依据 Amos20.0 报表中的参数估计（Estimate）、拟合度（Model fit）、平方复相关系数（Squared Multiple Correlations）等显示的参数，可对构建的结构方程模型进行各假设关系的验证分析，从而判别初始假设关系是否成立。

从假设模型的拟合度分析（见表3）可以看出，总体拟合程度较为理想，说明模型各个参数在 0.001 的水平上是显著的，可见，构建的假设模型较为理想。

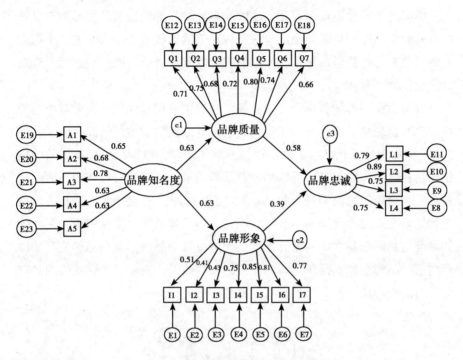

图 1　陕西旅游品牌资产假设模型

表 3　　　　　　　　　　　　　　假设模型的拟合度分析

Model	NPAR （估计参数个数）	CMIN/DF （卡方/期望）	CFI （比较拟合 指数）	TLI （不规范拟合 指数）	RMSEA （近似误 差均方根）
测量模型	73	4.013	0.699	0.632	0.142
优化模型	74	3.654	0.736	0.676	0.133

　　表 4 显示了模型路径系数的估计，标准化路径系数的大小则显示了各潜在变量之间的关系以及各观测变量的影响程度。说明本研究初始假设关系 H1、H2、H3 成立。

表 4　　　　　　　　　　　　　　假设模型路径系数估计

路径	Estimate 路径系数估计	S. E. 标准误差	C. R. T 值	P 显著性	结果
品牌质量←品牌知名度	0.571	0.104	5.464	***	影响较显著
品牌形象←品牌知名度	0.702	0.124	5.645	***	影响较显著
品牌忠诚←品牌质量	0.638	0.099	6.415	***	影响较显著
品牌忠诚←品牌形象	0.351	0.069	5.065	***	显著性一般

注："***"表示在 0.001 水平上显著。

　　根据图 1 的假设模型可知，品牌知名度对品牌质量和品牌形象有显著的直接效应，品牌质量对品牌忠诚有较显著的直接效应。为了进一步探索品牌形象对品牌质量的影响，添加品牌形象到品牌质量的路径之后形成新的优化模型（见图 2）。

　　对初始模型添加新路径之后，模型各项指标得到优化，说明对模型的修改具有合理性。表 5 显示了优化后模型的路径系数估计情况。图 1 与图 2 的模型均为标准化的参数估计运算，对比来看，添加品牌形象到品牌质量的路径之后，数据显示品牌形象对品牌质量有显著的直接作用，而品牌知名度到品牌质量的路径系数从 0.63 变为 0.11，显著降低，因此可以说品牌知名度通过直接影响品牌形象间接影响品牌质量，即品牌形象是品牌知名度与品牌质量之间的中介因素。而通过添加品牌形象到品牌质量的路径之后，品牌形象到品牌忠诚的直接路径系数并未有明显变化，表明品牌质量对品牌形象与品牌忠诚没有中介作用。

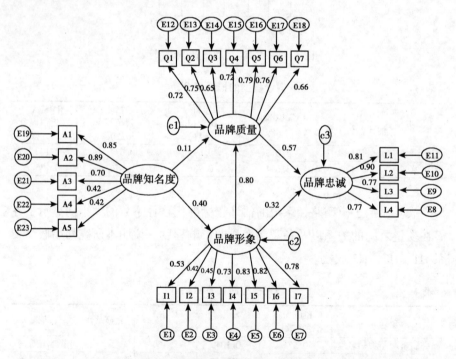

图 2　陕西旅游品牌资产优化模型

通过对理论模型的分析，可知游客对陕西旅游品牌资产的感知具有以下逻辑关系：对品牌知名度的感知正向影响品牌形象的感知，继而影响品牌质量的感知，最终作用于品牌忠诚。据此可知，品牌知名度是游客最容易感知到的因素，也是品牌资产中最为基础的维度；品牌形象作为中介因子，对品牌资产的整体构建具有核心意义；品牌质量对品牌忠诚具有直接影响，但品牌质量不仅指旅游产品及服务的客观质量评定，还包括游客的心理感知质量，后者往往占主导地位，并与品牌知名度及品牌形象的建立有密切关系。

表5 优化模型路径系数估计

路径	Estimate 路径系数估计	S. E. 标准误差	C. R. T 值	P 显著性	结果
品牌形象←品牌知名度	0.678	0.198	3.426	***	影响较显著
品牌质量←品牌知名度	0.148	0.098	1.501	0.133	影响不显著
品牌质量←品牌形象	0.647	0.085	7.609	***	影响较显著
品牌忠诚←品牌质量	0.653	0.164	3.968	***	影响较显著
品牌忠诚←品牌形象	0.296	0.126	2.355	0.019	影响不显著

注："***"表示在0.001水平上显著。

（三）陕西省旅游品牌资产感知的提升策略研究

1. 旅游品牌知名度的提升策略

（1）结合新兴媒体平台，增加广告投放量

循序渐进地将广告推广费用向微信、微博等新媒体倾斜，如每年转移5%—10%营销预算至更加精准而可控的新媒体，视其营销效果进行增减。此外增加针对丝路沿线国家的电视广告，注重传达富有吸引力的内容，并实现信息的及时反馈与互动。

（2）丰富旅游宣传影片，凸显旅游新特色

进一步完善旅游宣传资料，定期更新宣传内容。旅游宣传影片作为直观有效的营销方式，应注重迎合目标市场的审美及消费习惯，拍摄具有时代感、故事性、趣味性的系列短片及微电影，并突出陕西丝路旅游的特色吸引力，而非以往宏大严肃的地区介绍。

（3）建立在线舆情机制，创造良好声誉

网络评论已逐渐成为消费者和游客决策时的参考物，建立在线的舆情平台，不仅可以达到与游客的互动，在后台整理分析数据之后还能为潜在游客提供必要的信息，也能够为管理者提供有用的评价信息，第一时间改进工作，提高游客满意，从而创造良好的声誉及影响力。

2. 旅游品牌形象的提升策略

（1）举办特色节庆，开展事件营销

可策划"丝绸之路经济带旅游城市联盟""丝绸之路世界文化遗产高峰论坛"等节事活动，进行国际国内推广；策划组织"重走丝路起点""骑行陕西""秦岭穿越"等旅游事件，发起全民参与活动，通过各大媒体进行宣传推广。

（2）深度开发旅游产品，为形象提供支撑

加大对旅游产品的深层开发和挖掘，推进旅行社做好旅游线路设计和产品包装。围绕"人文山水·大美陕西"进行旅游线路的开发与重组，如可开发"滋滋有味"美食体验游、秦岭"自然之谜"考察体验游等系列产品。加强融入旅游形象的旅游纪念品的开发，可通过与旅游纪念品生产企业的联合，将陕西旅游形象口号和丝路文化恰当地融入具有陕西特色的旅游纪念品。

（3）启用旅游形象大使，从细微之处着力展示

利用名人效应吸引公众注意力。可邀请能够代表陕西且具有全国甚至是国际影响力的名人担任旅游形象大使进行旅游宣传。完善公共景观建设，充分展示旅游形象。可在游客来陕的第一印象区、地标区及最后效应区，如在西安火车站、咸阳机场、大雁塔广场等区域宣传陕西旅游形象。实施细节营销，于细微之处深入人心。通过印制标有陕西旅游形象口号和标识的名片、手提袋、纸杯、便笺纸等帮助旅游形象的公关传播，将其植入旅行社、星级酒店、交通工具的名称标牌、营业厅、业务用品等，做好点滴营销。

3. 旅游品牌质量的提升策略

（1）完善旅游基础要素，提升游客消费体验

旅游的六要素是游客最基本但也是最核心的需求，因此应不断改善基础要素的设施条件，如住宿条件、饮食环境及购物场所等的规范化建设及管理，构建和谐有序的旅游环境。此外为传统六要素搭载新兴消费模式，使其消费过程更加便捷智能人性化，提升游客的旅游体验。

（2）打造旅游精品资源，满足游客价值需求

陕西旅游同时具备丰富的文化资源与自然资源，但缺乏对旅游资源的

深度挖掘开发，缺乏堪称精品的旅游资源。在丝绸之路品牌的打造过程中，要避免同质化的产品，提高旅游竞争力及吸引力，则要重点打造丝路旅游精品资源，精确代表陕西旅游特色，向游客传达资源背后的文化内涵，满足游客价值需求。

4. 旅游品牌忠诚度的提升策略

游客忠诚度得益于品牌知名度、品牌形象及品牌质量三者的完美构建，特别是旅游品牌质量的提升将直接提高游客的重游意向与推荐意向，因此品牌质量对游客价值诉求的满足可直接提升游客忠诚度；同时，可通过有奖推荐及游后反馈等机制与游客进行游后互动，增强其游后参与感，提升游客品牌忠诚度；此外，还可通过趣味活动的形式发放旅游代金券，维护老顾客资源，提高其重游意向。

五　结论及展望

本文通过初步构建陕西省旅游品牌资产的评价体系，收集一手资料分析丝绸之路经济带建设背景下陕西旅游品牌资产现状，发现各维度存在不同程度的问题，并提出针对性的策略。

品牌资产不仅涉及游客，还与当地居民、管理者及其他利益相关者关系紧密。因此在后续的研究中可进一步加大样本量，扩充当地居民及管理者的样本，可进行不同样本群体之间的对比研究，亦可整体评价目的地品牌资产。此外，在陕西借助丝路经济带建设走向国际市场的同时，国外游客对陕西旅游品牌的感知也具有重要意义，因此可进行中外游客的感知对比，挖掘其异同点，以便更加科学合理地打造陕西旅游品牌，管理目的地品牌资产。

参考文献

Aaker, D. A. (1991). *Managing Brand Equity*. New York: The Free Press.

Keller, K. L. (2003). Strategic brand management: Building, measuring, and managingbrand equity. Upper Saddle River, NJ: Prentice-Hall.

Hudson S., Ritchie J.R.B.Branding a memorable destination experience: the case of brand Canada.*International Journal of Tourism Research*, 2009, 11 (2): 217-228.

Pike S., Page S.J.Destination Marketing Organizations and destination marketing: A narrative analysis of the literature. *Tourism Management*.2014, 41: 202-227.

Morgan, N., Pritchard, A., & Piggott, R. (2002). New Zealand, 100% pure.The creationof a powerful niche destination brand.*Brand Management*, 9 (4/5), 335-354.

Konecnik, M., & Gartner, W.C. (2007). Customer-based brand equity for a destina-tion.*Annals of Tourism Research*, 34 (2), 400-421.

Im H.H., Kim S.S., Elliot S et al. Conceptualizing destination brand equity dimensions from a consumer-based brand equity perspective. *Journal of Travel & Tourism*, 2012, 29 (4): 385-403.

Bianchi C., Pike S., Lings L., Investigating attitudes towards three South American destinations in an emerging long haul market using a model of consumer-based brand equity (CBBE). *Tourism Management*, 2014, 42 (6): 215-223.

黄晶、何君、牛燕雨、孙彤:《基于消费者的旅游目的地品牌资产研究外文文献综述》,《北京第二外国语学院学报》2013 年第 11 期。

李树民、支喻等:《论旅游地品牌概念的确立及设计构建》,《西北大学学报》(哲学社会科学版) 2002 年第 3 期。

张宏梅、张文静、王进等:《基于旅游者视角的目的地品牌权益测量模型:以皖南国际旅游区为例》,《旅游科学》2013 年第 1 期。

李天元、沈雪瑞:《基于顾客的旅游目的地品牌资产:国外研究述评与展望》,《东南大学学报》(哲学社会科学版) 2013 年第 6 期。

许春晓、莫莉萍:《旅游目的地品牌资产驱动因素模型研究——以凤凰古城为例》,《旅游学刊》2014 年第 7 期。

于宁:《城市联合品牌资产的构建动因及实证分析——兼议长三角的联合旅游品牌资产开发》,《经济研究参考》2007 年。

崔凤军、顾永键:《景区型目的地品牌资产评估的指标体系构建与评估模型初探》,《旅游论坛》2009 年第 1 期。

曹晓鲜：《基于协同的湖南西部民族文化生态旅游品牌资产研究》，《湖南师范大学社会科学学报》2010 年第 1 期。

龙湘洋、王忠云：《民族文化旅游品牌资产价值评价研究——以大湘西为例》，《经济研究导刊》2010 年第 31 期。

沈鹏熠：《旅游目的地品牌资产的结构及其形成机理——基于目的地形象视角的实证研究》，《经济经纬》2014 年第 1 期。

（郭昳岚、隋丽娜，西安外国语大学旅游学院）

陕西企业西进中亚跨国经营关键风险因素识别研究*

李晨思　郑海平　肖梦镟

摘要：风险防控是企业顺利开展跨国经营的应有之意，而风险因素识别是风险防控的重要前提。基于跨国经营理论和风险管理理论，在企业跨国经营风险机理分析的基础上，以西进中亚的陕西企业为调查对象，通过问卷调查和因子分析，识别出陕西企业西进中亚跨国经营的9个关键风险因素，包括政局稳定程度、政策稳定程度、法律障碍、经济环境、社会文化差异、行业竞争者威胁、企业力资源及财务能力、跨文化沟通和企业研发能力。

关键词：跨国经营；风险识别；中亚；陕西

一　引言

随着世界经济一体化进程不断加快，资本、产品、技术、管理、劳动力等生产要素日益跨越国界在全球范围内自由流动和配置，国际分工的深化、市场的扩大、科学技术的进步使越来越多的企业投入到全球经济的浪潮中。陕西作为丝绸之路的起点，现在有越来越多的陕西企业响应国家"一带一路"号召，西进中亚国家对外开展跨国投资和经营。据西安海关统计显示，截止到 2014 年年底，陕西省共有 194 家境内投资主体，累计在境外投资 300 家企业和机构（其中企业 202 家，机构 98 家），其中有 68 家企业投资中亚国家。2009 年，陕西省与中亚五国进出口贸易总额为 5784.8 万美元，到 2013 年，进出口贸易总额到达 1.114 亿美元，贸易总额增加了一倍。未来，陕西与中亚国家将在经贸、金融、投资等领域的合

* 本文得到西安外国语大学研究生科研基金项目（项目编号：syjs201625）资助。

作不断扩展。随着双方投资和贸易的不断加深，陕西企业在跨国经营过程中暴露出的一些问题，尤其是跨国经营风险日益凸显。一些企业往往只看到中亚地区"处处是金"的表象，而忽视了其经营管理过程中的相关风险，如政局不稳定、国际经济环境的波动以及文化之间的差异等，这些问题都会给企业带来很大风险，甚至导致企业跨国经营的失败。，企业只能发出"处处是坑"的无奈感叹。企业跨国经营从来是一把双刃剑，一方面它可以给企业带来前所未有的机遇，使企业可以在整个国际市场中获取和配置资源；另一方面也会给企业带来巨大的风险和挑战，陕西企业西进中亚进行跨国经营对相关风险的识别显得尤为关键和重要。本文通过系统考察和分析，结合陕西西进中亚实际，全面梳理相关风险因素，建立风险因素分析框架，通过因子分析提炼出影响陕西企业西进中亚跨国经营的关键风险因素，为陕西企业西进中亚跨国经营风险管理提供借鉴和参考。

二　陕西企业西进中亚跨国经营风险因素分析框架

跨国经营风险是指企业在跨国经营的过程中，由于经营环境的复杂多变，受各种事先无法预料的风险因素（包括自然灾害、政治、经济、社会、人文等）的影响，给企业经营成果带来负面不确定性，具有客观性、不确定性、复杂性和可预测性等特征。世界上任何一个事件的发生的背后都有促使其发生的支配性因素存在，跨国经营风险因素同样支配着跨国风险后果的发生（卓志，2006）。

跨国经营是一种重要的国际化经营战略，其根本目的是要追求企业可持续的竞争优势，所有对企业竞争优势的发展起负面作用的都是需要重视的风险因素。企业的竞争优势首先会来自企业外部环境的作用，因为企业的跨国经营必将面临新的经营环境，这给企业带来了更大的挑战；其次，同一行业的竞争对手都有着各自的竞争优势，这也会给西进中亚跨国经营的企业竞争优势的建设和发展带来更大的压力和阻力；最后，企业自身所拥有的资源和能力是企业跨国经营竞争优势维持的最为关键也最为基础的因素。因此，企业竞争优势的建设和维持并非只受单一因素的影响，而是内外相互协调的系统性过程。从企业竞争优势的建设和维持的角度出发，借鉴企业战略管理的基本分析框架，本文提出一个分析企业西进中亚跨国经营风险因素的理论模型（图1），将西进中亚跨国经营必要条件缺失所产生的风险因素分为三个层次，分别是：①来自宏观环境不确定性所形成的风险因素；②来自行业不确定性所形成的风险因素；③来自企业内部资源和能力不足所形成的风险因素。其中，①和②是外部的限制条件和因素，是企业西进中亚进行跨国经营必须适应的，为适应性风险因素；③是对企业西进中亚跨国经营起基础支撑作用的，为基础支撑性风险（见图1）。

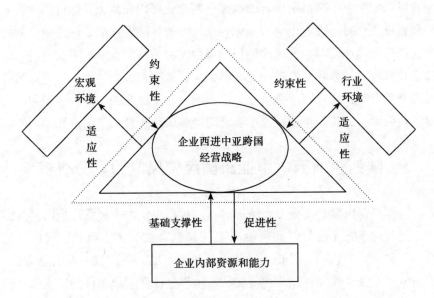

图1 企业西进中亚跨国经营风险因素分析框架

（一）宏观环境层面风险因素

跨国经营企业和国内企业的基本差异在于环境因素的不同，当企业超越国境而扩大其组织和活动时，环境因素就会变得不稳定，转化成为一种复杂的变数（林彩梅，1986）。宏观环境是对组织的最终绩效产生潜在影响的外部作用力，一般包括政治法律环境、经济环境、社会文化环境、技术环境。宏观环境由于其自身主体感知宏观环境的不确定性，往往在带给企业发展机遇的同时，也会给企业带来更多的挑战。西进中亚的企业面对的是与本国完全不同的宏观环境，由其所带来的不确定性也因此增大，无法适应宏观环境的变化也就成为企业西进中亚跨国经营的重要风险来源。

其一是政治风险。政治风险一方面产生于政府和国家主权行为，与政治动荡和政权变动有关系（J. D. Simon，1982），另一方面则来自于政府对特定行业和特定企业相关政策以及法律法规（K. D. Miller，1992）。也就是说，政治风险因素不仅仅包括政治制度变化和政治斗争而可能导致企业利润损失的因素，如战争、革命、暴乱、核心领导人物的更替等，还包括腐败因素、影响商业环境的政府政策的不稳定性因素，如无法预期的财政和货币改革、价格控制、贸易壁垒水平的变化、政府规章制度的变化等。本文将政治风险因素具体表述为：

F1：中亚国家政权的不稳定会导致企业西进中亚跨国经营风险

F2：中亚国家发生武装冲突会导致企业西进中亚跨国经营风险

F3：中亚国家不恰当的对外政策会导致企业西进中亚跨国经营风险

F4：中亚国家与中国的关系恶化会导致企业西进中亚跨国经营风险

F5：中亚国家与中亚地区内邻国关系恶化会导致企业西进中亚跨国经营风险

F6：中亚国家政策经常变动会导致企业西进中亚跨国经营风险

F7：中亚国家保护性政策限制会导致企业西进中亚跨国经营风险

F8：中亚国家的腐败程度高会导致企业西进中亚跨国经营风险

F9：中亚国家法律不健全会导致企业西进中亚跨国经营风险

F10：不了解中亚国家法律会导致企业西进中亚跨国经营风险

其二是经济风险。经济风险主要指经济活动和物价水平的波动给企业带来的利润的损失的可能性。价格波动一般表现为原材料或劳动力与产品相对价格的波动、通货膨胀的出现、汇率和利率的非预期变动以及总体经济水平的变化。在这里，经济风险是指由于通货膨胀、汇率、利率、经济景气程度等的变化所带来的风险。Brouthers 等从服务业企业和制造业企业为研究对象，提出宏观经济风险是指对企业产生不同影响的经济活动、通货膨胀、汇率和利率水平波动（K. D. Brouthers，2002）。因此，来自宏观经济层面的不确定性主要体现在国家通货膨胀率、利息率和外汇兑换比率中（S. P. Kulkarni，2001），具体表述为：

F11：中亚国家通货膨胀率的变化会导致企业西进中亚跨国经营风险

F12：中亚国家汇率的变化会导致企业西进中亚跨国经营风险

F13：中亚国家利率的变化会导致企业西进中亚跨国经营风险

其三是社会文化风险。社会文化风险是指由于中国与中亚国家之间在宗教信仰、风俗习惯、语言、价值观、行为规范等方面的差异所带来的风险。一方面，中国文化与中亚国家文化存在很大的差异，人们所形成的世界观、价值观也有着很大的区别；另一方面，中亚国家民众大部分信仰伊斯兰教，人们的生活方式大都遵照伊斯兰教义来进行，人们的行为、观念、准则很大程度上都受到《古兰经》和《圣训》的影响，同时《古兰经》和《圣训》上禁止的事情也就成为禁忌，如伊斯兰禁止偶像崇拜。社会文化风险因素主要表述为：

F14：与中亚国家较大的文化差异会导致企业西进中亚跨国经营风险

F15：不了解和不尊重中亚国家宗教文化习俗会导致企业西进中亚跨国经营风险

其四是技术风险。在企业西进中亚的过程中，技术环境层面带来的不确定性主要体现在以下两个方面。第一，与中亚国家技术标准的差异。在企业西进中亚的过程中，无论是生产型企业还是服务型企业，都将面临行业或特定技术标准与中亚国家有较大的差别，甚至可能存在完全不一样的标准体系，为了更好地遵守中亚国家的标准，必须花费很多的人力财力去与之协调磋商，增加企业的管理成本，这无疑会给西进中亚跨国经营的企业带来风险。第二，技术产权保护制度不完善。与发达国家相比，发展中国家对技术产权的保护处于比较落后的状态，我国到中亚国家跨国经营的企业大多属于成熟产业，采用的技术也是比较成熟的技术，如果缺乏必要的知识产权保护机制和侵权申诉体系，那么对于中国企业来说技术上的优势就会大打折扣。技术环境风险因素主要表述为：

F16：与中亚国家技术标准的差异会导致企业西进中亚跨国经营风险

F17：技术产权保护制度不完善会导致企业西进中亚跨国经营风险

（二）行业环境层面风险因素

其一是原材料市场风险。原材料市场风险主要是指企业生产投入物获取的不确定性所带来的风险，它主要来源于供应商供应的转变以及其他使用者对相同投入物需求的变动（王丽锋，2004）。在生产运作的过程中，原材料的采购一方面可以在当地获取，这无疑是企业的首要选择；另一方面，企业可以在其他国家或者自己母国进行采购，这就会增加更多的运输费用、人员雇佣费用等。企业与供应商之间的关系往往具有临时性和暂时性，供应商很有可能在更大的利益面前单方面撕毁合同，致使原材料不能按时供应，导致生产停滞，这无疑会给企业经营带来风险。该风险因素主要表述为：

F18：原材料供应商议价能力高会导致企业西进中亚跨国经营风险

其二是产品市场风险。Halman 提出产品无法满足消费者习惯、产品使用条件的变化、消费者偏好发生改变等是企业跨国经营的一种显著性的风险（J. I. M. Halman，2006）。在这里，产品市场风险主要是指产品需求、顾客偏好等非预期的改变、替代品和互补品可获得性改变所带来的风险。消费者的消费习惯、偏好不是一成不变的，企业要想在竞争中获得成功就必须密切关注市场的变化，消费者喜好的变化。有些学者认为，产品市场的变化不仅仅体现在消费者品位的变化，还应该体现在替代品可获得性的变化、互补品的缺乏方面（K. D. Miller，1992）。当市场中替代品可获得性升高时，那么消费者的可选择性就更大，对企业产品的依赖度也大大降低，顾客留存度也降低。当市场中某一产品的互补品缺乏的时候，消费者很容易就会购买这类产品。该风险因素主要表述为：

F19：当地消费者需求变化会导致企业西进中亚跨国经营风险

三是竞争风险。竞争风险主要是来自于竞争对手状况的变化（刘立民，2003）。Brouthers 等认为竞争风险是指竞争者的价格制定、战略实行以及市场选择的不稳定性所产生的威胁（K. D. Brouthers，2002）。Simons 则认为竞争风险是指为使企业产品或服务不同于竞争对手的能力（D. J. Simons，1999）。企业的竞争对手主要包括行业现有的竞争者以及潜在或新进入的竞争者，现有竞争者和新进入竞争者的价格的变化、经营战略的调整、细分市场的进入等都会对企业的跨国经营带来更大的压力，市场份额会被抢占，甚至被完全挤出市场，一旦市场被其他企业所取代，企业西进中亚的目标就很难达成，最终导致跨国经营失败。该风险因素主要表述为：

F20：行业现有竞争者、新进入者以及潜在进入者威胁会导致企业西进中亚跨国经营风险

（三）企业内部资源与能力层面风险因素

一是战略决策风险。战略决策风险主要是指企业做出不适合甚至是错误的战略决策的可能性。陕西企业在西进中亚之前，首要的任务就是站在战略的高度确定投资经营的战略目标，选择海外投资的产业、区位与进入模式，并给出经营活动的定义、安排、时间估计，指定经营计划并进行控制。一方面，包括陕西企业在内的中国企业自身还没有建立起符合市场经

济规则的现代企业制度，思维方式、治理结构、管理水平都受到很大的局限和制约，这也在很大程度上决定了战略的选择和实施；另一方面，西进中亚的企业一定程度上存在追求"快速收回""短期利润最大化"等短期行为，很难得到当地政府和民众的认同，有时候甚至出现"排华"现象，使企业的跨国经营遭遇到阻力。该风险因素主要表述为：

F21：战略短视与决策失误会导致企业西进中亚跨国经营风险

二是组织结构风险。战略决定结构，结构服从战略。战略与组织结构不适应很容易造成企业内部信息沟通不畅，沟通成本增高，同时，权责利不能一一对应，多头领导，引发更多的内部矛盾。不同的战略应该采取相对应的组织结构，没有一种组织结构能支撑一切战略，也没有任何一个战略可以适应所有组织结构，对一个具体企业而言，采用何种组织结构，该组织结构是否一定适应企业所采取的战略仍具有不确定性。该风险因素主要表述为：

F22：不合适的组织结构会导致企业西进中亚跨国经营风险

三是人力资源风险。跨国经营的企业需要高素质的人才，而且要有良好的集合和约束机制，而在企业跨国经营的过程中，人才缺乏的问题非常突出，国际型经营人才更是缺乏。有些企业甚至出现人才外流的现象，这就给跨国经营的企业人力资源储备和维持带来更加严峻的挑战。该方面的风险因素主要表述为：

F23：专业技术人才缺乏会导致企业西进中亚跨国经营风险

F24：跨文化管理人才的匮乏会导致企业西进中亚跨国经营风险

F25：相关翻译人才匮乏会导致企业西进中亚跨国经营风险

四是研发和创新风险。企业是知识的集合体，企业掌握的知识决定着企业竞争优势，尤其是企业难以被他人模仿的知识和能力更是企业持续保持竞争优势的源泉（J. B. Barney，1991）。对于西进中亚的企业来说，只有保证持续的研发能力和创新能力，才能使企业适应瞬息万变的市场。企业要想把知识转化为西进中亚跨国经营的竞争优势，就要求企业具有一定的研发能力和创新能力，研发能力不足就不能够研发出适合中亚市场消费者需求的产品，创新能力不足则不能够开发出中亚市场潜在的消费需求，这对企业的现有竞争优势的保持以及潜在竞争优势的挖掘都会产生消极影响。该方面风险因素主要表述为：

F26：企业研发能力不足会导致企业西进中亚跨国经营风险

F27：企业创新能力不足会导致企业西进中亚跨国经营风险

　　五是跨文化沟通风险。中国人的沟通方式与中亚国家人们的沟通方式存在着很大的区别。中国人说话含蓄，不外露，喜欢将一些观点和想法用非常隐晦的方式表达出来，让对方去领会自己的意思。相反，中亚国家的人们进行交流的时候不会拐弯抹角，他们更喜欢用清晰明了的表达方式去与对方沟通。因此，企业应该在对中亚国家沟通习惯充分了解的基础上利用已有的跨国沟通的经验，选择相应的沟通策略和步骤，这样才能达成有效的沟通。当使用不同语言的人员不能直接用对方语言交流的时候，翻译就成为常用的解决方式。翻译并不仅仅是词组的搭配，它需要从一国的文化理念去解释另一国的文化理念，很容易因为不能理解字面背后的意思而导致双方误会的产生。另外，英语作为国际商务语言经常被各个国家用来作为双方沟通和交流的语言，但是如果不能很好地理解英语的用法和背后的文化含义，就相当于饮鸩止渴，非但解决不了问题，甚至会让问题恶化，造成更大的误会。除了语言，一些非语言的信息（手势、眼神、表情、行为等）都可以传达信息，所以对这些信息的不了解很容易就造成跨国经营风险。该部分的风险因素主要表述为：

　　F28：语言差异会导致企业西进中亚跨国经营风险

　　F29：非语言（如肢体语言）差异会导致企业西进中亚跨国经营风险

　　F30：跨文化沟通技巧和经验的不足会导致企业西进中亚跨国经营风险

　　六是财务风险。资金是企业的命脉，企业的跨国经营需要资金的支撑，尤其在跨国经营的初期，需要大量的资金投入，假如企业的资金不能够得到及时的补充，出现短缺的现象，则很有可能导致跨国经营的项目停工。另外，西进中亚进行跨国投资和经营对企业筹措资金的能力也有较高的要求。由筹资所带来的风险主要由于使用负债筹资时，由于资金供需情况和宏观经济环境等因素的变化，企业可能丧失偿债能力，最终导致破产的可能性（马小会，2008）。也就是说，假如企业筹资能力不足，则很有可能产生到期无法偿还本金和偿付资本的成本的可能性，这将导致资金链的断裂，企业陷入困境，甚至破产。该部分主要风险因素表述为：

　　F31：资金短缺会导致企业西进中亚跨国经营风险

　　F32：筹资能力不足会导致企业西进中亚跨国经营风险

三　陕西企业西进中亚跨国经营关键风险因素实证

（一）实证设计

基于研究目标，本文采用问卷调查法来获取实证研究所需的数据。问卷调查不仅能够获取管理者感知的跨国经营风险现实因素，还能够了解管理者感知的潜在风险因素。为保证调查问卷的科学性和有效性，研究过程中数据的获取严格按照以下流程和步骤。

第一阶段，文献的阅读和分析。通过阅读企业跨国经营、企业国际化战略、战略管理与风险、中亚国家相关的国情等方面的文献，结合企业跨国经营的特点，参照前文提出的跨国经营风险产生机理和过程以及风险因素理论分析模型，提炼出企业西进中亚跨国经营风险因素分析的 3 个层次及 32 个测试项目，完成问卷的初始问项设计，问卷测量采用了 Likert 5 点量表，正向计分，分数越高，代表对该项目的评价越高。

第二阶段，企业访谈。将初步设计问卷通过访谈的形式，了解初步设计的问卷中要求是否明确，题项是否清楚，语句和用词是否恰当等情况，征求企业有关人员的意见和建议。

第三阶段，小样本测试。在访谈基础上，对问卷进行修改，并向访谈对象发放问卷调查表。

第四阶段，问卷发放与回收。问卷通过三种形式进行发放。一是结合陕西企业访谈，在访谈之后请被访人员填写问卷，当场收回，该形式共发问卷 26 份，全部有效收回；二是通过被访企业的高层管理人员将问卷通过电子邮件的方式向企业的员工发放，该形式共发问卷 100 份，回收 58 份，回收率 58%。三是制作问卷的微信链接，通过微信链接共享，将问卷发给不在国内的陕西企业相关人员，该形式共发放问卷 50 份，回收 18 份，回收率 36%。该三种问卷共收到问卷 160 份，剔除不合格问卷 58 份后，共得到有效问卷 102 份。有效问卷全部来自曾经去过或者现在正在中亚国家工作的企业相关人员，具有较强的代表性。

（二）量表的信度和效度检验

为检验问卷测量结果的可靠性，以 Cronbach's α 系数作为评判标准，对量表进行检验。如表 1 所示，风险因素量表的总体系数值为 0.766，各子量表的 Cronbach's α 也都超过了 0.6，根据信度检验最低为 0.6 的标准，检验结果说明风险因素量表和各子量表具有较好的内部一致性信度。

表 1 　　　　　　　　　　　　　量表的信度检验

检验项目	测量条款	删除此条款以后的 α	Cronbach's α 值
量表总体			0.766
宏观环境	中亚国家政权的不稳定性	0.694	0.727
	中亚国家发生武装冲突	0.668	
	中亚国家不恰当的对外政策	0.704	
	中亚国家与中国的关系恶化	0.740	
	中亚国家与中亚地区内邻国关系恶化	0.690	
	中亚国家政策经常变动	0.703	
	中亚国家保护性政策限制	0.746	
	中亚国家的腐败程度高	0.740	
	中亚国家法律不健全	0.727	
	不了解中亚国家法律	0.705	
	中亚国家通货膨胀率的变化	0.706	
	中亚国家汇率的变化	0.714	
	中亚国家利率的变化	0.736	
	与中亚国家较大的文化差异	0.694	
	不了解和不尊重中亚国家宗教文化习俗	0.737	
	与中亚国家技术标准的差异	0.702	
	技术产权保护制度不完善	0.719	
行业环境	原材料供应商议价能力高	0.541	0.722
	当地消费者需求变化	0.489	
	行业现有竞争者、新进入者以及潜在进入者威胁	0.794	
企业内部资源和能力	战略短视与决策失误	0.694	0.802
	不合适的组织结构	0.668	
	专业技术人才缺乏	0.704	
	跨文化管理人才的匮乏	0.740	
	相关翻译人才匮乏	0.690	
	企业研发能力不足	0.703	
	企业创新能力不足	0.746	
	语言差异	0.740	
	非语言（如肢体语言）差异	0.727	
	跨文化沟通技巧和经验不足	0.705	
	资金短缺	0.706	
	筹资能力不足	0.714	

（三）因子分析

因子分析是通过研究多个变量间相关系数矩阵的内部依赖关系，找出能综合所有变量的少数几个随机变量，这几个随机变量是不可测量的，通常称为因子。然后根据相关性的大小把变量分组，使同组内的变量之间相关性较高、但不同组的变量相关性较低。各个因子间互不相关，所有变量都可以表示成公因子的线性组合。因子分析就是减少变量的数目，用少数因子代替所有原始变量去解答原来的问题。

1. 宏观环境因素子量表因子分析

如表2所示，KMO统计量为0.76，0.76>0.6，巴特利特球体检验的显著性概率为0.000<0.01，表明适宜做因子分析。

表2　　　　　　　　宏观环境因子量表因子分析适用性检验

取样足够度的 Kaiser-Meyer-Olkin 度量		0.756
Bartlett 的球形度检验	近似卡方	418.217
	df	32
	sig.	0.000

由表3中可以看出，前五个因子的特征根大于1，合计的方差解释度为78%，说明具有较好的解释度。

表3　　　　　　　　宏观环境因子量表旋转后解释的总方差

成分	初始特征值			提取平方和载入			旋转平方和载入		
	合计	方差的（%）	累计（%）	合计	方差的（%）	累计（%）	合计	方差的（%）	累计（%）
1	4.323	25.429	25.429	4.323	25.429	25.429	3.509	20.641	20.641
2	3.242	19.069	44.498	3.242	19.069	44.498	2.728	16.047	36.688
3	2.417	14.217	58.715	2.417	14.217	58.715	2.492	14.658	51.347
4	1.781	10.477	69.192	1.781	10.477	69.192	2.407	14.156	65.502
5	1.575	9.266	78.458	1.575	9.266	78.458	2.202	12.956	78.458
6	0.979	5.757	84.215						
7	0.792	4.658	88.873						
8	0.631	3.710	92.583						
9	0.375	2.205	94.788						

续表

成分	初始特征值			提取平方和载入			旋转平方和载入		
	合计	方差的(%)	累计(%)	合计	方差的(%)	累计(%)	合计	方差的(%)	累计(%)
10	0.319	1.877	96.665						
11	0.251	1.476	98.141						
12	0.170	1.002	99.142						
13	0.105	0.619	99.762						
14	0.028	0.166	99.928						
15	0.009	0.053	99.981						
16	0.003	0.019	100.000						
17	-3.661 E-16	-2.153 E-15	100.000						

注：提取方法：主成分分析。

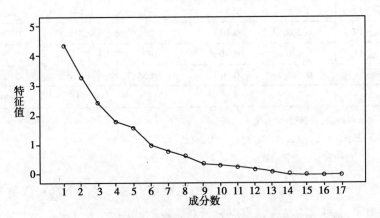

图2　宏观环境因子量表因子分析的碎石图

从图2可见前5个因子的信息量比较充分，第6个和第7个因子的信息量比较接近，虽到第9个因子才形成了平台，但是由于一共只有17个变量，考虑提取9个因子过多，故考虑提取5个因子即可。

表4　　　　　　　　　宏观环境因子量表旋转成分矩阵[a]

	成分				
	1	2	3	4	5
fxys_ 2	0.847	0.181	0.147	-0.236	0.266

续表

	成分				
	1	2	3	4	5
fxys_ 1	0.814	0.082	0.161	0.194	-0.019
fxys_ 5	0.750	0.314	-0.285	0.093	0.168
fxys_ 7	-0.620	0.466	0.302	-0.070	-0.244
fxys_ 16	0.122	0.881	-0.110	0.100	-0.030
fxys_ 6	0.102	0.830	0.063	0.156	0.168
fxys_ 3	0.181	0.764	-0.048	-0.405	0.162
fxys_ 9	0.076	0.035	0.910	0.024	-0.048
fxys_ 8	-0.164	-0.209	0.887	0.003	0.104
fxys_ 13	0.101	-0.059	-0.211	0.762	0.120
fxys_ 4	0.477	0.058	-0.203	-0.719	-0.022
fxys_ 11	0.201	0.261	0.595	0.668	-0.127
fxys_ 12	0.496	0.127	0.368	0.644	-0.386
fxys_ 10	0.362	0.023	-0.022	0.315	0.769
fxys_ 17	0.110	0.106	0.094	-0.063	0.761
fxys_ 14	0.604	0.015	-0.054	-0.108	0.607
fxys_ 15	-0.247	0.420	-0.226	-0.162	0.506

注：提取方法：主成分分析法。

　　旋转法：具有 Kaiser 标准化的正交旋转法。

　　a. 旋转在 9 次迭代后收敛。

在表 4 中，绝对值在 0.3 以下的系数绝大多数情况下都可以不考虑，0.3—0.5 之间只需参考，重点分析 0.5 以上的因子。

公因子 1：主要和中亚国家政权不稳定、发生武装冲突与邻国关系恶化存在比较高的正相关关系，故将此因子命名为"政局稳定程度"因子。

公因子 2：主要和中亚国家技术标准差异、中亚国家政策变动以及不当的政策实施等因子相关，这些因子主要反映了中亚国家相关政策的稳定性，故将此因子命名为"政策稳定程度"因子。

公因子 3：与中亚国家法律健全度、国家的腐败程度等高度相关，这主要反映了一个国家法制是否健全，故将此因子命名为"法律障碍"因子。

公因子 4：主要与中亚国家通货膨胀率、汇率、利率相关，反映了一个国家的经济水平，故将此因子命名为"经济环境"因子。

公因子5：主要与文化差异以及文化差异适应有正相关关系，故将此因子命名为"社会文化差异"因子。

2. 行业环境因素子量表因子分析

表5　　　　　　　　　　　行业环境因子量表因子分析适用性检验

取样足够度的 Kaiser-Meyer-Olkin 度量		0.611
Bartlett 的球形度检验	近似卡方	49.663
	df	3
	sig.	0.000

如表5所示，KMO统计量为0.611，0.611>0.6，巴特利特球体检验的显著性概率为0.000<0.01，表明可以做因子分析。

表6　　　　　　　　　　　行业环境因子量表解释的总方差

成分	初始特征值			提取平方和载入		
	合计	方差的（%）	累计（%）	合计	方差的（%）	累计（%）
1	1.940	64.672	64.672	1.940	64.672	64.672
2	0.731	24.353	89.025			
3	0.329	10.975	100.000			

说明：提取方法：主成分分析。

表7　　　　　　　　　　　行业环境因子量表成分矩阵[a]

	成分
	1
fxys_ 20	0.875
fxys_ 18	0.861
fxys_ 19	0.659

注：提取方法：主成分分析法。

a. 已提取了1个成分。

由表6中可以看出，第一个因子的特征根大于1，合计的方差解释度约为65%，说明具有一定的解释度，可以提取一个公因子。这个公因子与现有竞争者、潜在竞争者以及新进入竞争者威胁高度正相关，故将这个公因子命名为"行业竞争者威胁"。

　　3. 企业内部资源和能力子量表因子分析

表 8　　　　企业内部资源与能力因子量表因子分析适用性检验

取样足够度的 Kaiser-Meyer-Olkin 度量		0.607
Bartlett 的球形度检验	近似卡方	861.718
	df	66
	sig.	0.000

　　如表 8 所示，KMO 统计量为 0.607，0.607>0.6，巴特利特球体检验的显著性概率为 0.000<0.01，表明可以做因子分析。

表 9　　　　企业内部资源与能力因子旋转后解释的总方差

成分	初始特征值			提取平方和载入			旋转平方和载入		
	合计	方差的（%）	累计（%）	合计	方差的（%）	累计（%）	合计	方差的（%）	累计（%）
1	4.856	40.470	40.470	4.856	40.470	40.470	4.381	36.507	36.507
2	2.587	21.557	62.026	2.587	21.557	62.026	2.593	21.608	58.114
3	1.651	13.759	75.785	1.651	13.759	75.785	2.121	17.671	75.785
4	0.976	8.131	83.916						
5	0.652	5.430	89.346						
6	0.487	4.058	93.404						
7	0.376	3.134	96.538						
8	0.171	1.423	97.961						
9	0.119	0.990	98.951						
10	0.094	0.783	99.734						
11	0.023	0.190	99.924						
12	0.009	0.076	100.000						

　　表 9 是企业内部资源与能力因子旋转后的解释的总方差，由表中可以看出，前三个因子的特征根大于 1，合计的方差解释度为 76%，说明具有较好的解释度。

　　从图 3 可见前三个因子的信息量比较充分，从第 4 个因子开始就渐渐形成了平台，故考虑取 3—4 个因子即可。

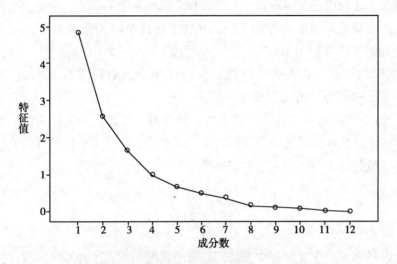

图 3　内部资源与能力因子量表因子分析的碎石图

表 10　　　　　　　　　企业内部资源与能力因子量表旋转成分矩阵[a]

	成分		
	1	2	3
fxys_ 24	0.942	0.118	0.175
fxys_ 23	0.828	−0.074	0.272
fxys_ 31	0.795	−0.240	0.210
fxys_ 29	0.733	0.142	−0.007
fxys_ 32	0.724	−0.634	−0.053
fxys_ 30	0.719	0.399	−0.007
fxys_ 27	−0.109	0.870	0.062
fxys_ 28	0.249	0.727	−0.345
fxys_ 25	0.552	0.611	0.437
fxys_ 22	−0.102	0.050	−0.849
fxys_ 26	0.456	0.268	0.769
fxys_ 21	0.012	0.449	−0.586

注：提取方法：主成分分析法。

旋转法：具有 Kaiser 标准化的正交旋转法。

a. 旋转在 6 次迭代后收敛。

公因子 1：与大部分的风险因素都有较高的相关关系，主要是与跨文化管理人才的匮乏、专业技术人才、相关翻译人才的缺乏、企业资金短缺以及企业资金筹措能力等相关，故在这里将这个因子命名为"企业人力资源和财务能力"因子。

公因子 2：与相关翻译人才匮乏、语言差异具有较高的相关性，故将这个因子命名为"跨文化沟通"因子。

公因子 3：主要与企业研发能力不足等因子有较高的正相关性，企业的研发能力代表的是企业开发新产品、新功能、新技术或新的管理流程的能力，故将这个因子命名为"研创能力"因子。

四 结论

总的来说，企业西进中亚跨国经营的风险一方面来自外部环境，包括宏观环境和行业环境，另一方面来自企业自身资源和能力。企业应主动适应来自企业内部和外部的风险，在提出的 32 个风险因素假设中，得到了5 个宏观层面的公因子，包括政局稳定程度、政策稳定程度、法律障碍、经济环境、社会文化差异；1 个行业层面的公因子，为行业竞争者威胁；3 个企业内部资源与能力方面的公因子，包括企业人力资源和财务能力、跨文化沟通以及企业研创能力。这 9 个公因子也就是陕西企业西进中亚跨国经营的关键风险因素，相关企业要对这 9 个风险因子给予足够的重视。

参考文献

刘立民：《中国企业风险管理对策研究》，硕士学位论文，天津财经学院，2003 年。

林彩梅：《多国籍企业》，五南图书出版有限公司 1986 年版。

马小会：《论企业筹资风险及防范对策》，《统计与咨询》2008 年第2 期。

王丽锋：《跨国经营应重视东西方文化差异》，《企业活力》2004 年第 2 期。

卓志：《风险管理理论研究》，中国金融出版社 2006 年版。

Barney, J. B., "Firm resources and sustained competitive advantages", *Journal of Management*, 1991, 5（1）：3-10.

Brouthers, K.D., Brouthers L.E, Werner S., "Industral sector perceived environmental uncertainty and entry mode strategy", *Journal of Business Research*, 2002 (55): 48-49.

Halman, J. I. M., Keizer J., Song M., "Risk factors in product innovation projects", *Conference The Future of Innovation Study*, 2006, 90-93.

Kulkarni, S.P., "The influence of the type of uncertainty on the mode of international entry", *American Business Interview*, 2001 (1): 96.

Miller, K.D.A., "Framework for integrated risk management in international business", *Journal of International Business Studies*, 1992 (2): 17.

Simon, J.D., "Political risk assessment: Past trends and future prospects", *Columbia Journal of World Business*, 1982 (3): 62-71.

Simons, D.J., C.habris C.F. *Gorillas in oer midst: sustained intentional blindness for dynamic events.perception*, 1999, 28 (9): 1059-1074.

(李晨思、郑海平、肖梦镟，西安外国语大学商学院)

阿塞拜疆—中国国际关系、经济、文化、旅游合作前景

乌加尔·马梅多夫

摘要：众所周知，中国作为世界主要经济体之一，对国际贸易以及世界其他经济体都产生着重要影响。尽管阿塞拜疆刚恢复独立不久，但一直设法保持其在所在地区的领导地位。苏联解体后，南高加索地区的地理位置和丰富的自然资源优势引起了中国的兴趣。两国在过去的几百年中一直保持着贸易关系。现在，双方正在继续探索在贸易、投资、文化和旅游方面成功合作的途径。两国已经签署超过 13 个政府协议。截至 2015 年，已有 69 家中国公司在阿塞拜疆注册成立，部分公司的业务涉及石油领域，部分涉及非石油领域。两国高校之间也展开了合作。

背景

在过去的几个世纪中，众多帝国、王国、可汗、部落都出于各种目的建立密切关系。有些为保证持续繁荣，有些则为保证安全和获得盟友。尽管合作的模式已经多少发生了变化（各国仍尽其所能通过贸易往来与大国成为盟国并巩固这种关系），合作的初衷依然不变。

今天，国家之间的合作尤为重要。合作不仅有助于维持和平，还可以通过国际市场增强国家之间的互相依赖。无论是在哪个领域的合作，国家间距离的远近都已经不再是一个问题。各国之间的合作不受距离、经济和金融发展水平、文化差异、语言和宗教的制约。

阿塞拜疆—中国关系

正如前文所述，距离已不再是合作的障碍。阿塞拜疆和中国的合作就是一个有力佐证。苏联解体后，世界几大强国都希望能够加强本国在该地区的政治影响力。南高加索地区由于自然资源丰富以及其位于亚欧中心的战略地理位置而成为各国的主要目标。俄罗斯、美国、土耳其和伊朗纷纷将其目光投至南高加索地区。尽管与美国和俄罗斯这样的国家相比，中国并不是 20 世纪 90 年代国际舞台上的主角，但是今天，中国经济的快速发展已经使其成为该区域的一个主要参与者（Ismailzade，29）。

由于阿塞拜疆位于古丝绸之路上，因此，中国和阿塞拜疆长期以来一直保持着经济和文化往来。"在阿塞拜疆出土了中国精致的丝绸和青花瓷碎片，而阿塞拜疆的地毯和岩盐也出口到中国。在过去的几个世纪中，两国展开了商品贸易、人员交流和医药、建筑领域的交流，从而加深了互相了解，发展了两国的传统友谊。两国人民互相支持，互相学习，不断巩固传统友谊。"（Li）阿塞拜疆领导人伊利哈姆·海德尔·奥格雷·阿利耶夫对两国关系的描述如下："阿塞拜疆是连接亚洲和欧洲的贸易桥，历史上各种各样的因素推动了两国关系的繁荣发展。"（Talibov，75）

中国和南高加索地区的贸易与投资持续增长（Ogutchu，103），阿塞拜疆已成为中国愿与其建立密切关系的国家之一。

1991 年 12 月 27 日，中国作为联合国安理会五大常任理事国之一，承认了阿塞拜疆共和国独立，此举为建立双边关系打下了基础。两国于 1992 年 4 月 2 日正式建交。1992 年 8 月，中国政府驻阿塞拜疆大使馆成立。1993 年 9 月 3 日，阿塞拜疆共和国全国大会决定在中华人民共和国成立大使馆。

1994 年，伊利哈姆·海德尔·奥格雷·阿利耶夫总统正式访问中国，会见了中国领导人、商界领袖以及非政府机构和学术界代表，标志着两国建立外交和经济关系。此次访问之后，中国对阿塞拜疆的兴趣日益浓厚。两国贸易关系繁荣发展，中国公司也开始关注阿塞拜疆市场（Ismailzade，30）。

"阿塞拜疆和中国的贸易关系已经涉及纺织和家用商品等多个领域。2005 年 3 月 17 日，伊利哈姆·海德尔·奥格雷·阿利耶夫总统再次对中国展开正式访问，希望推进双边关系，尤其是在非石油领域的双边合作。对阿塞拜疆来说，保持经济多样化发展，推进纺织、机械和农业等非石油领域的发展至关重要。"（Ismailzade，31）在伊利哈姆·海德尔·奥格雷·阿利耶夫总统访问期间，两国共签署 13 个政府间协议，涉及税收、贸易、经济、风俗、文化、艺术、体育、旅游、广播电视和信息通讯领域。两国的主要目标是避免双重征税，促进双边贸易。此外，一些中国高层官员也对巴库进行了实地考察，为石油和能源进口方面的合作打下基础。里海石油项目也引起了许多中国公司的极大兴趣（Ismailzade，32）。

通过有关数据，我们可以看出"中国和阿塞拜疆的贸易自双方正式建交的 22 年来增长了 800 倍。两国外交关系成立初期，双边贸易额仅有 150 万美元，2004 年增长到 2 亿美元，2006 年跃至 3.68 亿美元。目前，双边贸易额为 15 亿美元"（Ogutchu，103）。2015 年的统计数据表明，两国已经签署 20 多个协议，69 家中国公司已进入阿塞拜疆市场，主要从事建筑、贸易、通讯和农业贸易。

从中国的角度来看，中国急需寻找资源、扩大贸易、建设交通走廊来维持经济的高速增长，这种需求有望为双方合作注入新的动力。而从阿塞拜疆的角度来看，与中国建立密切关系是一大优势，有助于从中国这个世界主要经济体这里吸引更多的外商投资。

为进一步发展两国关系，双方提出修建卡尔斯—阿哈尔卡拉基—巴库高铁的建议。在伊利哈姆·海德尔·奥格雷·阿利耶夫总统 2005 年访问中国期间，中国领导人表示全力支持该项目。一旦高铁建成，从欧洲运至中国的商品价格将降至现在的二分之一，商品运输时间也将大幅缩短。这条新线路上的年货运量有望达到两千万吨（Ismailzade，32）。这条从中国西部出发，途径中亚、阿塞拜疆、格鲁吉亚，到达土耳其的铁路是构建一条经由南高加索地区连接中国和欧洲的"新丝绸之路"之关键一环。对于中国政府来说，"这条线路对于中国的吸引力在于它有望拓宽中国进入国际市场的渠道，减少中国对海运出口的依赖"（Ogutchu，104）。

该铁路也有望进一步推进中国和阿塞拜疆的政治合作，从而扩大中国在该地区的影响力。随着阿塞拜疆石油收入的不断增加，该国也加大了在国家军事能力建设方面的投资，因此，双方在军事方面的合作也会进一步加强（Ismailzade，33）。

除经济领域之外，中国与阿塞拜疆还在教育领域展开合作。2015 年 6

月，巴库国立大学和上海大学在本科生与研究生交换、项目合作、合办会议、论坛、研讨会、交流知识和经验方面达成一致并签署备忘录。阿塞拜疆同时也积极地在中国进行文化推广，比如，在2010年上海世界博览会期间设立阿塞拜疆展馆，在中国多次举办"阿塞拜疆文化日"活动。这些文化推广活动增进了两国的文化关系，促进了阿塞拜疆文化在中国的传播。文化日往往包含一系列的活动，包括阿塞拜疆卡洛夫国家室内管弦乐团演出、阿塞拜疆歌舞团演出、图片和民族服饰展览等。同时，为了进一步在中国宣传阿塞拜疆文化，还会给有兴趣的人发放袖珍图书（中国主办阿塞拜疆文化日）。

中方也多次在巴库举办中国文化夜，宣传中国丰富多彩的文化、音乐、饮食和建筑艺术（如中国—阿塞拜疆之光）。

除了经济和文化往来之外，两国还面临一个共同问题，即领土争端。双方共同面临的领土问题也使两国关系更加密切（Talibov，79）。中国政府完全尊重并支持阿塞拜疆独立、主权与领土完整。阿塞拜疆政府同样也支持中国的外交政策，坚持世界上只有一个中国，台湾是中国领土不可分割的一部分的立场。

正如伊利哈姆·海德尔·奥格雷·阿利耶夫总统在2014年接受环球时报采访时曾说，中国和阿塞拜疆仍有很大的合作空间，"中国和阿塞拜疆在各个领域的合作都有了重要进展。双边贸易额从1992年的150万美元增长至当前的7亿美元，经济合作方兴未艾。双边经贸合作仍有许多潜在机遇。2004—2011年，共有40家中国公司在阿塞拜疆注册，16家阿塞拜疆公司在中国注册"（《环球时报》）。

参考文献

《新丝绸之路?》，《环球时报》2014年5月5日，网页版2016年8月24日。

《阿塞拜疆—中国关系》，阿塞拜疆共和国外交部，2014年9月18日，网页版2016年8月24日。

《巴库国立大学与上海大学签署备忘录》，阿塞拜疆趋势通讯社，2015年6月3日，网页版2016年8月24日。

《中国与阿塞拜疆：国与国关系的良好例证》，阿塞拜疆国家新闻社，

2006 年 9 月 29 日，网页版 2016 年 8 月 24 日。

《中国举办阿塞拜疆文化日》，阿塞拜疆国家新闻社，2011 年 5 月 10 日，网页版 2016 年 8 月 24 日。

Ismailzade，Fariz：《中国与阿塞拜疆关系》，《中国与欧亚论坛季刊》5.1（2007）：29—34，网页版 2016 年 8 月 24 日。

Ogutchu，Mehmet：《南高加索的融合与分裂》，阿塞拜疆国家新闻社战略研究中心，《中国在南高加索：非重要合作伙伴，但必不可少》，网页版 2016 年 8 月 24 日。

Talibov，Rza：《国际关系体系中的亚洲国家》，科学与教育出版社2015 年版；阿塞拜疆共和国—中国合作，网页版 2016 年 8 月 1 日。

李肇星：《长城与里海的友谊——纪念中华人民共和国与阿塞拜疆共和国建交十五周年》，中华人民共和国驻阿塞拜疆共和国大使馆，2007 年4 月 6 日；网页版 2016 年 8 月 24 日。

（乌加尔·马梅多夫，阿塞拜疆共和国阿利耶夫文化中心所长）

"一带一路"与中—南亚安全

胡志勇

摘要：本文重点阐述了"一带一路"的地缘意义，指出它是一个经济合作发展的理念与倡议，有助于中国与沿线国家和地区共同打造政治互信、经济融合、文化包容的利益共同体、命运共同体和责任共同体。以中亚和南亚为研究重点，分析和探讨了在推进"一带一路"中所面临的挑战，有针对性地提出了相应对策和预警建议。

关键词："一带一路"；中亚；南亚

中国新一届领导人提出的"一带一路"倡议充分反映了中国合作共赢的新理念、新蓝图、新途径和新模式。中国以"一带一路"加强与沿线国家共同打造平等互利、合作共赢的"利益共同体"和"命运共同体"的新理念。[1]

2013 年 9 月和 10 月，中国国家主席习近平分别提出建设"新丝绸之路经济带"和"21 世纪海上丝绸之路"的战略构想，中亚各国随即做出响应，并从观望、理解阶段发展到政策对接的制定和执行阶段。[2]

一 "一带一路"倡议的地缘战略意义

2013 年 9 月，中国国家主席习近平在哈萨克斯坦倡议用创新的合作

---

① Written Interview Given by Chinese President Xi Jinping to Major Media Agencies of Four Latin American and Caribbean Countries, CRI, 12 Sept., 2014.

② 孙力、吴宏伟：《中亚黄皮书：中亚国家发展报告（2015）》，社会科学文献出版社 2015 年版，第 3 页。

模式，共同建设"丝绸之路经济带"。① 同年 10 月，习近平主席访问印度尼西亚期间，又提出了构建"21 世纪海上丝绸之路"的战略构想。"一带一路"战略构想审时度势，对密切中国同中亚、南亚周边国家以及欧亚国家之间的经济贸易关系，深化区域交流合作，统筹国内国际发展，维护周边环境，拓展西部大开发和对外开放的空间，具有重大的现实意义。② "一带一路"已成为中国新一届领导人外交政策与国际经济战略的核心，为中国新一轮经济发展创造了有利的条件与机遇。

"一带一路"是合作发展的理念与倡议，是充分依靠中国与有关国家既有的双、多边机制，借助既有的、行之有效的区域合作平台，积极主动地发展与沿线国家的经济合作伙伴关系，为现有的地区机制注入新的内涵与活力。"一带一路"有助于中国与沿线国家和地区共同打造政治互信、经济融合、文化包容的利益共同体、命运共同体和责任共同体。"一带一路"将进一步推动中国与"一带一路"沿线国家友好合作关系，从而实现构建"经济共同体"向"命运共同体"的历史性转变，因而"一带一路"具有十分重要的现实意义。

第一，"一带一路"体现了开放性和包容性。"一带一路"不是一个封闭、固定、排外的机制。"一带一路"倡议的地域和国别范围呈现了开放性的特征。与其他国家相比，中国提出的"一带一路"倡议计划更详尽，范围更广，涉及国家、地区更多，受益面更大。"一带一路"倡议旨在使中国发展引擎所驱动的地缘经济潜力，形成巨大的正外部性，为相关国家和地区所共享。"一带一路"也并非从零开始，而是现有合作的延续与升级。③ 而且"一带一路"具有包容性：中亚、俄罗斯、南亚和东南亚国家是优先方向，中东和东非国家成为"一带一路"的交汇之地，欧洲、独联体和非洲部分国家也可融入合作。有关各方可以把现有的、计划中的合作项目连接起来，形成系列、可持续发展的合作态势，从而发挥"一加一大于二"的整合效应。

---

① 赵学亮：《习近平在哈萨克斯坦演讲：共建丝绸之路经济带》，《京华时报》2013 年 9 月 8 日。

② 冯宗宪：《"一带一路"构想的战略意义》，《光明日报》2014 年 10 月 20 日。

③ Stephanie Daveson, "One Belt, One Road strategy: A new opportunity", *Brookings News*, 2 March, 2015.

第二，"一带一路"体现了广泛性特征。"一带一路"交流合作范畴非常广泛，优先领域和早期收获项目可以是基础设施互联互通，也可以是贸易投资便利化和产业合作，而且"一带一路"有助于进一步加强中国与沿线国家和地区之间的人文交流和人员往来。"一带一路"包含的合作项目与合作方式，都可以把政治互信、地缘毗邻、经济互补的优势转化为务实合作、持续增长的优势，从而实现物畅其流，政通人和，互利互惠，共同发展的目标。

第三，进一步提高中国在国际新秩序构建中的地位与作用。在"一带一路"建设不断推进进程中，中国坚持正确的义利观，道义为先、义利并举，带动沿线发展中国家经济发展。① 中国不仅要打造中国经济的升级版，而且通过"一带一路"积极打造中国对外开放的升级版，在扩大与世界各国特别是周边国家的互利合作进程中，不断提高中国在构建国际新秩序中的地位，积极发挥一个负责任大国的政治担当，带动和推动广大发展中国家全面发展。

二 "一带一路"面临的地缘风险与挑战

中国的"一带一路"正改变中国与世界其他主要大国的双边关系，正在引发新一轮全球地缘政治与地缘经济的博弈，并将给国际政治、经济新秩序的重构带来诸多新的不确定因素。而且，与此同时，"一带一路"还带来了一定的地缘风险，面临着诸多挑战。② "一带一路"可能具有潜在的巨大收益，但也不能忽视"一带一路"诸如相关投资收益率偏低、投资安全不确定性、可能加深而非缓解沿线国家对中国崛起的疑虑等潜在风险。③

目前，中国"一带一路"在推进过程中面临着诸多挑战。"一带一路"存在着政治、经济和安全等领域的风险。相比于欧美地区，"一带一

---

① 习近平：《中国坚持和积极践行正确的义利观》，新华社（北京）2015 年 1 月 8 日电。

② Lucio Blanco Pitlo Ⅲ, "China's 'One Belt, One Road' to Where? Why Do Beijing's Regional Trade and Transport Plans Worry So Many People?", *The Diplomat*, 17 February, 2015.

③ C Belt, "China's 'One Belt, One Road' Initiative: New Round of Opening Up?", *RSIS, Commentaries*, 11 March, 2015.

路"沿途国家发展程度不一，社会不稳，国内矛盾复杂。不仅基础设施建设落后、经济发展水平较低，而且许多国家企图利用大国竞争因素，实行平衡外交与经济策略，多方获利，以实现本国利益最大化。

具体而言，在全球地缘政治方面，由于"一带一路"沿线国家在政治、经济、文化、社会等层面与中国存在着巨大的差异，中国在团结这些国家上面临着诸多障碍。

首先，中国在规划和实施"一带一路"战略构想进程中将不可避免地受到美国的影响。在美国看来，出于抗衡美国"亚太再平衡"等一系列考虑，中国提出陆海并进的"一带一路"倡议，一方面在战略空间上可以实现向西拓展，另一方面也能满足中国快速增长的能源资源进口需求及急迫的海上通道安全需求。"丝绸之路经济带"的建设为中国提供了在经济和外交上拉近"本国与南亚、中亚和包括沙特阿拉伯在内海湾国家关系"的机遇，超越长期以来中国对外开放和交往主要面向的东亚及太平洋方向，向广阔的西部方向大力拓展。

其次，"一带一路"经过的沿线国家由于政治体制不同，政治的不确定性依然存在。"一带一路"沿途国家存在着政局动荡、腐败严重等一系列的重大风险。"一带一路"沿途某些国家内部政党、地方势力、宗教团体和社会阶层众多，利益需求复杂多样，极易引发大规模的社会、政治矛盾。而且"一带一路"沿途国家正处于政治、社会转型之中，容易受西方政治思潮及非政府组织的影响，加剧了中国投资的难度。

"一带一路"建设不得不面对沿线国家主权冲突与世界主要大国地缘战略博弈等现实问题，① 不得不面临着沿线国家政权更迭所带来的种种被动局面，同时也面临着沿线国家各种政治力量冲突的潜在危险。中国在"一带一路"建设进程中，面临着沿线国家法律以及生态、环保等方面的冲突。

而且中国将在美国从阿富汗撤军之际密切与阿富汗的经济与商业联系，进一步发展与巴基斯坦的关系以打通赴印度洋通道，增强与资源丰富的海湾及非洲国家的互联互通。另外，欧盟也将成为中国扩大共同利益的工作重点。

在经济方面：在中国推进"一带一路"进程中，大国竞争态势在地

---

① 张明：《直面一带一路的五大风险》，《国际经济评论》2015 年第 4 期。

区经济合作中日趋突出，与中国的竞争将更为激烈。而且"一带一路"沿途中心国家希望保护本国产业，不愿意成为中国的经济附庸。

在安全方面：尽管中国积极推进"一带一路"建设，但是事实上亚太国家仍欢迎美国在亚太地区发挥积极作用。随着中国在南海等问题上态度日趋强势，某些国家不得不求助于美国发挥更大的地区安全保障作用。

"一带一路"沿线地缘政治因素错综复杂，一些国家政局动荡，恐怖主义猖獗，分离主义严重，安全问题突出。伴随"一带一路"建设的不断推进，相关民族问题将会逐渐升温。① 中国必须考虑到沿途国家面临的安全困境，极端宗教势力、暴力恐怖势力和民族分裂势力已成为影响中国"一带一路"沿途各国顺利实现"五通"的一大障碍。

因此，中国企业对相应风险应做到充分而准确的评估，并制定出有针对性的应对方案。② 特别是随着"一带一路"具体项目的不断铺开，沿线国家和地区的不安全因素陡然上升。中资企业应充分注意到这一点。否则，"一带一路"建设可能成为阻碍中国新一轮经济发展的障碍。

以中国与巴基斯坦达成规模达460亿美元的投资计划为标志，中国"一带一路"倡议正由蓝图变成一个个具体的项目。但这些项目能否真正落实建设仍有诸多不确定的地缘因素。

具体而言，中巴经济走廊起自瓜达尔港，终于新疆喀什。巴基斯坦国内政治掣肘致使项目执行效率较低；民众期待过高；精英阶层对华态度分化；沿线安全问题严重；外部势力干扰等。为推进中巴经济走廊建设顺利进行，中国应加强与巴国内各政治力量的合作，提高项目建设效率和双方管理能力，加大媒体交流，促进民心相通，加强安全保护，扩大国际合作，有针对性地消除或减少有可能阻碍中巴经济走廊建设的不利因素。③

瓜达尔港位于巴基斯坦南部俾路支省的阿拉伯海沿岸，当地陷于分裂叛乱活动达十年之久。而喀什位于中国新疆维吾尔自治区腹地，自20世纪90年代中期起就是"东突"分裂运动的发源地。从瓜达尔港到喀什，中巴经济走廊还途径一系列塔利班武装分子占领区，到目前为止，武装分

---

① 蒋利辉、冯刚：《"一带一路"民族地区的重大战略机遇》，《中国民族》2015年第5期。

② 储毅、柴平一：《绸缪"一带一路"五大风险》，《金融博览：财富》2015年第6期。

③ 刘宗义：《中巴经济走廊建设：进展与挑战》，《国际问题研究》2016年第3期。

子仍控制着巴基斯坦与阿富汗的西北边境，武装分子在边境地区影响力依然很大。因此，中巴经济走廊建设的安全隐患在于它随时可能因战乱而受阻,[①] 潜在的危险性不容忽视。

如果实现了互联互通，则意味着把商机带进来的同时又给那些极端民族主义分子、宗教恐怖分子进入中国提供了极大的便利。中国必须考虑到这个现实问题，如果处理不当，这将严重影响到中国边疆地区特别是新疆地区的稳定与安全，甚至影响到中国境内的民族关系。

以中巴铁路为例，西至巴基斯坦的瓜达尔港，东至中国新疆的喀什市。喀什是中国新疆维吾尔自治区的重要城市，也是新疆南疆地区维吾尔族集中聚居地。一旦中巴铁路修通，那么喀什将无疑成为地区中心，吸引更多其他国家的穆斯林前来居住，与中国新疆周边毗邻的中亚和南亚以及西亚等地区的众多穆斯林国家人口将蜂拥而至，地广人稀的中国新疆将成为周边国家穆斯林争相前来定居的地方。一方面，喀什将更加繁荣。但是，另一方面，大批穆斯林聚居在喀什，将带来安全上的诸多严峻问题：非法居留、非法移民和滞留不归等现象将成为影响新疆地区安全的不稳定因素,[②] 给新疆地方政府对日常穆斯林的社会管理带来更为复杂的困难。更为严重的是，一旦中巴铁路修通，没有连绵昆仑山和珠穆朗玛峰的阻隔，数量庞大的巴基斯坦穆斯林彻底跨过天险，大规模进入中国新疆地区学习、工作、定居和生活，使本来人口处于劣势的汉族在新疆地区的处境将更加艰难。巴基斯坦、阿富汗是众所周知的伊斯兰原教旨主义温床之一,[③] 中国周边国家人数超过6亿的穆斯林将实现民族大联合（印度毗邻巴基斯坦有2亿穆斯林、巴基斯坦1.8亿、中国新疆1400万、中亚五国6500万、阿富汗2800万、伊朗8000万、土耳其8000万），而且随着中吉乌铁路的修建与开通，中巴铁路和中吉乌铁路成为穆斯林云集喀什最经济最便利的交通设施，中国新疆的安全态势将可能处于一种事实上的失控局面，甚至波及西藏与青海等省区的少数民族，这将给中国中央政府治理

---

① 李希光：《中巴经济走廊的战略价值与安全形势》，《人民论坛》2015年7月17日。

② Abdullahy Khan, "Security Landscape of Pakistan", *Global Affairs* (Pakistan), February, 2015.

③ 吴云贵：《伊斯兰原教旨主义、宗教极端主义与国际恐怖主义辨析》，《国外社会科学》2002年第1期。

少数民族省区带来极为被动的局面，中国的民族关系将进一步对立，甚至危及中国与整个穆斯林世界的关系，直接威胁到中国西部边疆地区的安全与稳定。[1] 因此，由宗教、民族、部落矛盾与冲突所致的安全风险、人文风险等，将成为中国"一带一路"推进中必须应对的主要风险点。其中，伊斯兰教、印度教和佛教的信仰人群主要聚居在"一带一路"上，由宗教分歧、教派矛盾、民族纷争、部落冲突等诱发的人文风险日益增多。[2] 从更深层次考虑，"21世纪海上丝绸之路"建设将使中国的触角超越西太平洋海域，向南深入南太平洋、向西开辟进入印度洋通道，与美国、印度、日本等国在这些海域的海上力量相抗衡。

从地缘战略考量，为了应对和牵制中国崛起，美国积极拉拢印度，美、印两国都以牵制中国为深化战略伙伴关系的出发点，印度出于本国的战略利益对中国"一带一路"倡议表现出了极大的摇摆和抵触心态，并产生安全方面的担忧。

中国"一带一路"建设面临恐怖主义和极端势力的威胁。[3] 随着美国及北约撤离阿富汗，塔利班势力可能卷土重来，恐怖主义和极端势力将威胁"一带"沿线的稳定，将迫使中国"一带"建设不得不绕道甚至被迫中止。暴力恐怖势力、宗教极端势力、民族分裂势力在内的三股极端势力成为影响"一带一路"建设的最不稳定的因素，[4] 而各国对打击这三股极端势力并没有形成合力。

中国的"一带一路"经中亚、到中东、俄罗斯和欧洲，这条现代丝绸之路将连接起65个国家和44亿人口。"一带一路"最终将中国与印度洋、东非、红海以及地中海相连接。这些目标的实现完全取决于中国日益增长的海上力量，但中国军事力量能否与之相匹配不能不引起中国高层的关注，如果安全没有跟上，很可能导致血本无归。一旦"一带一路"沿线国家政局发生波动，或者出现战火，中国的投资能不能收回成本都将成为不得不考虑的一个现实问题。"一带一路"沿线国家多采取"平衡外

---

① 《"一带一路"需克服五大障碍》，《国际先驱导报》2015年2月4日。

② 马丽蓉：《"一带一路"与亚非战略合作中的"宗教因素"》，《西亚非洲》2015年第4期。

③ Balochistan, "An Overlooked Conflict Zone", *Geopolitical Diary*, 6 May, 2015.

④ 刘海泉：《"一带一路"战略的安全挑战与中国的选择》，《太平洋学报》2015年第2期。

交"和"实用外交"战略，使中国与其合作也面临更多的困难与障碍。

尽管中、俄两国在政治、军事、经济、能源等领域的合作越来越呈现制度化趋势，双方在诸多领域仍存在诸多分歧：中国对俄罗斯贸易顺差导致双边贸易失衡；俄罗斯致力于打造俄白哈关税同盟并扩大"欧亚联盟"，这与中国"一带"建设在地区主导权上存在着矛盾；中亚是俄罗斯的利益范围，中国在中亚的活动引起了俄罗斯的担忧。而且中、俄两国人文交流水平较低，互信的民间基础薄弱；① 俄罗斯在中国敏感的领土争议问题上抱暧昧态度，与日本、印度、越南及其他亚洲国家积极发展关系。另外，中、俄历史上的领土争议、军事争端、意识形态分歧等导致双方隔阂。

中国新一届领导人提出的"丝绸之路经济带"及"21世纪海上丝绸之路"战略正得到国际上诸多国家和地区的积极响应，但也受到一些国家的误解甚至警惕。② 早在2011年，时任美国国务卿的希拉里就提出了"新丝绸之路计划"，美国试图在阿富汗、巴基斯坦、印度及中亚等地区构建新型经济、交通和能源连同网络。而且某些地区性大国出于本国战略利益的需要对中国"一带一路"的态度消极甚至反对。"丝绸之路经济带"的实施将引起印度、伊朗及土耳其等地区性大国的猜疑与警惕，而"21世纪海上丝绸之路"也会引起日本、印度的警觉。类似印度这样的国家一开始就对中国的"一带一路"心怀疑虑与戒备，他们认为中国"一带一路"不仅仅是经济扩张，而且是军事扩张。

中国现在已成为印度最大的贸易伙伴，印度对中国与巴基斯坦如此深入的合作复杂心态上升，印度一直对提升中国在南亚地区的影响力有所顾忌。中国的"一带一路"在印度国内遭到了质疑与干扰。而美国和日本又在积极拉拢印度，力图使印度成为抗衡中国的战略支点。近年来，美印战略伙伴关系逐步走向深入。美、印两国拥有相近的价值观与趋同的战略愿景，两国都视对方为"天然盟友"。更为重要的是，美、印两国都将对方视为牵制中国崛起的重要安全战略伙伴。

为了和中国的"一带一路"竞争，印度正在计划成立一个专项基金，

---

① 李亚男：《论中俄关系发展进程中的人文交流与合作》，《东北亚论坛》2011年第6期。

② 王卫星：《全球视野下的"一带一路"：风险与挑战》，《人民论坛·学术前沿》2015年5月（上）。

用于投资在南亚甚至非洲的公路、桥梁和发电厂等项目，以促进南亚国家的贸易。但该基金的规模不会超过中国丝路基金的1/4。印度还搞了一个与中国"一带一路"相抗衡的"一丝一路"计划（又称"季风计划"），以分散中国的影响力。① 印度是中国在西南方向最大的邻国，是"丝绸之路经济带"和"21世纪海上丝绸之路"的汇聚之地。中国"一带一路"倡议能否成功，印度至关重要。而印度尼西亚也针对中国的"一带一路"出台了一个"海洋强国"计划，旨在对冲或抵消中国"一带一路"的影响。如何在"一带一路"不断推进进程中与这些满怀狐疑的国家处理好合作关系，将不得不成为一个巨大挑战。② 如何推进与"一带一路"沿线国家和地区战略规划的有序对接和有机整合、避免形成地缘战略对抗、减少排他性的恶性竞争正成为中国推进"一带一路"进程中必须面对的一个重要问题。

同时，中国在推进"一带一路"进程中，也面临着诸多非传统安全的挑战，③ 涵盖恐怖主义、能源安全、跨国犯罪、海上救援与搜救、水资源与环境安全等诸多领域。目前，非传统安全挑战已经成为能否顺利推进"一带一路"战略的重要安全因素。应对非传统安全挑战，客观上需要中国整合内部资源提供必要的区域公共产品，积极推动网络型安全合作保障机制建设。从长远看，非传统安全问题的解决和应对客观上有利于沿线国家建立合作框架，推动经济发展和共同安全，提升中国战略影响力，从而实现"一带一路"倡议目标。④

在经济方面：中国实施"一带一路"并不能替代其与亚太地区方向重要经济体的联系，在短期内其影响力难以超越美国，而且在"一带一路"建设推进进程中，"一带一路"沿线的国家和地区更加欢迎美国的存在，形成"在经济上与中国的向心力越来越大，在政治与安全上与中国的离心力越来越大"的战略悖论。尽管这些国家和地区在与中国交往中，对中国经济高度依赖，但在政治和安全领域对中国的疑虑和不安也日趋上

---

① 木春山：《"一带一路"的印度风险：神秘的香料之路和季风计划》，《大公报》2015年6月16日。

② 赵可金：《"一带一路"应强化安全为基》，中国网，2015年6月15日。

③ 李扬：《"一带一路"面临五大非传统安全问题》，中国皮书网，2015年4月20日。

④ 同上。

升，从而导致中国与周边国家关系复杂性进一步上升。

目前，中国已开始规划并陆续公布对"一带一路"沿线国家的投资规模。如中国最近就承诺将在巴基斯坦投资 460 亿美元，超过了 2008 年以来对巴基斯坦的所有外国直接投资的两倍，也超过了自 2002 年起美国投入巴基斯坦的整个援助规模，尽管一部分基建项目可能会花费 10—15年。这些投资项目高度集中于中巴经济走廊上，这条经济走廊结合了一系列交通和能源工程，以及一个直通印度洋的深海港口的开发项目。中国的投资对于巴基斯坦来说无疑是一个机会。但是，这些项目如何按时按质实施将成为一个必须考虑的问题。

同时，中国在推进"一带一路"进程中还面临着具体落实的机制缺失挑战。目前，中国国内各部门、各省（市）之间有机衔接也面临着严峻挑战。中国自身在推进"一带一路"过程中也存在一些问题。

对"一带一路"的对外宣介不够，缺乏针对性，未能充分照顾到沿途国家的舒适度。

中国国内各部门、各省（市）为了本部门、本地区的利益，可能出现新一轮失序性竞争，许多"一带一路"项目一哄而上，并不利于中国新一轮整体开放战略，许多省、市"以我为主"，希望将"一带一路"国家作为富余产能转移的对象。

一些中国企业和商人缺乏承担社会责任、遵守当地法律和风俗习惯的意识，加剧了当地民众对中国的不满和反感，甚至成为各国内部政治斗争和外部干预的借口。

三　中国应做好"一带一路"相关风险评估和预警措施

中国在推进"一带一路"进程中，应积极发挥中国地缘经济优势，与"一带一路"相关国家的发展和合作计划对接。以消除地区小国成为中国经济和政治附庸的担忧。

中国在推进"一带一路"进程中必须尽快建立"一带一路"合作项目的投资风险评估与和海外利益保障机制，[①] 以减少因沿线国家和地区政

---

① 石善涛：《推进"一带一路"建设应处理好的十大关系》，《当代世界》2015 年第 5 期。

体不同、文化习俗各异及当地法律制度和市场风险等带来的投资损失，尽早规避沿线国家政局动荡、政府腐败等政治风险。同时，中国政府应及早出台保护国内民营企业"走出去"的法律法规和政策举措，加大对民营企业对外投资的政策支持、金融支持、投资保护等力度，提高民营企业的国际竞争力和企业的社会责任意识，提高民营企业的诚信意识。中国政府还应尽早建立"一带一路"建设项目投资服务保障机制，以有效管控对外投资风险，早日形成中国对外投资"项目评估、服务保障、风险管控"一条龙对外投资保障机制，有效促进和推动中国企业"走出去"，[①] 扩大中国在世界经济中的影响力。

中国应从国家层面加强对"一带一路"的统筹谋划、整合配置国内多方面资源，有序推进，形成优势互补、协同开放和联动发展的良性互动局面。中国应尽早建立利益共享机制，平衡好国内各方面的利益，[②] 以减少不必要的投资浪费及由此带来的损失。中国中央政府应避免各部门、各省（市）在"一带一路"倡议推进中角色定位重叠、合作项目同质化、新建产能盲目扩张等现象，牢固树立"全国一盘棋"大战略。

不可否认，中国"一带一路"成功实施将在一定程度上推进国际新体系的重构，但不能改变全球秩序。因为现存的国际合作与全球治理机制的主导权仍掌握在发达国家手上，以美国为首的西方大国也不会愿意看到中国主导世界的进程，这将长期影响中国"一带一路"倡议的推进。

实际上，中国主动出击推动"一带一路"建设，本质上是在美国主导力缺乏、区域合作机制化程度较低的中亚、南亚、中东及其他相关地区推行地区一体化战略。中国一方面可以避免在东亚与美国的竞争和对抗进一步激化，另一方面扩大自身影响力，以经济合作为先行力，逐步带动和整合政治和安全领域的协作，从而增强安全互信，建立安全机制，实现安全共赢，是中国"一带一路"的安全观最重要的发展方向。[③]

而且尽管中国 GDP 已位居世界第二，但中国国内还存在诸多短期内

① 《"一带一路"推动中国企业"走出去"让各国共享发展机遇》，新华社（北京）2015年2月5日电。

② 宋荣华等：《"一带一路"战略引领中国企业走出去》，《人民日报》2014年12月27日。

③ 赵可金：《"一带一路"应强化安全为基》，中国网，2015年6月15日。

无法解决的问题；尽管大多数中国人生活提高了，但国民整体素质离发达国家的水平还相差甚远。这些软实力不可能在短时间内迅速提升，并将成为影响中国崛起不可忽视的巨大因素。

尽管亚投行目前已拥有 57 个意向创始成员国，但是，如果资金、组织以及治理问题不能得到切实有效的解决，亚投行将成为新的一项"烂尾"工程，其象征意义将会大大超过其本身的实际意义。许多国家将不会继续投资，甚至会撤资。

因此，项目推进不应急于求成，先从沿线各国民心入手，深入了解当地社会。中国必须充分进行"一带一路"建设的风险评估，做好各种应对措施，特别要对那些高冲突国家进行全方位的风险研究，做好海外投资产业规划与引导，合理避开风险。必须借鉴国际经验，对潜在冲突进行风险管控，将损失降低到最低。投资项目的成败，很大程度上取决于投资前尽职调查的周密程度。中国多数公司在投资运营过程中，都没有获得社会许可的意识。中资企业应充分利用国际间管理投资风险的法律性安排。这些安排包括：双边投资保护条约、避免双重征税条约、《纽约公约》和《华盛顿公约》。中国企业需要学会用好、用足政府间投资保护机制，通过细化合同，将政治风险管理内在化、机制化，运用国际投资争端解决机制和行业市场力量应对企业间的争端，降低对政府外交斡旋解决的需求。中方人员需要在如何运用这些条约性工具方面实现政策层面的互联互通。

同时，中国必须强调"一带一路"是经济合作倡议而非战略构想存在，积极通过各种渠道加强对美政界、学界、商界等公共外交，强调"一带一路"倡议的合作性、开放性、非排他性和互利共赢性，淡化零和博弈及对抗的抗美色彩，在具体地区和领域探索及加强中、美务实合作的基础。

所以，中国在推进"一带一路"倡议的同时，必须对丝绸之路进行现代性的重构，避免大国心态，切实打消这些国家的顾虑，重构与中国密切相关的特定区域内的国际秩序，改善中国的国家安全环境，积极主动地发展与沿线国家的经济合作伙伴关系，共同打造政治互信、经济融合、文化包容的利益共同体和命运共同体。

中国积极推进"一带一路"建设，就中国国家发展战略而言，的确是一个具有战略眼光的决策。但是，在实施进程中，必须考虑到沿线国家和地区的实际情况，特别是要全盘考量沿线国家和地区的地缘政治、地缘经济与地缘安全的不确定因素及其对中国"一带一路"的影响，中国政府应清醒地认识到"一带一路"不是包治中国经济的灵丹妙药，若在推进进程中对方方面面考虑不周到，就可能导致在政治上失分，在经济上血本无归，在安全上"引狼入室"等严重后果。

不能将"一带一路"项目建成"形象工程"和"政绩工程"，而应多做一些深入沿线国家基层、深入民心的民生工程，让中国的发展理念真正落地。

以巴基斯坦为例，为推动中巴经济走廊建设顺利进行，中、巴双方应进一步加强合作，有针对性地消除或减少有可能阻碍中巴经济走廊建设和中巴关系发展的不利因素。中、巴两国政府应尽快完成《中巴经济走廊远景规划》及已定项目的详细规划。同时，中国必须着眼长远，与巴基斯坦各主要党派增进友好关系，协调各方矛盾，兼顾各方利益，共同推动中巴经济走廊的顺利进行。在尊重各自民主制度的前提下，中、巴两国政府和各党派应加强相互间的学习交流，提高双方决策、行政效率和管理能力。

夯实中巴友好的社会基础，进一步扩大中巴经济走廊的社会支持基础：中方与俾路支人和普什图人沟通较少，今后应大力开拓与俾路支省和开—普省的各种交流渠道，多派人员深入当地与俾路支人和普什图人接触；现阶段中巴经济走廊建设没有照顾到巴基斯坦私有部门的利益，今后对中、巴民间中小项目、中小企业合作应给予足够的重视。应高度重视巴基斯坦军方在维护巴国家安全及地区稳定、维护中巴经济走廊建设安全和保护在巴中国人安全方面的关键作用及其高效的执行能力。俾路支地方利益错综复杂，安全形势不稳，没有巴基斯坦军方参与很难推进瓜达尔港及周边自由贸易区建设。

"一带一路"沿线国家的政治风险已经成为中国国家战略推进与中国企业走出去的最大风险。如何保障中国企业的海外投资安全成为中国必须面对的挑战。[①] 因此，对于"一带一路"国家的政治风险进行分析与评估已经成为当前中国国际问题研究最为急迫的任务之一，中国应切实做好相

---

① 张明：《直面一带一路的五大风险》，《国际经济评论》2015 年第 4 期。

关风险评估等防范风险的措施，切实强化"一带一路"建设中的风险管控，① 更顺利、可持续地推进"一带一路"建设。

　　（胡志勇，上海社会科学院国际问题研究所研究员、全国"中–南亚安全理事会"副理事长兼秘书长）

---

① 马昀：《"一带一路"建设中的风险管控问题》，《政治经济学评论》2015 年第 4 期。

丝绸之路经济带府际关系整体性治理逻辑[*]

王　梅

摘要：整体性治理理沦为丝绸之路经济带府际关系研究提供了思路。府际合作生成因素的复杂性，使这种"集体行动"面临现实困境：整体性治理理念认知差异、利益和权力结构差异、政策制定与执行碎片化。基于整体性治理理论，培育府际"合作共赢"意识、构建利益平衡引导机制和网络化府际治理结构、建立多层次信息交流共享机制，成为探求丝绸之路经济带府际关系治理的路径选择。

关键词：丝绸之路经济带；府际关系；整体性治理

20 世纪 90 年代以来，在全球化、网络化和区域经济一体化总体背景下，中国国家主席习近平 2013 年在哈萨克斯坦演讲时提出"丝绸之路经济带"的发展构想。2013 年 11 月召开的中共十八届三中全会通过了《中共中央关于全面深化改革若干重大问题的决定》，进一步将推进"丝绸之路经济带"建设放在国家战略的重要地位。在我国现有体制下，区域经济发展过程中往往伴随着各自为政、地方市场分割和地方保护主义等，阻碍了资源的自由流动和跨地区经济合作。同时，区域性公共事务治理问题日益增加，急需地方政府合作解决。本文从政治学和公共管理学整体性治理的视角切入，针对丝绸之路经济带府际关系的现状，分析整体性治理作为横向府际关系协调治理逻辑的合理性，在地方政府治理范式转型的层面上，探讨其治理路径。

　＊ 本文得到陕西省社会科学基金项目（项目编号：2015E003）资助。

一　问题缘起：丝绸之路经济带府际关系整体性治理的理论分析框架

（一）丝绸之路经济带府际关系协调的必要性

推进丝绸之路经济带建设，具有鲜明的地缘政治特征。丝绸之路经济带将中国内陆区、中亚、西亚、非洲东部和东中欧等不同地缘空间相连接，使地区间关联和互动紧密。其一，府际关系协调是丝绸之路经济带发展的客观需要。推进丝绸之路经济带建设，有利于提升中国在国际区域合作中主导地位，在地缘政治方面将成为中国面向欧洲和太平洋的重要战略支点。区域经济一体化要求建立统一市场，有效整合资源要素；区域性公共事务和危机事件管理要求突破传统行政区划的刚性约束，超越地方政府行政区域的范畴限制，以问题和资源为导向，通过地方政府间合理分工，依据自身禀赋实现区域整体资源的优化配置和协调治理。从博弈论"囚徒困境"理论来看，选择协调合作对于单一地方政府，能够避免损失最大，对区域整体而言，可以促进收益最大，进而保障共同利益的实现。其二，有利于促进当代中国区域板块联动和区域间协调发展。改革开放以来，我国区域发展的主要问题是东西差距问题，建立丝绸之路经济带就是通过制度设计和安排，将陇海兰新地区打造成拉动丝绸之路经济带发展的核心区域，成为新一轮西部发展和中部崛起的战略支撑，提升这一区域在国民经济发展中的竞争能力和协调性。

（二）府际关系整体性治理的理论分析框架

20世纪30年代，美国学者基于联邦制度下的府际运作实践提出了"府际关系"的概念。初始主要研究中央与地方之间的关系，即纵向府际关系。20世纪80年代后，西方学者从关注宪政规范转而关注动态运作，运用诸如行政权威、组织理论的权力依赖、理性选择分析、委托代理等模式来分析府际关系运作过程。在公共治理理念与实践形成中，跨域治理理论对原有府际关系模式做出回应，不同于以往一元化治理模式，西方公共选择理论提出跨域治理多中心体制，以奥斯特罗姆（Ostrom）"多中心体制"为代表；新区域主义主要从地方政府间横向关系的竞争与合作两个关键维度，对区域经济的发展影响展开研究，具有代表性的是布坎南（Buchanan）"竞争性联邦主义"，布雷顿（Brayton）"竞争性政府"，主要从公共物品提供的角度来分析府际间竞争和合作关系。

国内学界对于府际关系的研究，主要从静态的"结构/制度"与动态的"行为/过程"两个层面展开。静态层面从国家结构、政府权力配置等方面对府际关系进行阐释，在 20 世纪 90 年代以前主要运用于研究中央和地方纵向关系；动态层面从府际互动、公共政策制定等方面进行解读，在 20 世纪 90 年代以后关注于地方政府间横向关系分析。长期以来，中央集权的国家结构、政府条块结构、职责同构问题等致使当代中国府际关系严重失序。依据新制度主义"路径依赖"理论，渐进式改革中协调府际关系需要借助国家权力。在纵向府际关系的调整中，需要减少行政层级，发挥省级地方政府作为中央与地方中介的功能与作用；在横向府际关系协调中，除了顶层设计以外，还应给予地方政府和社会更多探索空间，建立横向府际关系协调机制，规范地方政府间的合作与竞争，提供给中央可以上升为普遍性的制度和经验。

在跨域治理方面，目前国内学者提出了促进地方政府间合作和规范地方政府间竞争的相关路径，其一是通过建立健全地方政府间的横向关系协调机制来促进地方政府间合作，这有赖于四种机制的建立，即平等互信的政治对话机制、互惠互利的利益调节机制、及时高效的问题磋商机制以及科学合理的权力调控机制。张敦富、覃成林从区域经济协调发展的角度研究了地方政府间的经济合作问题；王健提出"复合行政"的概念，即在跨行政区划、跨行政层级的不同政府之间，吸纳非政府组织参与，经交叠、嵌套而形成的多中心、自主治理的合作机制等。其二是规范地方政府间的竞争，当代中国在分权改革的同时维持了一个相对有效的地方政府间竞争市场，研究者提出必须对地方政府间竞争进行规范。诸如重塑地方政府间竞争模式、治理不良竞争等。樊纲、张曙光系统地分析了各地方政府之间的竞争情况；冯兴元描述了政府间关系的一般框架，以及竞争背景下的区域内经济过程和政治过程的联系；周叶安等设定一些指标用来测度地方政府间的竞争行为。总体来看，府际关系研究呈现出理论构建系统化、研究角度多学科化、分析工具创新化的趋势。

虽然近年来府际关系研究领域取得了不少成果，但学界的研究仍存在较大的局限性。第一，在研究领域上，总体偏重纵向府际关系研究，横向府际关系研究比较薄弱，交叉府际关系的研究几乎空白。对城市型地方政府在府际关系结构演进中的特殊地位缺乏重视。第二，在研究的方法和角度上，以政府为单一行动者的研究存在着难以克服的局限性，习惯于"一元主体"的思维方式，对各层级政府内在的彼此互动和相互依赖因素缺乏研究。对政府之间彼此互动关系缺乏系统的理论分析框架。第三，在地方政府间横向关系研究中，忽视了对地方政府的职能重塑，区域合作与竞争主要是选择性地围绕区域内各地方政府的短期政绩目标而展开，无法涵盖区域内全部的公共事务。

那么，如何建立丝绸之路经济带府际关系协调的理论分析框架？丝绸之路经济带不同于传统的区域合作模式，是一种复合的、共赢的、开放的合作与交流方式。整体性治理理论对于构建丝绸之路经济带府际关系研究的理论分析框架具有启发意义。通过横向府际合作，一方面缩小丝绸之路经济带地区发展差距，实现均等化的基本公共服务；另一方面通过丝绸之路经济带府际合作，规避地方政府间的恶性竞争，对区域公共事务和问题实现合作治理。一个国家的府际关系，规定并制约着该国整体利益与局部利益的基本格局。在学界对"整体性治理"多方论证中，强调制度化的跨界合作作为其总体性特征，综合研究成果，我们试图构建四个维度的理论分析框架。第一，以责任和公共利益为导向的整体性治理理念。整体性治理理念把有效性或项目责任提升到最高地位，以公众的需要为基础，以此来界定需要有效完成的是什么。在政府过程中，整体性治理以公共服务为导向，通过强调制度化、经常化和有效的跨界合作以增进公共价值，为社会提供更低成本、更好的社会效果及更有效的服务。第二，以全面整合的整体性政府为组织结构。传统官僚制范式下，强调组织功能性分工，依据命令和控制运作，不能适应公共事务复杂化的需求。整体性政府一方面包括政府内部层级整合，即政府纵向关系和横向关系的整合与协调；另一方面包含公私部门之间的整合与治理功能的整合，构建由政府主导，多元社会主体参与的合作治理模式，协调政府与社会、市场的治理网络，借用矩阵式组织结构推进跨职能部门的项目，由相关条线部门人员组成的推进组用来协调相关业务职能，一个由地方政府人员组成的实施组用来具体实施。第三，以区域协调机制为整体性治理的运行机制。为了达成整体性政府组织运行状态，使整合能力在实际运作中充分实现，需要加入统合性的协调机制。应结合中国特色，注重纵向关系作用，以行政机构作为协调主体，在多元主体间建立区域协调机制，并不断加强协调机制的制度化和法律化。第四，以网络信息为整体性治理的技术支撑。伴随网络信息技术的发展，电子化政府可以提高政府的决策理性和公共政策质量，借助公私部门之间的信息沟通网络，促进信息流通共享，提升治理的透明性和回应性，扩大公民参与，节约行政成本，提高政府效率。

二 丝绸之路经济带府际关系整体性治理的现实困境

丝绸之路经济带府际合作涉及国内地方政府的治理理念、利益结构、资源权力分配和制度机制等多方面状况，通过"集体行动"生成因素的复杂性对府际合作现状进行呈现，并试图对表象背后府际协作现实困境的产生机理进行剖析。

（一）府际整体性治理理念认知差异

目前学界对府际合作的分析主要集中在制度与技术层面。从逻辑维度来看，西方国家普遍经历的工业化过度扩张与唯理性论之间存在一定果因关系，由此引发的生态危机促使西方国家向生态政治模式转型，这又外化为西方国家经济结构的转变、环保文化的发展和环保行为的塑造。价值观念与公共政策生成具有内在关联性，即价值观系统地内构于公共政策输入、转换、输出与反馈等基本环节，而整体性治理的理念认知差异是府际合作困境的重要成因之一。地方政府对于整体性治理的预期收益和成本认知存在差异，出于自身利益考虑，地方政府表现出不同的行动策略。虽然信息技术已经应用于政府管理过程，但在府际间缺乏以公共服务有效供给为核心的资源共享，地方政府对信息数据库的采建标准不尽相同，这导致地方政府间的信息不对称，影响了府际整体性治理网络的生成和效能。

（二）府际整体性治理利益和权力结构差异

自20世纪80年代以来，地方政府逐渐成为一级独立的利益主体，集资源主体、行动主体、代表机构、决策中心等地位于一体，地方政府兼具（经济）经营与（公共）政权角色的混合。面对多方压力，地方政府更多采取一种理性机会主义行为，即根据公共事务的特点、范围和性质采取不同的策略。区域整体利益与个体地方利益存在差异，由于缺乏合理沟通协商机制与利益补偿机制，每个地方政府的理性机会主义行为策略导致整体利益的非理性结果，即区域整体性治理中的"囚徒困境"。

长期以来我国实行以行政区域为主的管理体制，在行政区划设置上出于政治考虑，而不是为了更好地解决区域公共问题，过于强调分权化的属地模式使府际间缺乏协调一致和直接联动。"职责同构"下条块结构政府特征使府际关系在纵向和横向的资源、权力分配上存在权利和义务不对等、权责不一致等问题。现有政府管理体制下府际关系横向协调受到层级化隶属关系阻碍，政府部门间职能边界不够清晰，政府具有自身部门利益，相关利益者具有潜在目的意图，治理系统中行动者的自利角色促生着资源与权力的利益争夺战。应该说，当代中国区域治理是在中国特有的政治结构下，由政府主导的强制性制度变迁，在公共权力运作的中心基础上强调政府、市场和社会互动，而目前在政府与社会的权力结构、协作关系上也尚未形成有效对接。

（三）府际整体性治理政策制定与执行碎片化

在过程面向，整体性治理可以分为协调和整合两个阶段。协调倾向于政策制定过程，整合注重政策执行过程。在传统科层制和新公共管理方法运用下，造成了政府在组织功能和结构关系方面的碎片化，这包括政府组织结构分割、功能重复与服务不足等。西方概念在中国语境下的拓展赋予碎片化概念更加丰富的内涵，碎片化的历史性和国别性在于传统科层体制尚未完善、特有的制度与文化惯性影响及转型期的复杂现实，因而科层体制具有存在的必要性，更好的策略是适度渐进改革下政府组织结构的完善和发展。在政策制定层面，尚未建立系统的跨地区、跨部门协调治理的制度安排。政府在横向之间以行政区划为最大边界，每个政府都无权干涉其他相邻单元的决策和政策。在政策执行层面，由于缺乏信息有效共享，府际合作的组织资源费用与利益分配难以厘清，地方官员出于晋升博弈考虑等因素抑制了地方政府联合执行政策的冲动。地方政府各部门之间各自独立行使政策执行权，当某一具体职能部门执行综合协调政策时，其他部门参与较少。另外，社会力量参与政策执行程度较低，政府和社会之间整合不足，降低了目标群体对政策的认同和接受程度，影响执行效力。

三　丝绸之路经济带府际关系整体性治理的路径选择

基于整体性治理，不仅可为府际关系的现实困境提供分析框架，也为提升治理提供策略和路径选择。

（一）以公众需求为导向，培育"合作共赢"意识

丝绸之路经济带是在理念和规则认同前提下的一种创新区域合作模式。整体性治理理念有别于传统政府治理理念和私人部门理念，它强调以公众需求为导向，在理念整合基础上达成行动上的一致与合作，提高政府组织绩效。整体性治理注重文化理念整合，认为有必要塑造一种"共同的伦理观"和"内聚性文化"。"合作共赢"理念突出多方参与，强调组织互动，以对话和协商作为解决冲突手段，有助于打破既有政府管理的属地观念，促使各利益主体向开放和区域合作的新地方主义转变。在丝绸之路经济带地方或城市定位模糊发生冲突时，这一理念更强调区域功能整合，以合作共赢方式互惠互利，将发展水平、宗教信仰、资源禀赋、文化背景不同的国家和地区紧密相连，共享发展成果。此外，府际社会资本在整体性治理中具有重要影响，社会资本强调信任、合作互惠、互动网络等非制度化因素，能够降低交易成本，有效限制地方机会主义行为。

（二）构建利益平衡引导机制和网络化府际治理结构

利益关系是府际合作关系的关键。寻求府际间共同利益是整体性治理和政府间合作的起点，在共同利益基础上促进利益相关者围绕特定的目标确立程序理性。在府际合作中，总有处于劣势的组织成员，需要健全府际利益分享和利益补偿机制，以实现地区间的差异定位和功能互补。制度性集体行动（ICA）理论为理解府际合作提供解释。在分散化权威影响下，单一地方政府在自身短期利益基础上，所分别采取的决策无法达到区域整体最优的结果，地方政府具有府际合作的动力倾向。府际合作的困境和风险促使地方政府寻求构建网络化府际治理结构，通过上级政府等纵向和横向关系的支持、社会组织的支持，来降低合作成本，获取最大合作净收益。因而，纵向政府关系不应成为横向府际合作的完全主宰或"旁观者"，应选取适当时机、方式，合理发挥纵向政府作用，即在府际关系整

体性治理中，需要将不同组织、资源以及目标任务进行整合，依据公共物品的性质，采用多种治理形式和实践，经由多样、混合和局部的制度安排，构建高效多元主体参与的网络化府际治理结构。基于整体性治理结构，整合扁平化政府组织结构，整合治理功能，实施大部门体制，优化政府运行机制。加强公私部门之间的整合，发展合作伙伴关系和协同业务。中央政府在府际协作中发挥沟通与利益冲突调节作用，改变以 GDP 为核心的压力型绩效考核体系，尝试建立新型综合绩效考核体系。强化中央政府在全国性公共物品供给方面的制度化权威，破除地方利益障碍。在中央政府层面可以采用跨部门协调和部际委员会方式协调府际关系。在地方层面，以地方政府为府际治理的主导，构建多元主体参与的网络化治理结构，采用策略性伙伴关系协调多元主体间关系，强化主体间认可和信任。

（三）建立多层次信息交流共享机制

政治学家赫克斯认为"现代信息技术的应用有可能打造一个全新的灵敏反应政府，而这恰恰是扁平化的另一种形态"。信息资源整合是构建整体政府的重要基础，在"职责同构"模式下，信息资源长期存在条块分割局面，不利于府际合作。建立多层次信息交流共享机制是实现信息资源整合和府际合作的重要支撑。借助先进的信息技术和交流共享机制，降低府际合作的交易费用，实现区域资源整合与流动，通过发展电子化政府，实现不同层级政府机构的无缝连接，以向民众提供整合性的公共服务。这一机制也是对纵向关系协调的有益补充，从自上而下单向信息流动向网络化共享机制转变，实现府际间信息的一体化管理。建构和树立一个整体性的电子化政府进行线上治理，需要具备统一的用户端口、信息人员的整合和数据库的分类整合。

参考文献

Perri 6. *Towards Holistic Governance*：*The New Reform Agenda*. New York：Palgrave Macmillan，2002：1.

Li. W & Chan. H. S.，"Clean Air in Urban China：the Case of Inter-Agency Coordination in Chongqing's Blue Sky Program". *Public Administration and Development*，2009（1）.

Tom Christensen, Per Lægreid, The Whole-of-Government Approach to Public Sector Reform. *Public Administration Review*, 2007 (6).

Riehard Heeks: *Reinventing Government in the Information Age: International Practice in IT-enabled Public Sector Reform.* NewYork: Routledge, 2001: 42.

张紧跟:《府际治理:当代中国府际关系研究的新趋向》,《学术研究》2013 年第 2 期。

任维德:《区域整治:内涵、特征、实现途径——中国的理论与实践》,《内蒙古社会科学》(汉文版) 2013 年第 2 期。

竺乾威:《从新公共管理到整体性治理》,《中国行政管理》2008 年第 10 期。

张成福:《电子化政府:发展及其前景》,《中国人民大学学报》2000 年第 3 期。

沈承诚:《生态政治化进程中的生存博弈》,《社会科学》2010 年第 5 期。

陶希东:《中国跨界区域管理:理论与实践探索》,上海社会科学院出版社 2010 年版,第 18 页。

邢华:《我国区域合作治理困境与纵向嵌入式治理机制选择》,《政治学研究》2014 年第 5 期。

(王梅,西安外国语大学国际关系学院)

俄美在中亚的战略角逐及其影响[*]

孙　斌

摘要：冷战后，中亚地区由于重要的地缘战略地位和丰富的能源矿产储备，成为大国竞相角逐的目标。美俄两国因其在中亚有着广泛的战略利益而在该地区展开了激烈角逐。迄今为止，美俄两国在中亚已经进行了五个阶段的角逐，但两国进行战略角逐的核心目标不同，竞逐的行为方式不同，地区认可度也不同。美俄在中亚的战略角逐对中亚地区相关国家和美俄两国及中国都产生了深远影响。研究认为，由于美俄矛盾的对抗性，两国在中亚的角逐还将继续。

关键词：中亚；美俄；战略角逐；影响

冷战时期，中亚五国是苏联的加盟共和国，不存在大国博弈的条件。冷战后，中亚战略地位凸显，成为大国角逐的主要地区。关于中亚地区的地缘战略价值，中外学者已有详尽论述，概括起来大致有以下四点：第一，地缘意义是中亚获得国际关注的首要因素。中亚是多种文明的结合部，是连接欧洲和亚洲、中东和南亚的十字路口，是国际战略的"心脏地带"。第二，能源矿产资源储备是中亚获得国际关注的关键因素。中亚蕴藏着丰富的石油、天然气资源，还出产其他矿藏和原料，且其资源的大部分尚未开发，特别是里海石油和天然气，其探明储量仅次于波斯湾，是21世纪全球最具能源开发前景的地区。第三，地区力量架构变动是大国竞逐的客观条件。独立之初，国际社会主要关注俄罗斯的政治经济动荡，俄罗斯无暇顾及中亚，甚至视其为"包袱"意欲甩掉，致使中亚地区成为"几乎被遗忘的真空地带"，这为外部势力进入中亚地区提供了条件。

---

* 本文受西安市 2016 年度社会科学规划基金项目"美俄在中亚地区的战略角逐及其影响"（16F67）资助。

第四，中亚国家的外交政策为大国提供了竞逐的平台。中亚国家对区域外大国采取的是大国平衡外交政策，以此来应对区域外大国在中亚的能源外交，保护自身的能源资源，这就为大国在该区域的竞逐提供了平台。

中亚地区特殊的地缘战略价值，必然吸引众多大国、强国的干预和影响，导致一场场战略博弈不断在该地区上演。其中，美俄两国出于各自利益和战略目标的考量而展开的战略角逐，跌宕起伏，尤为引人注目。

一　美俄在中亚的战略角逐

随着苏联解体，中亚五国纷纷独立，但独立之初，该地区出现了某种"权力真空"。直到 2001 年"9·11 事件"之前，俄罗斯一直在中亚起主导作用。俄罗斯也把中亚地区视为自己的后院，是"自己特有的地缘政治空间"。"9·11 事件"之后，美国以反恐为契机入驻中亚，其影响呈现逐渐加强的势头。面对自己的"后院起火"，俄罗斯不愿更不能袖手旁观。强硬派领导人普京执政后，俄罗斯改变了以往在中亚地区一再退缩的局面，加强了中亚政策的力度，防止美国进一步损害俄罗斯在该地区的战略利益。乌克兰危机后，俄美的战略博弈又发生了新的变化。迄今为止，美俄两国在中亚的角逐已经进行了五个阶段。

（一）俄罗斯占据优势时期（冷战结束到 1990 年代中期）

苏联解体初期，俄罗斯曾有过把中亚地区当成"包袱"甩掉的想法。1993 年初，俄罗斯调整了内、外政策，认为中亚地区对其恢复大国地位非常重要，并将其界定为俄罗斯的"国家安全地带"。

俄罗斯这一时期采取的主要措施包括，第一，以提供或者切断由俄控制的管道运输，区别对待中亚各国，加强中亚各国对俄罗斯的经济依赖；第二，通过提供实质性的能源和贸易补贴等手段，对中亚各国进行实实在在的经济援助；第三，加大政治接触，发展与中亚各国的友好关系；第四，加强军事合作，协助中亚各国对付伊斯兰极端组织，加强俄罗斯在中亚地区的影响，努力构建俄罗斯主导的地区安全秩序。

1993 年，美国开始从经济上渗入中亚地区。1992 年起，美国通过北约与中亚国家建立关系，使北约特别是美国的政治辐射力开始渗透到中亚。美国在中亚地区较有成效的活动主要体现在与哈萨克斯坦政府的非核化合作。

一方面，就中亚各国来讲，经济结构上对俄罗斯的巨大依赖、亲俄精英存在的政治现实和大量俄国人在当地居住的社会基础等，都对中亚各国造成压力，使其不得不向俄罗斯靠拢。另一方面，就美国来讲，外交政策上推行"俄罗斯优先"，对中亚各国的经济援助也是口惠而实不至，这就在政治上将中亚各国推向俄罗斯一边，也使他们在经济上不得不倚重俄罗斯。因此，这一时期是俄罗斯在中亚占据优势的时期。

（二）中亚国家冷俄靠西时期（1990 年代中后期）

面对俄罗斯重新崛起的势头，美国决策层忧心忡忡。1997 年，美国出台新的中亚战略。战略目标的核心是将中亚地区纳入美国国际政治新秩序的战略框架并对俄罗斯和伊朗进行遏制。为此，美国政府采取了一系列对策，加大对中亚地区的渗透力度。第一，进行直接军事渗透。1999 年美国特种作战部队便开始在除了土库曼斯坦外的中亚各国训练军队。美国还通过北约的"和平伙伴关系计划"发展与中亚国家的军事政治关系，与乌哈吉三国的军事演习自 1997 年以来已经制度化和定期化。第二，通过加强高层互访等措施，加大政治接触的力度和提升接触层次，借机削弱俄罗斯的影响力并在这些国家实行政治经济改造，实质就是推行美国的政治、经济体制和价值观。第三，经济渗透和直接援助。在美国政府的资助下，美国的跨国公司纷纷进入里海地区。除积极开发能源资源外，美国政府还积极向中亚各国提供经济援助。

在美国的强大攻势面前，中亚各国要么被经济利益所诱惑，要么在全球美国化的形势下孤掌难鸣，要么面对国内亲美阶层日益增大的压力，不得不靠向西方。

面对美国在中亚的军事政治渗透，俄罗斯也积极采取措施予以应对和堵截，如加快与中亚国家的军事一体化建设，并在外交上积极推动中俄哈吉塔"上海五国机制"。但是，由于俄罗斯实力不济及中亚国家的实际困难和一定程度的不配合，俄罗斯的反击收效不大。

（三）中亚国家回靠俄罗斯时期（普京上台到"9·11"前）

这段时间，中亚国家改变了冷落俄罗斯的态度，转而向俄罗斯回靠。究其主要原因，一是中亚安全形势的恶化，二是普京政府中亚政策的改变。

首先，塔利班、基地组织和车臣恐怖分子相呼应，成为威胁中亚安全的最危险因素，恐怖活动、毒品走私、贩卖军火等跨国犯罪活动在中亚地区日益猖獗。这种令人担忧的动荡局势，仅靠中亚各国有限的军事、安全力量势必难以对付，借靠俄罗斯的力量来处置突发事件就具有了必要性。事实上，"乌伊运"等恐怖组织在中亚发起的多起恐怖活动，就是借助俄罗斯的军事力量才予以平定的。这使俄罗斯赢得了中亚国家的信任和尊重。中亚各国包括原先与俄罗斯最为疏远的乌兹别克斯坦也改变了以往政策，积极参加独联体防空体系，并与俄进行多次军事演习。

中亚回靠俄罗斯的另一个原因是普京政府上台后对中亚国家外交策略的改变。普京一改叶利钦总统时期的外交作风，抓住要害，重点突破，全面拓展与中亚国家的双边关系。一是深化与中亚各国的传统政治友好关系；二是加强能源合作，强化与中亚各国的经济联系；三是建立多边合作机制，深化与中亚各国的相互依存关系；四是加强地区安全合作，在反恐等问题上为中亚各国提供切实帮助。俄罗斯的这一系列措施，大大改善了俄罗斯与乌兹别克斯坦以及土库曼斯坦的关系，同时与其他中亚国家的关系也进一步深化。

中亚各国出于自身利益的考量，以及对俄罗斯改善与中亚各国关系诚意的切实感受，加之美国毕竟离中亚太远，缓急之间很难派上用场，因此中亚国家改变了冷落俄罗斯的态度，转而向俄罗斯回靠。

(四) 俄美协调期（"9·11"后到2010年）

"9·11"后俄罗斯出于共同打击恐怖活动等需求，率先改变既往的做法，在阿富汗反恐问题上，在有关使用中亚军事基地问题上，俄罗斯都对美国进行了有力的支持。

美国借机进入中亚。一是高官频繁互访，提升与中亚各国的政治关系。例如，2002年与乌兹别克斯坦签订了战略伙伴关系条约；二是通过提供大量经济援助换取在该地区的军事存在。乌兹别克斯坦、塔吉克斯坦、吉尔吉斯斯坦、哈萨克斯坦都向美军提供了军事基地。同时，美国同中亚国家的各种军事合作活动也频繁展开。

但是，对美国阿富汗政策的支持并不意味着俄罗斯及中亚国家震慑于美国的反恐压力。俄罗斯通过重新加强独联体集体安全条约组织和积极运作上海合作组织而试图改变因美国反恐而导致的自己在中亚的劣势。经济上，俄罗斯加强了独联体框架内的一体化进程，俄还呼吁中亚和里海国家建立"欧亚能源联盟"。

总体上讲，这一时期俄美在中亚的博弈以协调为主，主要是俄罗斯协助美国，美国处于上风。

（五）俄美新冷战时期（乌克兰危机以来）

乌克兰危机发生后，美国动员了几乎整个西方世界和全体盟友对俄罗斯进行逐步升级的全面经济制裁。尽管两国仍然保持着不时进行的外长级接触，但俄美关系已经处于苏联解体以来前所未有的外交对抗状态。

在美国及其西方盟友的联合制裁中陷入经济困境和外交孤立的俄罗斯，一方面积极寻求中国的经济和外交支持；另一方面积极介入叙利亚危机，打击迅速发展的伊斯兰国势力，启动与西方的反恐协作，改善与西方国家的关系。

二 俄美在中亚进行战略角逐的原因和特点

（一）俄美在中亚进行战略角逐的原因

俄美之所以在中亚展开战略角逐，除了中亚具有重要的地缘战略价值之外，是因为它们各自在中亚有着广泛的战略利益。

1. 俄罗斯在中亚的战略利益

地缘政治意义。中亚位于俄罗斯的中南部，是俄的传统势力范畴，也是俄发挥战略影响力的重要延伸区域，振兴大国地位的地缘政治依托。"9·11"事件后，美国实现了在中亚的军事存在，使俄在中亚的战略利益受到排挤。中亚是俄对独联体外交的重点地区，俄对中亚外交成败既会影响到它在独联体国家中的声望与作用，又事关俄在国际战略格局中的地位。因此，俄罗斯绝不容忍其他国家向中亚扩展势力范围。而美国却支持现政权的亲美反对派发动"颜色革命"，企图输入美国的民主、人权、自由观，使中亚成为其势力范围。这样俄未来所面临的地缘安全形势会更加严峻，而俄为了捍卫本国的国土安全，在已经没有其他地缘缓冲的情况下，也会不得不采取更加强硬的姿态，与美国针锋相对。

地缘经济意义。中亚是俄国经济发展的重要伙伴和资源供应地，中亚里海地区的石油开采和运输对俄经济的发展和振兴具有重要的作用。如果人为地割断俄与中亚各国的经济联系，对于俄罗斯经济恢复和振兴都是灾难性的。俄罗斯在中亚的另一重要经济利益在能源和能源输出领域。自中亚发现丰富的油气资源以后，以美国为首的西方资本向中亚大举进军，开发能源并且建设绕过俄国的石油输出管道，极大地损害了俄的利益，俄罗斯不能坐视不管。

地缘安全意义。中亚是俄罗斯非传统安全的重要缓冲地区。俄罗斯视中亚为阻隔伊斯兰极端势力渗透的战略屏障和防止跨国犯罪、毒品走私的缓冲地带。另外，中亚五国目前还有大量的俄罗斯族居民，保障这部分人的利益既是俄政治威望的直接体现，同时也是对中亚战略可利用的一笔政治资源。

2. 美国在中亚的战略利益

地缘政治意义。首先，中亚是美国实现全球战略的支点。美国谋取单极世界的目标决定了美国必须控制欧亚大陆特别是中亚。如果美能控制中亚，一方面美国能够完成战略的东西部链接，填补两洋战略的空白点，形成一条完整的战略线；另一方面，遏制俄罗斯，将其困在自家门口，让其只能做一个地区性大国。同时还可以压缩中国、印巴、伊朗等地区性大国的战略空间。从而使美国全球战略形成纵横交错的网状结构和点面相通的辐射状态。其次，中亚是美反恐的前沿阵地。中亚因毗邻基地组织大本营的藏身之地阿富汗，成为美国全球反恐战争不可分割的参与者。另外中亚本身也是国际恐怖组织较集中的地带，是美国安全的所谓"战略不稳弧"的重要部分，客观上可能成为向美国输送恐怖分子的温床。

地缘经济意义。首先，实现能源来源多元化，保障能源安全。美国需要实现能源来源的多元化，来分散进口能源的风险。中亚因其拥有丰富的油气资源和相对稳定的环境，自然成为美的首选目标。其次，获取经济利益。最后，美国利用能源武器来维护其霸主地位。控制中亚能源基本完成了美国世界能源战略的布局。美国控制了中亚的油气资源和石油输出管道，将意味着切断俄罗斯的经济生命线，削弱其在中亚周边国家的影响力。

（二）俄美在中亚进行战略角逐的特点

1. 美俄博弈的核心目标不同

俄罗斯的核心目标是振兴经济、保障安全、复兴大国地位；美国的核心目标是：遏制俄中、完善全球战略，获取经济利益，维护霸主地位。

2. 俄美两国在中亚博弈的行为方式不同

美国的主要行为有：不断加强政治渗透，力促对中亚国家的民主改造；以军事渗透为渠道，抢占欧亚大陆的战略结合部；以能源为切入点，加强对中亚国家的控制；依据形势的变化，有针对性地调整中亚战略。

俄罗斯的主要行为是：加强与中亚国家的政治合作，抵御"颜色革命"；注重加强与中亚国家的军事合作；在能源领域对美国进行反击；更加倚重上海合作组织。

从俄美各自的行动可以看出，由于核心目标的矛盾和各自在中亚不同的战略利益，俄美两国的矛盾属于对抗性矛盾，相互间具有明显的对抗性。而且多数时候美国是主动进攻的态势，俄罗斯则大多处于被动应对。

从权力争夺的方式来看，俄罗斯对美国采取了针锋相对的措施。如军事基地的建立、对待颜色革命的态度、欧亚联盟的成立与新丝路计划的实施等。

3. 地区认可度不同

美国由于距离遥远、口惠而实不至又多带有附加条件，意图改变政权等，其地区认可度不高。俄罗斯由于与中亚传统关系的亲近和依赖，地区认可度较高，但国力衰落，力不从心。

三　俄美在中亚进行战略角逐的影响

（一）对中亚国家和地区相关国家的影响

俄美在中亚的战略角逐对中亚具有双重影响。

对中亚的积极影响：一是中亚各国赢得了较大的外交回旋余地和生存的弹性空间。中亚各国积极开展多边平衡外交，利用俄美矛盾，争取自身的最大利益，既避免了对俄罗斯的过分依赖，又获得了美国的大量援助。二是中亚取得了相对安全的形势。中亚各国在俄美帮助下对恐怖主义和伊斯兰极端主义加强了打击和防范，使其短期内兴不起大的风浪。加之俄美在中亚地区建立了不同层次、类型的多种安全机制，这将为中亚地区安全提供更有力的保证。

对中亚的消极影响：为中亚埋下不稳定的因素。美俄以反恐和安全的名义，分别在中亚建立了军事基地。在反恐使命基本结束后，如果不能找到共同接受的理由，则将转变为不信任和矛盾冲突的源泉。另外美国对中亚国家进行的"民主改造""颜色革命"，客观上对各国本来存在的社会贫困、分配不均、腐败甚至民族、宗教矛盾起到一定的激化作用，导致中亚国家政局不稳。

美俄中亚角逐使地区强国如伊朗、土耳其等受到影响。土耳其作为世界上最重要和最发达的突厥语民族国家，其对中亚地区具有首要的文化吸引力。因此，土耳其在美国战略部署上的战略衔接作用将因其特殊的文化纽带而更显充实，这是美国需要借重的。而因为美国在中亚、高加索地区军事存在途径的获取，使伊朗在中亚地区有可能进一步受到压制和边缘化。

（二）对俄美两国的影响

一是美国驻军中亚并未动摇俄在历史上确立的主导中亚的地位。中亚地区与俄罗斯有着几个世纪的水乳交融的历史，这使中亚和俄罗斯在经济、文化等方面有着难以割舍的联系。经济上，中亚各国在能源、交通、电力等方面都没有摆脱对俄基础设施的依赖，包括对西方的油气资源合作，也无法完全绕开俄罗斯。同时俄罗斯是中亚各国的主要贸易伙伴，是各国主要农产品的销售市场和劳务输出市场。人文上，中亚国家与俄罗斯共用的社会语言——俄语，是俄罗斯与中亚各国沟通、交往的桥梁，维护和保持着俄在中亚的亲和力。此外，生活在中亚的俄罗斯人是俄罗斯在中亚的社会基础。他们潜移默化中左右中亚的对俄政策，是俄罗斯在中亚发挥作用的潜在力量。地缘安全上，中亚一旦受到外来威胁，俄占有地利优势，其后援力量可以迅速赶到，以解该地区的燃眉之急。而美国本土距中亚遥远，可谓远水不解近渴。美国在中亚的驻军只是孤军深入，缺乏依托，其作用和意义更多的是战略和心理上的。

二是美国的经济援助不会威胁到俄罗斯在中亚的长期利益。美国的经济援助带有诸如"民主改造""人权标准"等附加条件，让中亚各国政府越来越感到头疼，他们更愿意接受普京政府所提出的"主权民主""可控民主"，这更符合本国的国情。更何况，俄罗斯经济取得了飞速发展，年增长速度甚至达到两位数，成为金砖国家之一，拥有巨大的发展潜力。可见，尽管美国凭着强大的经济实力与中亚加强了在政治和经济上的合作，借着反恐的东风实现了在中亚的驻军，但中亚各国还是倾向于认为俄是中亚重要的战略盟友，并非常注重与俄的合作。

（三）对中国的影响

俄美在中亚的争夺对中国来说是一柄双刃剑，既带来了机遇，又带来了挑战。

就机遇来说，一是有助于防范和遏制"疆独"势力发展。面对恐怖主义威胁，美国靠单打独斗是无法取胜的，它需要中国的协助与合作。中国要把握住这个机会，加大西部边疆的安全保障，借机较为彻底地解决困扰我国政府的"疆独"、"藏独"势力，也将进一步威慑和遏制台湾的独立倾向。二是会促进中俄关系不断升温。随着俄美之间的争夺不断加强，对中国而言，美国在中亚的驻军，既是一种战略威胁，同时又是对俄的一种牵制，从长远看减轻了中国可能面临的俄罗斯的压力。因为实力相对较弱的俄罗斯必然在外交和军事等方面尽量向中国倾斜以抵御美国的压力。普京政府对上海合作组织的倚重就是表现之一。另外能源的合作也证明了这一点。俄罗斯的这一战略转变有助于缓解美国驻军中亚对中国带来的压力。三是有助于"一带一路"战略的推进。美国需要中国的反恐合作，俄罗斯需要中国的经济和外交支持，中亚各国想搭乘中国经济发展的快车，这些因素都有助于"一带一路"战略的顺利推进。

就挑战来说，一是对中国西部安全利益的挑战。当美国借着反恐的东风实现了驻军中亚的夙愿时，意味着其军队直接开到了中国的西大门，使中国在中亚的战略空间受到挤压，也对中国国家安全产生负面影响。此外，俄罗斯在与美军争夺中也加强了在中亚的军事存在，这使中国西部战略不得不同时面临两国的军事影响。从中亚角度看，如果中亚地区局势再度出现动荡，恐怖主义和宗教极端势力会借机兴风作浪，"东突"组织势必会更加活跃。更何况美国会借中亚动荡之机大做文章，对中亚进行民主改造，这将严重危害我国边疆地区的政治稳定。中国内部的"台独"、"疆独"和"藏独"势力也势必会蠢蠢欲动，这些分离势力与外部的反华势力遥相呼应，将对中国的最终统一和社会稳定构成严重威胁。二是对以能源为主的经济合作的挑战。中亚是世界的能源基地，俄美在中亚的能源争夺将更为激烈、更具实质性。中国既没有美国的实力，又没有俄罗斯的传统影响力，要想从中分得一杯羹将是难上加难。中国中石化和中海油公司从英国天然气公司手中收购卡沙甘油田的开采权失败，就是一个例子。

结语

俄美两国都在中亚地区有着广泛的战略利益。俄罗斯视中亚地区为自己的"国家安全地带"和恢复大国地位的战略依托。俄罗斯要提振经济、保障国家安全和复兴大国地位都离不开中亚地区。因而，俄罗斯自1993年以来，特别是普京执政以来，一直非常重视中亚地区。美国出于连接其两洋战略的考量和实施能源战略需求，进军中亚，遏制俄罗斯、围堵中国、压制伊朗等地区强国，是其称霸世界的全球战略的重要一环。因此，俄美在中亚的角逐不但不会避免，而且会愈演愈烈。美俄在中亚的战略角逐对中亚地区相关国家和美俄两国及我们中国都产生了深远影响。我们中国应该面对挑战，抓紧机遇，顺势而为，推进"一带一路"倡议，为地区和平与稳定做出应有的贡献。

参考文献

赵华胜：《评俄罗斯转向东方》，《俄罗斯东欧中亚研究》2016年第4期。

马峰：《大国博弈与乌克兰危机的演变及发展趋势》，《俄罗斯东欧中亚研究》2016年第4期。

孙壮志：《中亚五国的地缘战略地位》，《东欧中亚研究》2000年第4期。

黄丹：《"颜色革命"背后的大国博弈及其影响》，硕士学位论文，暨南大学，2016年11月。

张亮：《"9·11"事件以来俄罗斯的中亚政策研究》，博士学位论文，中共中央党校，2012年7月。

潘志平：《俄美中亚大博弈的攻守逆转及地缘政治走向》，《新疆师范大学学报》（哲学社会科学版）2011 年第 1 期。

葛腾飞：《美国与俄罗斯的中亚竞逐》，《俄罗斯研究》2002 年第
3 期。

赵飞、许今启：《普京时期俄美在中亚政治领域的博弈探析》，《内蒙
古民族大学学报》2011 年第 1 期。

高飞：《中国的"西进"战略与中美俄中亚博弈》，《外交评论》
2013 年第 5 期。

潘志平：《中亚地缘政治博弈及其新动向》，《石河子大学学报》（哲
学社会科学版）2015 年第 2 期。

（孙斌，西安外国语大学国际关系学院）

塔吉克斯坦共和国应对激进主义和宗教极端主义新挑战

霍立科纳扎尔·胡塔别尔吉

塔吉克斯坦共和国和该地区其他国家所面临的极端主义和恐怖主义扩散的外部危险因素的主要源头是邻国阿富汗已有且及其复杂的武装政治局势。近期阿富汗正在经历战争的不断升级。在中亚地区，塔吉克斯坦共和国与阿富汗的国境线最长，因此，几个世纪以来，我国也是最先感受到来自阿富汗的威胁和挑战的国家，同样，也站在打击这些威胁的最前线。

最让人担忧的是阿富汗的伊斯兰流派的激进主义在我国的不断渗透。这种激进主义鼓吹自己的独特性和暴力宣传手段。当今，位列首位的就是伊拉克和近东地区"伊斯兰国"的各种猖獗活动。而且这些活动在阿富汗打着"哈里发·胡罗索"的旗号还大有不断增长壮大之势，其最终目的是在现有的伊朗、阿富汗和塔吉克斯坦建立一个哈里发。

"伊斯兰国"在很短的时间内占领了伊拉克和叙利亚的一半地区，之后就在那里成立了哈里发，并以在不同国家发动残酷的恐怖袭击为手段成功引起了国际社会的关注。"伊斯兰国"对塔吉克斯坦共和国的威胁之处在于，有超过 1000 名塔吉克斯坦公民与其他国家的恐怖分子一起也加入了"伊斯兰国"的队伍，参与了恐怖主义战争。

意识到来自"伊斯兰国"的威胁之后，实际上，包括塔吉克斯坦共和国在内的所有国家都开始了打击恐怖主义的活动。在为期一年半的时期内，以美国为首的同盟和其盟友对"伊斯兰国"进行了不断的打击，一面是俄罗斯和伊朗的地面打击，一面是持续对"伊斯兰国"武装基地摧毁性空袭。然而，"伊斯兰国"至今仍没有完全被消灭，仍旧占领着拥有 500—600 万人口的地区。

俄罗斯自 2015 年 9 月起加入了打击叙利亚"伊斯兰国"的斗争。根据俄罗斯航空航天部队的数据，俄罗斯共计消灭了近 8 万恐怖分子中的

2.6 万名。俄罗斯空军力量对叙利亚发动军事行动之后，成功炸毁了恐怖分子的资源大本营，有力地扭转了局势。严重炸毁了"伊斯兰国"的基础设施，同时，也捣毁了数千个分散的支撑点和仓库。那里堆放着弹药、武器、军事装备、物资、油料、爆炸装置、超过 200 种成品油产品、油料再加工产品以及 2000 多种用于走私到土耳其的成品油产品。

同时，俄罗斯和伊朗立场存在差异。一面是美国及其盟友，另一方面是在叙利亚与"伊斯兰国"的斗争，并没有给完全消灭这一恐怖组织提供良好的机会。

"伊斯兰国"现象问题症结在于，依托巧妙的宣传工作，它得以从世界各地成功吸引成百上千的人加入自己的阵营。现在，"伊斯兰国"的队伍中有超过 5000 名俄罗斯公民和 4 万人来自欧洲和亚洲国家。虽然在一次次的战争中"伊斯兰国"丧失了很多自己的战士，但是它的招募工作却没有停止，这个组织仍在不断充实自己的队伍。

"伊斯兰国"的主要资金来源是：

——抢夺领地得到的非法收入，包括：抢劫和偷盗；

——抢劫银行，抢劫和贩卖人口；

——管理油库和储气柜；

——对工业部门进行敲诈勒索；

——获得其他资源和生产能力；

——走私文物；

——对过境其领地的货物和钱款进行非法课税；

——偷盗以获取赎金；

——收取包括非营利组织和其他种类的捐款。

如果说以前"伊斯兰国"招募人员的主要吸引力是丰厚的物质奖励，比如说高额的作战奖励，那么，现在它的宣传招募机器已经改变了招募战略，主要的招募对象则是来自亚洲的难民。

比如说，以前的宣传视频中"伊斯兰国"的战士威胁说要返回家乡，推翻残暴的政权，并且推行沙利亚教法。然而，现在"伊斯兰国"则鼓励那些来自亚洲的流亡者长期居住并且和自己的家人一起捍卫哈里发。"伊斯兰国"的意识形态开始特别转向了哈里发中"社会的公平性"、宗教的"纯洁性"和家庭价值观，以此按照沙里亚教法培养下一代。

位列西欧和中东难民之后，中亚国家和俄罗斯的公民是"伊斯兰国"

中的第三大外国武装分子的来源。来自官方的数据显示，除阿拉伯语和英语之外，俄语已经作为第三种语言开始被用在"伊斯兰国"宣传资料中。"伊斯兰国"还制作并成功分发了吉尔吉斯语、哈萨克语、乌兹别克语和塔吉克斯语的宣传材料。

"伊斯兰国"组织的阵营中有专门负责招募的工作人员，究其本质，他们其实是完美的心理学家。他们洞悉如何获得别人的信任，并成功说服对方使自己变为对方的一员。这些征募者声称只有在他们那里才会真正准确地遵守伊斯兰教法，只有他们那里才能建成纯洁的伊斯兰国家，也只有伊斯兰教才是唯一正确的宗教，它能引导人们进入天堂。他们向别人灌输，那些受害者居住的国家中社会的不公正非常明显，一些人占有所有资源，而其他人则不得不苟且地活着、过着十分悲惨的生活。而与之相对应的，"伊斯兰国"的种种优势则浮现了出来，它就像是一个完美的世界，这里人人都是按劳分配，这里没有谎言和欺骗，到处都充满着诚实和公正，而诚实和公正正是"伊斯兰国"的主要构成。

但是，这一极端组织用于招募成员的最主要的武器和宣传平台则是社交网络。通过这一渠道招募而来的主要是青年人。这种方式被称作"线下招募"，它对于恐怖分子来说是最便利的一种方式，因为借助这种方式他们不需要离开自己的老巢，因而，一些特种部门和相关机构无法成功追踪到这些招募者，因为关闭一个旧账户，就会新增两个新账户。网络技术能够让人们在相对隐秘的环境中轻易地与任何人群进行交流，而且能够快速高效地越过国家界限。现代化技术是一种战略因素，它被恐怖组织和其同伙用来解决他们遇到的很多问题。比如说，通过 Skype 账户，"伊斯兰国"组织中的美女招募、引诱一些年轻人加入到他们的队伍中。一些土耳其姑娘会通过各种网络服务与很多小伙子聊天，她们会展示自己，邀请这些青年到土耳其来，并且告诉他们土耳其非常好，完全不存在工作问题。这些姑娘们会说自己准备嫁给对方，等等。这些青年对此十分受用，但是等他们去了那里，等待他们的却不是什么天堂，而是整个犯罪网络。

借助网络，这些恐怖分子会公开鼓吹激进伊斯兰主义的一些思想，而且还会上传一些视频，这些视频中或者记录大规模屠杀、绞杀非教徒的过程，或者记录恐怖分子处置那些不愿意加入自己队伍的人的过程。通过这种方式，他们能够招募一些心智、思想和世界观还不十分成熟的年轻人。网络宣传还包括视频游戏，这些游戏会模拟恐怖袭击、鼓吹用户以虚拟恐怖分子的身份参与到游戏当中去，从而潜移默化地向他们灌输一些恐怖主义思想。

对塔吉克斯坦共和国信息平台的分析显示出，使用互联网宣传极端主义和恐怖主义思想和需求呈现日益增长的趋势。同时，我国公民中的很大一部分也是通过网络进入了"伊斯兰国"的领域当中。

今天，塔吉克斯坦共和国约有300万网民，其中有80%的网民自主或非自主地通过社交网络接触着极端性质的宣传材料。塔吉克斯坦共和国总检察院的最新数据显示，"伊斯兰国"中有1094名塔吉克斯坦共和国公民，其中大部分是萨拉菲主义的拥护者。这1094人当中，有400人来自哈特隆州、272人来自索格特州、254人来自中央直属区、139人来自杜尚别市、26人来自戈尔诺—巴达赫尚自治州。有85%的人是劳务移民，在俄罗斯联邦加入"伊斯兰国"极端组织。今天，有60名塔吉克斯坦共和国公民由叙利亚回国，他们坦率地承认了自己的所作所为，并得到了特赦。他们的生命没有受到任何威胁，也没有依法进行处理。官方确认有300名塔吉克斯坦共和国公民牺牲。

促使俄罗斯联邦的劳务移民进入"伊斯兰国"招募人员视线的主要因素是：

——"伊斯兰国"的宣传人员在劳务移民中积极从事鼓吹和招募活动；

——欠佳的居住环境、生活不稳定、未按时得到薪资、其他有损劳务移民法的行为、表现出能够被"伊斯兰国"招募人员所利用的额外的暴力和排外倾向；

——塔吉克斯坦共和国移民局与塔吉克斯坦共和国移民协会代表处和咨询处在保护劳务移民合法权利工作和预防极端主义在劳务移民中渗透工作方面低下的效率；

——与执法部门和移民局的合作定位缺乏力度，没有有力地从事劳务移民保护和预防"伊斯兰国"特使对他们的招募工作；

——劳务移民初始准备阶段没有对劳务移民进行充分的调查和预防工作；

——劳务移民缺乏相应的宗教和法律意识；

——丧失对自己观点和意见自我防卫的可能；

——对周围环境具有邪恶和仇恨的动机。

　　所有的影响因素中还有一个因素不能不提，那就是西方制裁导致塔吉克斯坦共和国的社会经济局势十分严峻。在这样的环境下，劳工移民们很难找到支撑自己生活水平的工作。

　　"伊斯兰国"的秘密特使们不仅将注意力放在了劳务移民上，而且还很关注那些情绪狂热的塔吉克斯坦国内公民。有一个十分鲜明的例子就是，他们通过线下招募的方式成功招募了前塔吉克斯坦共和国内务部特种警察部队的队长古尔穆罗德·哈里莫夫和其他人。古尔穆罗德·哈里莫夫于 2015 年 4 月 23 日加入了某一战线。5 月 27 日社交网络上开始流出他的视频申明，视频中他明确表示自己加入了"伊斯兰国"恐怖组织的队伍。

　　最近几年，"伊斯兰国"恐怖组织的特使们在塔吉克斯坦国内十分积极地展开他们的非法行径。我国的执法机关和为此成立的特殊机构正在积极开展对这些人员的搜捕和拘留工作。为了有效解决该问题，我国的特种部门和安全部队业已和俄罗斯联邦、阿富汗、巴基斯坦、土耳其和其他国家的相关机构建立了紧密的联系，并且签署了双边引渡协议。在这些协议的基础上，如果在上述国家逮捕了疑似参与"伊斯兰国"恐怖组织活动的塔吉克斯坦共和国公民，需即刻将其移交塔吉克斯坦共和国。

　　2016 年年初，我国的安全机构逮捕了索格特州拉苏洛夫斯克区的阿赫玛托夫和萨达洛夫。上述人员在 2015 年 5 月在莫斯科接触了当时正在被侦查的"伊斯兰国"恐怖招募人员马拉巴耶夫·伊廖莎。伊廖莎招募了他们，并将他们送回了塔吉克斯坦，让他们在塔吉克斯坦进行有利于"伊斯兰国"恐怖组织的宣传工作。接受任务之后，这两人在居住地的清真寺里从事对青年人的教化工作，向青年们传授"圣战"理论。

　　俄罗斯联邦对参与"伊斯兰国"组织的塔吉克斯坦共和国公民的搜寻和逮捕工作力度较强，并且最近已经成功逮捕了一些罪犯。2016 年 3 月，俄罗斯的执法机构逮捕并向塔吉克斯坦共和国引渡了化名"科里·侯赛因"的阿吉纳马赫玛多夫·侯赛因。在库尔干秋别的隔离审讯室对他进行审讯之后，表明他本是沙赫里图斯克区人。他作为劳务移民前往俄罗斯，然后成为"伊斯兰国"组织的招募使。他曾在莫斯科招募并向土耳其输送了三名塔吉克斯坦共和国公民，以便之后将他们送去参加叙利亚战争。

　　圣彼得堡市的侦查机关怀疑舒古洛夫·费卢兹和立佐耶夫·奥鲁兹涉嫌参与"伊斯兰国"恐怖组织，对其进行了逮捕。由于立佐耶夫·奥鲁兹曾经与俄罗斯人结婚，他具有双重国籍，而舒古洛夫之前则被驱逐出他的出生地。根据《俄罗斯联邦刑法》第 205 条第 1 部分 "协助恐怖活动"相关规定，他们两人被提起刑事诉讼。

2016 年 5 月初，塔吉克斯坦共和国执法部门与俄罗斯联邦内务部合作，成功阻止了一起 "伊斯兰国" 恐怖组织计划于 5 月 9 日在杜尚别市实施的恐怖袭击。该团伙的领导中有 22 岁的卡巴基杨斯克区的梅格里古洛夫·托斯东·哈桑巴耶维奇，2016 年 5 月 6 日他和三名同伙在杜尚别国际机场被逮捕。该团伙计划在杜尚别胜利日节日期间发起名为 "红色婚礼" 的系列恐怖袭击。其中，这些恐怖分子还计划炸毁杜尚别、库利亚布、法扎巴德和加尔姆的 10 所警察局。

2015 年 12 月，塔吉克斯坦共和国最高法院依据《塔吉克斯坦共和国刑法》第 401 条（雇佣兵役制）之规定，因 14 年间索格特州公民卡尤莫夫·米尔佐在伊拉克参与军事行动，对其进行了审判。在入狱后的半年间，他作为 "伊斯兰国" 恐怖组织的特使在狱中招募了一些服刑人员：因抢劫和非法持有武器判处 20 年有期徒刑的尤素波夫·哈伊巴和由于参与非法雇佣兵判处 20 年徒刑的达达哈诺夫·拉姆祖罗霍。同年 6 月 17日，因企图越狱，卡尤莫夫·米尔佐被击毙，尤素波夫·哈伊巴受伤，达达哈诺夫之后被枪决。根据受伤的尤素波夫的口供，他们企图在卡尤莫夫·米尔佐的帮助下加入 "伊斯兰国" 恐怖组织。

塔吉克斯坦共和国执法部门得到有关 "阿纳斯" 的消息还是在半年前，当时他正在俄罗斯，但是得知自己被通缉之后，他成功销声匿迹。在新的招募使派出之后，他表示会在一个月之后与他们进行联系。他的行动方式是：吸引加入自己的网络和 "洗脑" 之后，他会为这些年轻人购买从俄罗斯飞往土耳其的机票，然后在网络上一直 "陪着" 他们，直到成功抵达叙利亚国境。塔吉克斯坦共和国执法机关的通缉人员中有一个 26岁的努列克市图特卡乌尔村的村民阿基莫夫·阿奴谢尔文，他是著名的"伊斯兰国" 组织在塔吉克斯坦共和国的特使，被称为 "阿纳斯"。根据阿基莫夫提供的信息，近两年来，他成功招募并动员了 100 多名塔吉克斯坦公民加入中东战争。40% 从叙利亚回来或者正在回国途中的塔吉克人表示，他们是在莫斯科被一个叫 "阿纳斯" 的年轻人招募的。

2016 年 6 月初，因企图在库利亚布市内建立 "伊斯兰国" 恐怖组织，对塔吉克斯坦公民阿姆罗夫·托赫尔、清真寺伊玛目阿赫马尔和萨伊卜尔红·乌玛尔佐德进行了漫长的审判工作。他们利用网络扩散"伊斯兰国"恐怖组织的材料，以此在库利亚布市及其周边从事招募工作。

除本国公民之外，塔吉克斯坦境内还有"伊斯兰国"外国特使进行活动。2016年5月初，塔吉克斯坦特别部门因涉嫌参与招募青年人前往叙利亚，逮捕了50岁的土耳其公民梅贺吉·亚苦什。梅贺吉以游客的身份前往塔吉克斯坦，但是其真实目的却是招募年轻人参与叙利亚"圣战"。从2016年3月份开始，在鲁达卡区的梅贺吉·亚苦什开始进行非法移民活动。

得到当地居民阿布都瓦赫特、比毕罗基儿·巴尔达耶维、阿力甫乔·马赫马吉耶夫和阿穆努洛·伊斯卡达洛夫等人的信任之后，他向他们保证能够将他们带出国，并且在与叙利亚和伊拉克接壤的土耳其沙屋拉乌尔凡省为他们安排工作。目前，有关梅贺吉·亚苦什的调查正在进行。

因涉嫌悬挂"伊斯兰国"恐怖组织旗帜，有22名塔吉克斯坦公民正在被调查（14名在努列克、8名在沙尔图兹和杜尚别）。这些人在努列克和沙尔图兹悬挂了6面该组织旗帜。前期调查表明，他们是通过互联网从境外得到这项任务的。

同时，塔吉克斯坦共和国打击"伊斯兰国"恐怖组织的斗争还有很多亟待解决的问题。包括完善与打击"伊斯兰国"组织和其他不同阵营恐怖极端组织的法律法规基础、建立以家庭为单位的预防组织等。以此计划为基础，研究并通过《2016—2020年度塔吉克斯坦共和国打击恐怖主义和极端主义国家战略》就显得极为重要。

（霍立科纳扎尔·胡塔别尔吉，塔吉克斯坦共和国总统直属战略研究中心院长）

欧亚经济联盟和"丝绸之路经济带"地缘经济项目对接的背景下亚美尼亚—伊朗经贸关系的前景

阿扎特·达夫季扬

伊朗核计划协议签订后，伊朗将逐步融入国际金融市场，在大陆大型基础设施项目中地缘经济和地缘政治的地位将越来越重，同时将扩大与南部高加索国家的经济关系。据预测，解除经济制裁和改善商业环境之后，伊朗 2016 年经济增长达到 4.2%，2017 年达 4.6%①。这主要是因消费需求和对工业和创新产业的外国投资的增长引起的。

中国是伊朗最大的贸易伙伴，在伊朗几乎所有的经济领域都有投资②。解除制裁后，中国和伊朗签署了包括贸易、银行业、金融、工业、创新和环境项目领域的 17 项协议。中国对伊朗的能源资源有兴趣，预计到 2035 年，中国进口石油的需求量将从每天 600 万桶上升至每天 1300 万桶。伊朗的已探明石油储量居世界第四位，天然气储量居世界第二位，是中国可靠的供应商③。

此外，扩大中国和伊朗之间的铁路联系是北京的优先事项。2015 年，中国铁路总公司（CRC）提出通过高速铁路将中国和伊朗相连接的项目，该铁路经过哈萨克斯坦、吉尔吉斯斯坦、乌兹别克斯坦和土库曼斯坦。

2016 年 1 月 23 日，中国国家主席习近平在伊朗访问期间围绕双边贸

---

① Iran：Overview 伊朗：综述 http：//www. worldbank. org/en/country/iran/overview。

② Plans from China and Iran to strengthen bilateral relations 中国和伊朗加强双边关系的计划 http：//www. china-briefing. com/news/2015/09/30/plans-from-china-and-iran-to-strengthen-bilateral-relations. html。

③ Why Iran plays a key role in China's New Silk Road project? 为什么伊朗在中国新丝绸之路项目中扮演着关键角色？http：//sputniknews. com/politics/20160712/1042846437/iran-china-pivot-silk-road. html。

易现状举行了会谈。2015 年，伊朗和中国之间的双边贸易额约为 500 亿美元。双方声明自己的目标就是中国和伊朗未来 10 年双边贸易额将增至 6000 亿美元①。中国国家主席和伊朗总统鲁哈尼会谈后发表的公开声明就暗示了两国关系将发生深刻转变。在德黑兰，中国国家主席指出："中国愿与伊朗合作，书写中伊关系全面、长期、稳定发展新篇章。"②

伊朗拥有独一无二的地缘战略位置，也被邀请加入由中国实行的全世界最重要的基础设施项目，该项目通常被称为"丝绸之路经济带"。

该项目将致力于建立贸易和金融的兼容体，包括中国和丝绸之路成员国共同商建自由贸易区。新丝绸之路反映了广泛理解欧亚大陆关系组织的中国愿景。这一愿景的最重要内容包括：向潜在参与者坚持开放，尽力消除潜在的贸易壁垒和削弱封闭的区域经济合作形式，以及尝试开发与小国的经济合作模式。

现在我们已经看到了中国、俄罗斯和伊朗成为欧亚三角的可能性。上海合作组织（SCO）在乌法举行为期两天的会议中，俄罗斯总统弗拉基米尔·普京和中国国家主席习近平的会面即可证实此事。两国领导讨论了中国丝绸之路同欧亚经济联盟（EEC）的对接办法③。两个项目的对接提案意味着从中国到欧洲的货物运输成本将显著降低，因为货物将跨越一个统一的关税区。这两个项目的合并最终将导致这种情况，即俄罗斯成为贸易路线安全的保障，中国成为最大的经济参与者。此外，莫斯科有同丝绸之路经济带倡议相关的两个主要目标。首先，俄罗斯希望与中国的协议能为中国领导人将欧亚经济联盟视为主要盟友提供可能。其次，这可能成为欧亚经济联盟获得更多国际合法性道路上迈出的第一步。

俄罗斯和中国已经开始采取具体措施来发展合作。2015 年 5 月 8 日，

---

①　China and Iran expand relations after sanctions' end 解除制裁后中国和伊朗扩大关系 http：//www. jamestown. org/programs/chinabrief/single/？ tx_ ttnews%5Btt_ news%5D＝45179&cHash＝53a60240c05c576b7b4a6b1f96678924#. V76qx1t97IV。

②　Iran completes Eurasian Golden Triangle 伊朗完成欧亚金三角 http：//journal-neo. org/2016/02/03/iran-completes-eurasian-golden-triangle/。

③　China and Russia lay foundation for massive economic cooperation 中国和俄罗斯奠定了大规模的经济合作基础 http：//foreignpolicy. com/2015/07/10/china-russia-sco-ufa-summit-putin-xi-jinping-eurasian-union-silk-road/。

俄罗斯和中国商定为两国针对中亚的战略倡议一体化"建立对话机制"①。双方签署了关于加强合作的协议,并将齐心协力完成欧亚经济联盟和"丝绸之路经济带"建设过程的对接耦合工作。中国方面已证实,将开始为了和欧亚经济联盟签订经济贸易合作协定进行谈判。此外,俄罗斯和中国已商定欧亚经济联盟和中国自由贸易的条件,这是向全面合作方向迈出的重要一步②。在这方面,应当指出的是,实际的经济一体化就要求有关国家对于签证和海关规定的自由化进行谈判。

显然,上述两个项目的一体化机制将在南高加索地区展开。两个项目在南高加索的逐步融合有助于这一事实,即北京必须与该地区经常作为其对手和竞争者的邻国建立关系。在这种情况下,与该地区国家相对较少的地缘政治接触的历史经验是比较有优势的:它可以让北京相对轻松地避开存在于该地区国家和人民之间的政治,历史,心理及其他冲突。在当前环境下,中国在南高加索的积极性主要集中于深化经济关系,改善该地区国家的社会经济状况,同样还有削弱不良意识形态(伊斯兰原教旨主义和泛突厥主义)对中国的影响。正因为如此,加强北京在该地区的地位对于俄罗斯,以及该区域国家(例如伊朗)都是有利的。③

南高加索地区在丝绸之路项目中具有重大的经济和地缘政治意义,因为它是区域力量间的"十字路口"。特别是,亚美尼亚的战略和地理特征有利于互补中国的利益。与亚美尼亚的合作伙伴关系对于维护该地区的地缘政治平衡方面非常重要。关于能源方面,2016年3月25—28日中国和亚美尼亚国家领导人会晤期间,北京对亚美尼亚的水能和核能表现出相当大的兴趣,特别强调了对新核电站的建设进行详细讨论的重要性④。中国

---

① The New Silk Road: Assessing prospects for "Win-Win" cooperation in Central Asia 新丝绸之路:评估中亚"双赢"的合作前景 http://www.inquiriesjournal.com/articles/1319/the-new-silk-road-assessing-prospects-for-win-win-cooperation-in-central-asia。

② 同上。

③ Д. Бабаян "Некоторые аспекты политики КНР на Кавказе" D. Babayan "中国在高加索地区政策的某些方面 http://cyberleninka.ru/article/n/nekotorye-aspekty-politiki-knr-na-kavkazeЦентральная Азия и Кавказ, Том 14, Выпуск 1, 2011 中亚和高加索地区 14卷,第1期,2011。

④ В Пекине состоялись армяно-китайские переговоры высокого уровня 在北京举行的亚美尼亚-中国高级别会谈 http://www.president.am/ru/press-release/item/2015/03/25/President-Serzh-Sargsyan-state-visit-to-China-day-1/。

政府宣布，准备对亚美尼亚的运输系统，采矿业，信息技术和基础设施项目进行投资。中国商人对于亚美尼亚和伊朗的良好关系特别关注，还拥有通向独联体市场的自由通道。

两国元首一致同意对"丝绸之路经济带"的倡议合作。中国领导人表示，希望亚美尼亚能推动中国与欧亚经济联盟之间的合作发展。在另一方面，亚美尼亚方面希望其重大交通项目能被列入丝绸之路经济带的拟议框架中。在此背景下，中国方面强调对于伊朗-亚美尼亚铁路和北-南高速公路建设项目的兴趣。

从历史上看自中世纪丝绸之路起中国和亚美尼亚之间的友好关系，还有现在亚美尼亚在科学，能源和信息技术领域的巨大潜力，都将促进亚美尼亚和中国关系的发展。

至于亚美尼亚和伊朗的关系，对伊朗的制裁解除后，亚美尼亚同其南部邻国的关系在历史上友好关系的基础上进入了发展的另一个高度。伊朗和亚美尼亚之间的贸易总额，平均每年约3亿美元，其中8000万-天然气出口换取电能。亚美尼亚从伊朗进口价值2亿到2亿2千万美元的货物，双边贸易成交额的潜力估计超过十亿美元。亚美尼亚-伊朗能源领域的合作将在北-南项目的框架中延续，这就要求与伊朗，亚美尼亚，格鲁吉亚和俄罗斯的电力系统并行运行。此外，亚美尼亚和伊朗政府同意实施重大基础设施项目，如"北-南公路走廊"和"亚美尼亚南铁路"。然而，在当前条件下，这条铁路只能连接至格鲁吉亚黑海港口（另外，在阿纳克利亚黑海沿岸建造新港口，这就保障了连接中国与欧洲的新海上走廊），因为考虑到阿布哈兹和纳戈尔诺-卡拉巴赫冲突的背景，和巴库-第比利斯-卡尔斯铁路以及从格鲁吉亚至俄罗斯的路线存在功能交汇似乎是不太可能。

双边经贸关系的发展可能会受到在2016年6月5日由伊朗外交部部长扎里夫和亚美尼亚外交部部长纳尔班江签署的实行免签证制度协议的影响。

扩大亚美尼亚-伊朗经贸关系在很大程度上取决于伊朗政府实施大型基础设施项目的意愿，无论是在双边框架还是欧亚经济联盟框架下。在此背景下，2015年6月初，伊朗外交部部长穆罕默德·贾瓦德·扎里夫在上海合作组织框架内的会议上提议对伊朗和欧亚经济联盟的合作起草正式文件①。

结语

鉴于亚美尼亚和伊朗的的潜力，在欧亚经济联盟和"丝绸之路经济带"项目对接的背景下，两国可以在以下几个领域发展双边经贸关系：

• 亚美尼亚和伊朗在技术领域的合作具有相当有利的条件。考虑到这两国的创新及科研学术潜力，实施联合科学技术研究可促进双边关系的发展。

在亚美尼亚成功运作"微软"，"IBM"创新中心，"mLAB ECA"创新科技中心，移动解决方案区域实验室和亚美尼亚国家工程实验室。"亚美尼亚发展领域倡议基金会"合作伙伴集中成立亚美尼亚科学技术基金。该基金将为实施技术创新和商业化，以及吸引国际科学界来调动创新领域的金融资源创造有利条件。亚美尼亚同格鲁吉亚，哈萨克斯坦，吉尔吉斯斯坦，塔吉克斯坦，欧盟，日本，美国，挪威和韩国并列，是国际科学与技术中心的成员国。该中心负责有独联体国家科学家和工程师参与的科技项目的融资②。

• 考虑到商业环境的改善和伊朗在区域经济中的重要作用，提供物流和银行中介服务可能有助于欧亚经济联盟和伊朗之间经济和金融关系的发展。

• 伊朗和中国企业可以出口原材料或中间产品到亚美尼亚，利用各种亚美尼亚对外贸易模式将他们加工成最终产品并出口到第三国。

• 欧亚经济联盟与伊朗以及欧亚经济联盟与中国的自由贸易协定，都能促进农产品加工业的发展，有助于建立采用新技术和方法的亚美尼亚、伊朗和中国的合资企业。

（阿扎特·达夫季扬　亚美尼亚国家战略研究所区域战略研究中心研究员）

---

① Газопровод Иран-Армения и железная дорога 伊朗 – 亚美尼亚天然气管道和铁路 http：//galatv. am/hy/ecomonic/112942/。

② International Science and Technology Center 国际科学与技术中心 http：//www. nti. org/learn/treaties-and-regimes/international-science-and-technology-center-istc/。